헌법의 순간

대한민국을 설계한 20일의 역사

지은이
박혁

헌법의
순간

대한민국을 설계한 20일의 역사

페이퍼로드
paperroad

차례

제헌헌법 제정 당시 국회 구성 ··· 007

추천사 ··· 008

머리말 **헌법의 순간을 기억하며** ··· 012

第1장 **대한 사람 대한으로** ··· 025

나라 이름을 대한민국으로 결정한 이유

第2장 **빼앗긴 좋은 단어** ··· 047

국민이냐 인민이냐, 기본권 주체 논쟁

第3장 **내 사랑 한반도** ··· 071

영토 조항을 둘러싼 갑론을박

第4장 **잃어버린 혁명** ··· 091

3·1혁명과 3·1운동 사이

| 제5장 | **암탉도 울어야 할 시간** | ··· 111 |
| | 축첩폐지, 남녀동권을 위한 첫걸음 | |

| 제6장 | **'적어도'에 담긴 큰 힘** | ··· 131 |
| | 의무교육과 무상교육을 실시하라 | |

| 제7장 | **민족의 양심으로** | ··· 149 |
| | 친일파 청산 의지가 담긴 제101조 | |

| 제8장 | **사람을 사람으로 대우하라** | ··· 171 |
| | 신체의 자유, 고문받지 않을 권리 | |

| 제9장 | **정치는 정치, 종교는 종교** | ··· 199 |
| | 국교 금지와 정교분리 | |

| 제10장 | **진정한 광복은 경제민주화** | ··· 223 |
| | 노동자의 경영참여권과 이익균점권 | |

제11장   **찌개 냄비와 앞접시**   ··· 253

양원제를 유보하고 단원제를 채택한 사연

제12장   **단 한 사람만을 위한**   ··· 277

내각책임제에서 대통령제로 바뀐 까닭

제13장   **대독총리와 대쪽총리**   ··· 307

국무총리의 역할, 보좌인가 견제인가

제14장   **낯선 이름, 심계원**   ··· 327

회계검사기관의 역할이란

맺음말 **다시, 헌법의 순간을 기다리며**   ··· 342

참고 문헌   ··· 352

제헌헌법 제정 당시 국회 구성

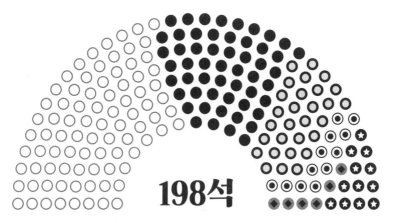

198석

제헌헌법 제정 당시에는 제주 4·3사건으로 제주도 내 두 개의 선거구에서 선거를 시행하지 못했다.

○ 무소속 / ● 대한독립촉성국민회 / ◎ 한국민주당 / ◉ 대동청년단 / ◈ 조선민족청년단 / ✪ 기타 소수정당

대한독립촉성국민회(독촉) - 54석 / ●

1946년에 창당한 보수단체로, 제헌헌법 제정 이후 당시 총재였던 이승만을 대통령으로 선출하였다. 정식 정당이 아니라서 1948년 5·10 총선거에서 후보들은 개인 자격으로 출마했다. 다만 실제 선거에서는 우익 진영 후보라는 정통성과 이승만의 후광을 얻고자 후보들이 독촉 소속임을 밝히기도 하였다.

한국민주당(한민당) - 29석 / ◎

한국민주당은 1945년에 창당된 보수정당으로, 『동아일보』 사장 출신 송진우가 초대 당대표였다. 지주, 언론인, 지식인 계층의 지지를 받았다.

대동청년단 - 12석 / ◉

1947년 한국광복군 총사령관 출신 이청천(지청천)을 중심으로 창당된 반공주의-우익 청년단체다.

조선민족청년단(족청) - 6석 / ◈

한국광복군 출신 이범석을 중심으로 1946년에 창설된 반공주의-우익 단체로, '국가지상, 민족지상'이라는 구호를 내걸었다.

추천사

★★★★★

　뜨겁습니다. 제헌의원들은 '헌법의 순간'에 우리 공동체의 과거를 진단하면서 우리의 미래를 설계하고 있습니다. 그들은 거친 숨소리로 이야기합니다. 그들의 열정이, 그들의 의견이 우리의 조국을 '대한민국'으로 만들었습니다. 지은이는 제헌의원들의 그 뜨거운 열정을, 그 거친 숨결을 하나씩 하나씩 펼쳐갑니다. 책을 읽는 내내, 그 긴박한 뜨거움으로 얼굴과 손이 데일 것 같습니다.

　뛰어납니다. 지은이는 현실에 기반을 둔 구체적 상상력으로 제헌의원들의 뜻을 읽습니다. 지은이는 직접 제헌의원이 되어 그들의 감정, 그들의 열망, 그들의 애국심을 가슴으로 느낍니다. 제헌의원의 옛 말을 현재 우리의 말로, 수려한 문장과 문학적 표현으로 바꿉니다. '헌법의 순간'에 담긴 역사적 의미를 포착하여 우리에게 눈으로 보여줍니다. 박혁 박사의 이야기는 그저 상상이 아닙니다. 헌법에 쓰인 차가운 단어를 뜨거운 가슴의 언어로 치환합니다. 우리에게 국가가 무엇인지, 헌법이 무엇이어야 하는지, 그래서 우리 공동체가 어떤 공동체가 되어야 하는지, 가슴으로 느끼게 합니다.

우리는 매일 순간을 맞이합니다. 삶이 순간이고, 순간의 연속이 삶이기 때문입니다. 우리의 순간이 뜨거운 것처럼, 우리의 순간이 벅찬 것처럼, 우리의 삶을 규정하는 입법의 순간도, 곧 다가올 '헌법의 순간'도 뜨겁고 벅찬 과정의 연속이어야 합니다. 그래야 우리의 공동체가 진정 '우리'의 터전이 될 수 있습니다. 그래야 우리의 공동체가 진정 우리의 '미래'를 향한 단단한 공간이 될 수 있습니다.

저는 우리 국회의원들이 모두 '헌법의 순간'을 숙명으로 느끼기를 바랍니다. 저는 우리 국회의원들이 제헌의원과 같은 엄숙한 사명으로 '입법의 순간'을 살며 지금의 공동체를 미래로 향하게 하기를 바랍니다.

이제 우리는 다시 '헌법의 순간'을 맞이해야 합니다. 그 때가 얼마 남지 않았습니다. 박혁 박사의 책은 우리가 맞이할 '헌법의 순간'을 현재의 모습으로 보여주고 있습니다. 우리 국민께 일독을 권합니다. 우리 헌법과 우리나라를 위하여!

곽상언(제22대 국회의원)

★★★★★

헌법, 그것도 1948년 7월 17일의 헌법이 어쩌면 이토록 생생한 논쟁으로 우리에게 다가올 수 있을까? 이 책이 다루는 제1공화국이 탄생하기까지의 논쟁은, 제7공화국을 향한 도전이 번번이 무산되고야 마는 이 시대의 개헌 논쟁과는 비교할 수 없을 정도로 뜨겁다. 행간을 종횡무진 넘나드는 지은이의 지성과 상상력 덕분에 잿빛에 묻힌 제헌헌법 조문들이 총천연색의 생명력을 뿜어내는 '헌법 정신'으로 되살아났다. 역사란 현재와 과거 간의 끊임없는 대화라 했다. '제헌'이라는 역사 속 순간을 보편적 가치와 오늘의 의미로 풀어낸 이 책은, 현재와 과거의 가장 뜨거운 대화라고 평가할 만하다.

엄지원(한겨레신문 정치부 기자)

★★★★★

헌법은 나라의 정신적 기틀을 표현한 것이다. 기틀을 유지하고 보수하기 위해서는 그 기틀이 어떻게 세워졌는지를 알아야 한다. 살아갈수록 대한민국이 도대체 어떤 나라인지 궁금해지는 사람이라면, 그 기틀이 세워진 순간을 돌아보기를 권한다. 바로 이 책을 읽기를 권한다. 『헌법의 순간』은 나라의 기틀을 세운, 1948년 건설자들의 열정적 고뇌와 토론을 생생하게 복기한다. 이 책을 읽는 독자라면 우리의 내일을 질문하게 될 것이다.

김율(대구가톨릭대학교 교수, 『중세의 아름다움』의 지은이)

★★★★★

이 책은 멀고도 무겁게 느껴질 수 있는 대한민국 헌법의 탄생 과정을 오늘의 일상처럼 생생하게 소개해주는 '제헌 일기'라고 할 수 있다. 정교하면서도 통찰력 있게 헌법 제정의 순간을 이야기하고 있을 뿐만 아니라 당시 제헌의원들이 치열하게 논의했던 쟁점을 75년이 지난 현재로 소환한다. 본격적인 개헌논의를 앞둔 시점에 독자들께 일독을 권하고 싶다. 왜 제헌헌법에서 의원내각제 대신 대통령제를 채택했는가? 고문 금지 조항은 어떤 우여곡절을 겪었고 노동자 경영참여 조항은 왜 누락됐는가? 이 질문들에 관한 저자의 설명은, 향후 개헌 추진 과정에서 국민이 무엇을 고려해야 하는지 알려줄 이정표가 될 것이다.

지병근(조선대학교 정치외교학과 교수, 전 한국선거학회 회장)

★★★★★

갈수록 희망이 옅어지는 오늘날, 이 책을 읽으며 오랜만에 마음이 뭉클해졌다. 『헌법의 순간』은 정치와 역사가 어우러진 흥미로운 내용으로 독자를 한걸음 성장시킨다. 소설에 견줄 만큼 상세한 묘사와 드라마처럼 생생한 서술은 앉은 자리에서 끝까지 책을 읽을 수 있게끔 이끌었다. 학교에서 학생들에게 정치와 법을 가르치는 사회과 교사로서, 마지막 장을 덮은 후 아이들에게 당당히 말하고 싶었다. 그토록 치열하게 만든 것이 제헌헌법이고, 그때의 헌법 정신이 여전히 한국인에게 많은 영향을 끼치며, 우리 사회를 이전보다 더 나은 세상으로 만들어가는 원동력이라는 사실을. 아이들에게 한국현대사와 헌법을 가르치고자 하는 사람들에게 추천하고 싶다.

김지은(의정부여고 일반사회 교사)

헌법의 순간을 기억하며

삼천만 한결같이 지킬 언약 이루니

옛길에 새 걸음으로 발맞추리라.

－〈제헌절 노래〉에서

1948년 2월 26일, 유엔 소총회는 남한에서의 단독 총선거를 결정합니다. 그 결정이 내려지자 미군정 사령관인 하지 중장은 「조선인민대표의 선거에 관한 포고문」을 발표해, 남한 국회의원 선거 날짜를 1948년 5월 9일로 못 박습니다. 그 포고문 발표를 하필 3·1절에 합니다. 남북한 영구 분단을 가져올지도 모를 단독선거일을, 온 겨레가 하나 되어 자주독립을 외친 3·1절에 발표하다니, 비극이 따로 없습니다. 그 비극을 관람한 『뉴욕타임스』가 내놓은 평은 꿈보다 좋은 해몽입니다.

선거가 순조롭게 진행된다면 조선인은 1948년 5월 9일을, 1919년 3월 1일과 같은 중요기념일로 만들 것이다.

느닷없이 선거일이 바뀝니다. 1948년 4월 5일, 미군정은 선거일을 5월 10일로 미룹니다. 선거일이 미뤄지니 설왕설래가 있습니다. 5월 9일에 일식이 일어난다는 예보 때문이라는 소문도 있고, 다른 이유라는 주장도 있습니다. 5월 9일은 일요일입니다. 거룩한 주일에 선거를 치른다니, 기독교 단체들이 거세게 항의했다는 소리도 들립니다. 정말 일식이 일어납니다. 1948년 5월 9일, 정오쯤부터 갑자기 태양이 반지처럼 변합니다. 한낮인데도 세상은 순식간에 칠흑같이 어두워집니다. 세상이 바뀌었다고는 하지만 여전히 이런 일이 일어나는 영문을 몰라 집 안으로 숨어듭니다. 나라님을 하늘이 아니라 무지렁이들이 뽑는다고 설쳐대니 하늘이 노하기라도 하셨는지 겁도 납니다. 집 안에서 웅크리고 앉아 조용히 내일을 기다립니다. 미몽과 계몽이 뒤섞인 혼돈의 시간입니다.

총선거가 시행됩니다. 1948년 5월 10일, 천지가 개벽할 일이 벌어집니다. 일식 따위는 문제가 아닙니다. 국민이 나라의 주인이 되었습니다. 이제 권력은 하늘이 내리는 것이 아니라 국민에게서 나옵니다. 임금이 옥새를 찍는 대신 국민이 작대기를 그어 일꾼을 뽑습니다. 대한민국 임시정부가 세워진 시기부터 약속했던 만민이 평등한 나라, '민국'이 오기는 올 모양입니다.

투표가 시작됩니다. 아침 7시부터 전국 투표소들이 문을 엽니다. 투표소로 가는 길, 초여름이지만 이른 아침부터 후덥지근합니다. 공휴일로 지정되어 모든 상점, 음식점, 학교, 관공서가 문을 꼭꼭 닫았고 거리에는 사람이 드뭅니다. 간간이 마당에 태극기를 내건 집이 보입니다.

동네 담벼락과 전봇대에는 포스터가 다닥다닥 붙어 있습니다.

기권은 국민의 수치! 투표는 애국민의 의무!

사람이란 사람은 죄다 투표소에 있습니다. 의무를 다하려는 이들로 투표소는 북새통입니다. 망건에 상투를 튼 할아버지, 중절모에 흰 두루마기를 걸친 영감, 베잠방이(베로 지은 짧은 남자용 홑바지) 입은 촌로, 포대기에 아기를 둘러업은 아낙네, 신식 양복을 빼입은 아저씨, 고무신 끌고 나온 형, 코흘리개 아이들…. 투표소 문을 열기 전부터 긴 줄이 생깁니다. 기다림이 무슨 대수겠습니까? 맘에 품은 작대기 수를 되새김질하며 순서를 기다립니다. 아이는 모두 엄마 아빠를 따라나선 모양입니다. 공모전에서 상을 받았다는, "나는 집 보고, 어머니는 투표장"이라는 선거 표어가 무색합니다. 투표소 마당이 아이들 소리로 왁자지껄합니다. 호기심으로 가득한 눈빛입니다. 아이들만 그러는 게 아닙니다. 처음 해보는 선거라 어른들도 신기하기는 매한가지입니다. 애써 태연한 척하지만 긴장한 표정이 어딜 가지 못합니다. 앞 사람이 어찌하는지 쭈뼛쭈뼛 고개를 내밀어 봅니다. 혹시 실수는 하지 않을까 걱정이 태산입니다. 주머니에서 투표 방법이 적힌 전단을 다시 꺼내 살핍니다. 며칠 전비행기가 공중에서 전단을 뿌릴 때 주워 두길 잘했습니다. 투표소 앞에 게시된 후보자 사진에서 기호를 표시하는 작대기 수를 헤아리는 이들도 눈에 띕니다. 모두 진지하기 이를 데 없는 표정을 짓습니다.

긴장감도 흐릅니다. 남한에서만 치르는 단독선거에 반대하는 이들이 전국 각지에서 극렬하게 저항한다는 소문이 파다합니다. 남북을 영구 분단하는 망국 선거라며 멈추라고 합니다. 김구, 김규식, 조소앙 등 임시정부 출신 인사는 아예 선거에 참여하지 않았습니다. 남로당* 같은 좌파 세력은 단독선거를 애써 방해하고자 나섭니다. 제주에서는 4·3 사건이 발생해 무력 충돌과 진압으로 억울하게 희생된 주민이 많습니다. 결국, 제주도에서는 세 개의 선거구 가운데 두 곳에서 선거를 시행하지 못합니다. 선거 당일에도 크고 작은 소요가 발생합니다. 투표소로 가는 길목마다 장총을 든 경찰이 살벌하게 검문합니다. 곤봉이나 죽창, 야구방망이나 도낏자루를 든 민간경비대(향보단鄕保團)**가 투표소 가는 이들을 노려봅니다. 그 위세에 눌려 아낙네들 눈빛은 불안하기 짝이 없습니다. 외국 기자는, 긴장과 불안으로 떨리는 여성 유권자들의 눈빛을 예리하게 읽어냅니다.

> 조선 부인들은 일요일과 기타 휴일에는 보통 황색, 녹색의 신선한 의복을 입는데, 이날은 흐릿한 황배색 의복 또는 바지를 입었다. 투표장으로 가면서 가만가만히 주위를 살피는 기색이 역력하다.

화사한 봄날인데도 곱게 차려입을 분위기가 아닙니다. 바깥나들이

---

* 남조선노동당(남로당)은 1946년에 서울에서 결성된 공산주의 정당으로, 남한 단독 정부 수립을 반대하며 우익 세력과 충돌했다.
** 1948년 5·10총선거의 질서를 유지한다는 명분으로 조직된 우익 청년단체. 당시 조병옥 경무부장은 전국 3만의 국립경찰만으로는 1만 3,000여 개에 이르는 투표소를 경비할 수 없다며, 좌익계열의 소요를 방지하겠다는 이유로 이 단체를 조직했다. 총선 이후 5월 25일 조병옥의 지시로 해당 단체는 해산됐다.

가 들뜰 법도 하련만, 철부지 아이들도 엄마 치마폭을 놓지 못합니다. 선거가 끝납니다. 저녁 7시, 전국 투표소 문이 닫힙니다. 우여곡절은 있었지만, 역사적인 순간입니다. 21세 이상 투표 자격이 있는 유권자 약 813만 명 중 784만 명이 투표에 참여하겠다고 선거인등록소에 등록했습니다. 지금과 달리 미리 등록해야만 투표할 수 있습니다. 투표 열기가 높았던 걸까요? 혹시 등록을 강요당한 것은 아닐까요? 당시 신문을 보면 선거인으로 등록하지 않으면 쌀을 탈 수 있는 배급표를 받지 못해 울며 겨자 먹기로 등록했다는 사람도 적지 않았습니다. 선거에 참여하지 않은 이들에게는 빨갱이, 매국노라는 딱지가 붙었습니다. 선거 전날과 당일에는 술도 팔지 못하게 합니다. 야간통행도 금지됩니다. 계엄 아래서 치르는 선거나 진배없습니다. 어쨌든 이날 투표에 참여한 사람은 등록한 유권자 95.5%인 약 748만 명입니다. 믿기지 않는 투표율입니다. 혼란 속에서도 국민은 새로운 나라를 향한 희망을, 그들 자신의 손과 발로 증명한 것입니다. 선거가 무사히 끝나자마자 신문들은 '국민 예찬'을 쏟아냅니다.

우리 겨레가 민주주의 정신에 얼마나 투철한가!

개표가 시작됩니다. 당일 밤 9시부터 개표를 시작했는데, 열악한 사정으로 결과가 일찍 발표되지 못합니다. 이틀이 지나고서야 언론에서 당선자를 발표합니다. 국민을 대표할 198인이 뽑힙니다. 입후보자가 902인이었으니 약 4.7 대 1의 경쟁을 뚫고 당선된 이들입니다. 임기는

2년입니다. 2년간 그들이 해야 할 일은 두 가지입니다. 나라 기틀이 될 헌법을 제정하고, 그 헌법을 토대로 대한민국 정부를 수립해야 합니다. 새로운 나라를 설계할 그들을 제헌의원이라 부르고, 그들이 모인 국회를 제헌의회 또는 제헌국회라고 합니다. 그들이 만든 헌법은 제헌헌법이 될 것입니다.

개원식이 열립니다. 선거가 끝난 지 21일째인 5월 31일, 서울 시내에서는 제헌국회 소집을 축하하는 행진이 벌어집니다. 시청, 태평로, 세종로 일대에 인파가 구름처럼 몰려듭니다. 서울 세종로 1번지, 국회의사당이 자리한 중앙청 광장도 인산인해입니다. 마지막 조선총독 아베 노부유키阿部信行가 항복문서에 조인한 구 조선총독부 건물(중앙청). 그 건물에 서 있는 깃대 꼭대기에는 대한민국이 완전한 독립 국가임을 알리는 태극기가 나부낍니다. 오늘 주인공 198인의 제헌의원이 개원식에 참석하려고 팔도에서 모입니다. 외양은 천상 범부이지만 의기양양한 기세는 국민의 대표답습니다. 그들은 이미 오전 10시에 모여 첫 번째 본회의를 열었습니다. 그 자리에서 이승만을 국회의장으로 선출합니다. 오후 2시부터 열린 개원식에서 국회의장 이승만은 벅찬 감정에 휩싸여 개회사를 낭독합니다. "기미년의 결사 혈투한 정신을 본받아 최후 1인, 최후 일각까지 분투하여 나가자."라는 다짐으로 개회사를 끝맺습니다. 3·1혁명이 있었던 1919년 기미년을 대한민국 원년으로 삼아 '대한민국 30년 5월 31일'이라는 연호도 내겁니다. 우레 같은 박수 소리와 함께 제헌의원이 모두 자리에서 일어납니다. 회의장 한가운데 걸린 태극기를 향해 "맹세코 우리나라의 독립을 이룩하기 위해 온갖 힘과 정성을 바치겠다."라고 굳게 다짐합니다. 만세를 부른 후 제헌국회 앞날을 마음껏 축복하면서 개원식을 마칩니다.

한판 축제가 벌어집니다. 송곳 세울 자리도 없이 들어찬 인파가 밖으로 나오는 제헌의원들을 향해 두 팔 높이 만세를 외칩니다. 해방을 맞이한 국민의 팔뚝은 두터운 대지를 뚫고 솟아오르는 죽순처럼 굵고 힘찹니다. 힘찬 팔뚝을 내 저으며 시가행진을 시작합니다. 꽃장식으로 수놓은 전차는 '자주독립 만세'라는 글자를 대문짝만하게 달고 위세를 뽐내보지만, 인파에 막혀 거북이걸음합니다.

숨 가쁜 여정을 시작합니다. 제헌의원 198인은 개원식이 끝나기 바쁘게 제1의 소임인 헌법 만들기에 전력합니다. 개원식 다음 날 곧바로 헌법기초위원회를 구성해 헌법초안(헌법안) 작성에 착수합니다. 1948년 6월 1일, 제헌의원 중 기초의원 30명 그리고 유진오와 권승렬을 포함한 전문위원 10명으로 '헌법기초위원회'를 꾸립니다. 6월 3일부터 활동을 시작해 6월 22일까지 17번 회의를 엽니다. 마침내 전문과 10장 102개 조항으로 이루어진 헌법안을 완성합니다. 그 헌법안이 제헌국회 본회의에 제출되어 20일간 논쟁이 벌어집니다. 7월 12일 헌법안이 통과되고, 7월 17일 새로운 나라의 설계도인 '대한민국 헌법', 즉 제헌헌법이 공포됩니다. 그 모든 과정이 약 한 달 반 만에 이루어집니다.

솔직히 고백해야겠습니다. 저는 지금까지 남한에서만 치러진 총선거로 뽑힌 제헌의원들을 무시했습니다. 남북 영구 분단을 초래할 선거가 시행된 것이 안타깝고 못마땅했습니다. 하물며 그들이 만든 제헌헌법은 말할 것도 없습니다. 제대로 된 헌법이라고 생각한 적이 없습니다.

번갯불에 콩 구워 먹듯이 만든 졸속 헌법이라 하찮게 여겼습니다. 시대에 뒤떨어진 고문서라고 낮잡았습니다. 다른 나라 헌법을 짜깁기한 모방 헌법이라 얕잡았습니다.

우연히 헌법의 순간과 마주쳤습니다. 당시 국회 회의록을 찬찬히 볼 기회가 있었지요. 그때 느낀 감정을 잊을 수 없습니다. 제헌의원들이 들려준 생생한 목소리와 그들의 생각을 만났습니다. 그 순간, 그들은 얼마나 진지하고 활기에 넘치던지요! 간절함과 의지가 빚은 광경이 제 심장을 두드렸습니다. 상대를 설득하고 논박하는 언변과 논리도 만만치 않았습니다. 그 순간은 말 그대로 '정치의 향연'입니다. 그 향연이 가슴을 뛰게 하고, 가슴 속 편견을 깨뜨렸습니다.

시간여행을 시작합니다. 헌법의 순간에 펼쳐진 이야기를 더 들어보고 싶습니다. 시간을 거슬러 세종로 1번지로 찾아가 어둑어둑한 국회 회의장 한 귀퉁이에 자리 잡고 앉습니다. 생경하고 낯선 순간으로 찾아가 호기심 많은 고양이처럼 눈을 반짝이며 제헌의원들의 말을 듣습니다. 누구 말에는 박수를, 누구 의견에는 야유도 보냅니다. 누구 주장은 안타깝기 그지없고, 어떤 논리에는 감탄합니다. 찬반이 격렬한 순간에는 누구 편이 되어 응원도 합니다. 표결 결과를 기다리며 가슴도 졸입니다. 그 순간의 풍경을 이야기하려고 합니다. 헌법의 순간에 제가 본 풍경, 제가 들은 얘기를 전하고 싶습니다. 이 이야기를 듣는 독자들이 새로운 것을 경험하고 발견했으면 합니다. 유서 없이 남겨진 유산처럼 헌법의 순간을 마음껏 상상했으면 합니다.

이 책이 담은 헌법의 순간은 20일간입니다. 1948년 6월 23일부터

1948년 7월 12일. 그 20일은 헌법기초위원회가 헌법안을 본회의에 보고한 날부터 제헌의원들이 헌법안을 심사해 최종 통과하는 순간까지입니다. 6월 23일 수요일 오전 10시, 드디어 헌법안이 국회 본회의에 보고됩니다. 뜨겁고 아쉬운 헌법안 심사가 진행된 후 7월 12일, 마침내 '대한민국 헌법안'의 마지막 장이 덮입니다.

이 책은 20일 동안 가장 큰 논란이 된 조항과 그에 얽힌 14개의 이야기를 담았습니다. 나라 이름인 대한의 의미, 기본권의 주체를 '국민'으로 할지 '인민'으로 할지를 두고 벌어진 논쟁, 영토 조항을 둘러싼 갑론을박, 3·1혁명이 3·1운동으로 바뀐 이야기, 남녀평등을 달성하기 위한 새로운 조항, 무상의무교육 기간을 늘리기 위한 지혜, 친일파 청산의 의지, 인권 보장과 치안 강화 사이의 갈등, 국교 금지와 정교분리 조항에 담긴 의미, 어떤 헌법에도 없던 '노동자 이익균점권'을 도입한 이유, 양원제를 유보하고 단원제를 채택한 사연, 대통령제와 의원내각제를 두고 벌어지는 혈투, 국무총리 제도가 생긴 까닭, 심계원이라는 낯선 이름. 이 이야기들을 자세히 들려주고자 합니다.

이야기의 뼈대는 헌법의 순간을 고스란히 담은 당시 회의록입니다. 「제헌국회 회의록」은 헌법 심사 과정의 생생한 육성을 그대로 담고 있습니다. 회의록은 크게 세 부분으로 나뉩니다. 첫 부분은 제1독회입니다. 여기서는 제헌의원들과 헌법안 작성에 참여한 전문위원들이 헌법 조항에 담긴 의미나 취지를 두고 질의응답을 벌입니다. 헌법이 담아야 할 원칙과 내용이 무엇인지를 두고 자기 소신도 밝힙니다. 그다음 순서는 제2독회입니다. 조항을 하나씩 읽으며 찬반 토론을 합니다. 원안에 반대하거나 고치고 싶을 때 수정안도 제출합니다. 수정안과 원안 찬반 토론을 하고 표결로 조항을 결정합니다. 주된 논쟁이 벌어지는 순간이지요. 마지막으로 제3독회가 진행됩니다. 각 조항을 마지막으로 읽으면서 표현이나 문구, 체계에 문제가 있다면 고치는 순서입니다.

꼼꼼한 속기사는 회의록에 이런저런 풍경을 모두 담아 둡니다. 덕분에 헌법의 순간을 생생하게 만날 수 있습니다. 장내 분위기가 느껴집니다. 앉아서 추임새 넣는 소리까지 들립니다. 그야말로 사진 찍듯이 고스란히 담았습니다. 어찌나 선명한지, 숨소리가 들리고 표정까지 보입니다. 그 기록을 증거 삼아 헌법의 순간을 마음껏 그려보았습니다.

헌법의 순간은 쏜살같습니다. 빠른 속도는 강렬한 흔적을 남깁니다. 우선은 토론과 논쟁 속에 깊게 스며든 책임감과 지워지지 않는 아쉬움이 보입니다. 좋은 헌법이 좋은 나라를 만든다는 사명감으로 가득합니다. 어떤 조항이든 쉽게 넘기지 못합니다. 더 깊이 따지고, 더 오래 숙고할 수 있다면 얼마나 좋을까요? 마냥 그럴 수가 없는 노릇입니다. 해방 벽두에 닥친 현실은 불안과 혼란으로 가득합니다. 헌법이 어서 나라 방향을 정해야 합니다. 그 방향이 정해져야 수많은 법률과 제도를 만들 수 있습니다. 그래야 정부도 수립할 수 있습니다. 한없이 높은 이상은 엄청난 책임의 무게에 짓눌립니다. 좋은 헌법을 만들어야 하지만, 시간과 조건의 압박 속에서 결정을 내려야 합니다. 내려진 결정마다 아쉬움이 긴 꼬리를 남깁니다.

설득과 양보의 흔적은 더 진합니다. 일분일초가 아깝지만, 서로를 설득하는 데 온 전력을 다합니다. 지식과 경험은 부족하지만 자신의 주장을 성실히 전하려고 애씁니다. 인내하고 경청합니다. 상대가 죽을 만큼 미워 험한 말도 하지만, 끝내 사과도 합니다. 끝을 모를 갈등 속에서 결정적인 순간에는 기꺼이 양보와 타협을 합니다. 그들의 목적은 완벽한 헌법이 아닙니다. 흔들리지만 방향은 잃지 않는 나침반처럼, 부족하지만 새로운 나라의 길잡이가 될 헌법을 만들고자 합니다. 그 흔들림의 흔적들이 고스란히 회의록에 담깁니다.

창조의 흔적도 선명합니다. 헌법의 순간은 새 술 담을 새 부대를 만드느라 여념이 없습니다. 다른 헌법들을 짜깁기한 법전이 아닙니다. 다른 헌법들을 모방만 하지도 않습니다. 제헌의원들은 오천 년을 이어온 역사에서 지혜를 끄집어냅니다. 다른 나라의 경험도 데려옵니다. 온고지신溫故知新하려는 지혜와 '민족적 창의'를 발휘하려는 열정으로, 지금까지 없었고 어느 나라에도 없는 제도들을 거침없이 제안하고 논의합니다. 전 세계에 내세울 만한 '모범국가'를 만들겠다는 열망으로 가득합니다. 그렇다고 아픈 흔적이 없는 것은 아닙니다. 욕망과 야심, 편견과 오해, 갈등과 증오가 남긴 흔적도 부지기수입니다. 이 책이 헌법의 순간을 가득 채운 모든 흔적과 풍경을 보여줄 수 없어 아쉽습니다. 아무쪼록 헌법의 순간이 남긴 흔적과 약속이 기억되기를 바랍니다.

현행헌법을 개정한 지 40년이 다 되어갑니다. 강산이 세 번 넘게 바뀌고도 남을 시간입니다. 변화에 맞는 새로운 약속이 필요하다고들 합니다. 머지않아 새로운 헌법의 순간이 찾아올지도 모릅니다. 무엇을, 왜, 어떻게 바꾸어야 할까요? 이 질문이 떠오를 때 답을 찾아야 한다면, 헌법이 처음 생겨난 그 순간으로 향하는 시간여행이 조금은 도움이 될 것입니다. 헌법의 순간으로 돌아가면 그 흔적과 기억 속에서 현재를 바꿀 오래된 보물을 찾을 수 있습니다. 그 보물 위에 쌓인 먼지를 털어내면 좋겠습니다. 새로운 상상의 힘을 얻었으면 합니다. 그럴 때 제헌절 노래 가사처럼 헌법의 순간이 새 걸음을 위한 옛길이 될 수 있겠지요.

책이 완성되기까지 늘 함께한 아내 김민지, 두 아들 솔솔 형제에게도 사랑을 전합니다. 개발새발 원고를 읽느라 고생한 고마운 분들이 있습니다. 꼼꼼한 지적과 조언 덕분에 그나마 읽을 만한 글이 되었습니다. 책이 나오는 순간까지 한 글자 한 글자 돌봐주신 박승리 편집자님을 비롯해 애써주신 많은 분께 진심으로 감사드립니다.

파주에서
박 혁

제1장

유구한 역사와 전통에 빛나는 우리들 대한국민은 **기미 삼일운동**으로 **대한민국**을 건립하여 세계에 선포한 위대한 독립정신을 계승하여 이제 민주독립국가를 재건함에 있어서 정의인도와 동포애로써 **민족의 단결**을 공고히 하며 모든 사회적 폐습을 타파하고 민주주의제제도를 수립하여 정치, 경제, 사회, 문화의 모든 영역에 있어서 각인의 **기회를 균등**히 하고 능력을 최고도로 발휘케 하며 각인의 책임과 의무를 완수케하여 안으로는 **국민생활의 균등한 향상**을 기하고 밖으로는 항구적인 국제평화의 유지에 노력하여 우리들과 우리들의 자손의 **안전과 자유**와 행복을 영원히 확보할 것을 결의하고 우리들의 정당 또 자유로히 **선거**된 대표로써 구성된 **국회**에서 단기 4281년 7월 12일 이 **헌법**을 제정한다

나라 이름을 대한민국으로 결정한 이유

대한 사람 대한으로

제헌헌법 제1조
대한민국은 민주공화국이다.

고고呱呱의 소리가 터져 나오기 전, 유별난 풍경이 하나 보입니다. 사돈네 팔촌까지 새로 태어날 아이의 이름 짓기에 나섭니다. 누구는 태몽을 담자고 하고, 누구는 항렬을 따집니다. 누구는 예쁜 이름이라며 추천하고, 누구는 복 들어온다는 이름을 건넵니다. 아이의 운명이 이름에 달리기라도 한 듯 지극정성을 기울입니다. 어떤 이름이든 앞날을 위한 소망과 축복이 담깁니다. 이름을 부른다는 건, 이름에 담긴 축복과 소망을 기억하는 일입니다. 그 기억의 되새김질입니다.

전 세계의 모든 국가는 이름을 갖고 있습니다. 흔히 국호國號라고 하지요. 국호는 그 나라를 가장 먼저 만나고 이해하는 통로입니다. 자신들이 내세우고 싶은 역사, 지향, 체제를 담고 있기 때문입니다. 한마디로 국호는 그 나라 정체성을 상징합니다. 그 상징이 구성원에게는 자긍심과 동질감을 줍니다. 국호를 외치는 순간은, 그 자긍심과 동질감을 함께 나누고 되새김질하는 순간입니다. "대~한민국"을 외치는 순간, 여러분도 그렇지 않았나요?

대한민국大韓民國은 왜 대한민국일까요? 질문이 좀 이상한가요? 어쨌든 궁금합니다. 국호 대한민국에는 어떤 역사가 담겨 있을까요? 그 이름에는 어떤 꿈이 깃들어 있을까요? 대한민국은 언제, 어떻게 국호가 되었을까요? 어떤 이름들이 경쟁했을까요? 이름짓기가 한창인 헌법의 순간으로 가보겠습니다.

전 세계 국가는 대부분 자국 헌법에 국호를 명시합니다. 물론 "국호는 무엇이다."라는 조항을 둔 헌법은 거의 없습니다. 우리나라 헌법도 국호를 대한민국으로 한다고 밝히지는 않습니다. 다만 헌법의 이름이 '대한민국 헌법'입니다. 헌법전문에서는 우리를 "대한국민"이라고 부릅니다. 제1조 1항은 "대한민국은 민주공화국이다."입니다. 1950년에는 헌법 조항을 토대로 「국무원고시 제7호」를 발표해 국호 사항을 더 구체적으로 밝혔습니다. 정식국호는 '대한민국'이고 편의상 '대한, 한국'이란 약칭을 쓸 수 있다는 내용입니다.

헌법의 순간이 펼쳐집니다. 모든 탄생의 순간이 그렇듯 광복으로 새롭게 시작하는 나라도 이름을 지어야 합니다. 국호는 이미 해방이 되자마자 초미의 관심사였습니다. 1946년 발표된 이태준의 소설 『해방 전후』에도 등장인물들이 국호를 두고 고려니, 조선이니, 대한이니 입씨름하는 장면이 나옵니다. 실제로 사람들 의견은 분분했지요. 그 의견들을 갈무리하여 헌법에 국호를 담는 일은 제헌국회의 몫입니다. 그 일이 간단치 않다는 건 삼척동자도 알만합니다.

1948년 6월 23일, 헌법기초위원회는 헌법초안(헌법안)을 보고합니다. 먼저 서상일 헌법기초위원장이 앞으로 진행될 헌법 토의 과정을 설명한 다음, 헌법기초위원인 조헌영 의원이 10장 102조로 구성된 헌법안을 낭독합니다. 낭독이 끝나자 서상일 위원장이 헌법안 구성 체계를 설명하고, 곧이어 유진오 전문위원이 헌법안의 기본정신과 주요 쟁점 사항을 언급합니다. 다음 회의는 3일 뒤인 26일에 열기로 하고 낮 12시 무렵에 첫 회의를 마칩니다. 헌법 조항들을 살펴보고 질문을 준비하거나 서면질의서를 작성할 말미를 준 것입니다. 26일 오전 10시에 헌법 제1독회가 시작됩니다. 3일 동안 제출된 서면질의서가 꽤 높이 쌓였습니다. 첫 서면질의는 국호 문제입니다. 곽상훈 의원과 권태희 의원이 작성한 질의서에서, 국호를 **대한**으로 정한 의의와 근거가 무엇인지 묻습니다.

이마가 훤칠한 서상일 위원장이 마이크 앞에 섭니다. 헌법기초위원회에서도 국호 문제가 적지 않은 논란을 일으켰다며, 카랑카랑한 목소리로 말합니다. 실제로 당시 언론은 헌법기초위원회에서 벌어진 국호 논쟁이 치열했다는 사실을 연일 크게 보도했지요. 사람들이 모이면 그런 보도를 안주 삼아 옥신각신할 정도입니다. '대한, 고려, 새한, 조선' 등이 후보로 입에 오르내립니다. 6월 9일 자 신문들은 헌법기초위원회에서 벌어진 갑론을박을 소개하며 네 개의 국호가 불꽃 튀게 경쟁했고, 대한민국이 최종 승자라고 보도합니다. "대한민국 17표, 고려공화국 7표, 조선공화국 2표, 한국 1표"라는 표결 결과도 함께 전합니다.

대한민국이 최종 승자가 된 배경은 무엇일까요? 서상일 위원장이 그 배경을 설명합니다. 나라를 되찾았으니 빼앗긴 이름을 다시 써야 한다는 주장이 우세했던 듯합니다. 아울러 3·1혁명 후에 생긴 대한민국 임시정부를 계승한다는 의미도 있습니다. 이승만 의장이 국회 개원식에서 대한민국이라는 이름을 사용했는데 별 이의가 없었다는 점도 거론합니다.

대한이라고 하는 말이 청일전쟁의 마관조약에서 처음 사용됐다는 역사적인 사실을 여러분은 잘 아실 겁니다. 그때 대한이란 이름이 정해진 것이올시다. 그랬는데 한일합병으로 말미암아 없어지게 된 것이올시다. 3·1혁명 뒤에 해외에 가서 임시정부를 조직해 그때도 대한이라고 이름을 붙였습니다. 또 이 국회(제헌국회)가 처음 열릴 때 의장 선생님(이승만)이 개회식에서 '대한민국 36년'이라는 연호를 썼는데, 이 헌법 초안에서 국호를 함부로 정할 수가 없어서 일단 '대한' 이라 그대로 인용한 것입니다.

– 서상일, 「제헌국회 회의록」 제1회 18호

서상일 위원장이 잘못 알고 있는 부분이 여럿 있습니다. 일단 '대한' 이라는 이름이 청일전쟁 뒤 1895년에 체결된 마관조약馬關條約*에서 처음 사용되었다는 주장은 사실과 다릅니다. '조선'이라는 이름만 있습니다. 대한이 처음 등장한 때는 1897년으로, 고종이 대한제국을 선포하면서 세상에 알려집니다.

의아합니다. 서상일 위원장이 그렇게 말한 근거는 무엇일까요? 물론 잘못 알았을 가능성이 있습니다. 그렇게 말한 연유는 알 수 없지만 꺼림칙합니다. 대한이라는 국호가 청일전쟁 뒤에 생겼다는 유사한 주장

---

* 시모노세키조약은 청일전쟁의 전후처리를 위해 1895년 4월 17일 청나라와 일본이 일본의 시모노세키에서 체결한 강화조약이다. 하관조약 또는 마관조약이라 부르기도 한다. 이 조약으로 청나라는 일본에 요동반도와 타이완(대만)을 할양하기로 하였는데, 러시아는 프랑스와 독일을 끌어들여 요동반도 할양을 철회하도록 압박했다. 시모노세키조약이 체결된 결과, 청나라는 조선에서의 영향력을 상실했고 한반도를 둘러싼 러시아와 일본의 대립이 고조됐다.

이 있었고, 이 잘못된 내용을 퍼트린 장본인은 초대 조선총독 데라우치 마사다케寺內正毅입니다. 1910년 8월 16일, 이완용은 일제가 자행한 한국 병탄에 협력하지만 민심의 저항이 두려워 데라우치에게 두 가지를 청합니다. 국호는 전과 같이 한국으로 하고, 왕실을 우대해 달라고 요청합니다. 마사다케는 거절합니다. 그러면서 "한국이라는 국호는 청일전쟁 후 일본이 권해서 붙인 이름에 지나지 않는다."라고 합니다. 혹시 이런 인식이 널리 유포된 건 아니었을까요? 물론 데라우치가 했다는 이말은, 사실이 아닐뿐더러 앞뒤도 맞지 않습니다. 이상하지 않나요? 한국이라는 국명이 자신들이 권해서 붙인 이름이라면 왜 그토록 한국이라는 이름을 못 쓰게 했을까요?

서상일 위원장의 설명에는 부정확한 부분이 또 있습니다. 이승만 의장이 제헌의회 개원식에서 사용했다는 '대한민국 36년' 연호는 아마도 '대한민국 30년'을 말한 듯합니다. 대한민국 임시정부가 수립된 1919년을 대한민국 원년으로 하자면 1948년은 대한민국 30년이 맞습니다. 서상일 위원장이 착각하지 않았다면 속기사의 단순 실수일지도 모릅니다.

그보다 훨씬 더 심각한 역사적 혼동은 따로 있습니다. 우선 서상일 위원장이 한 발언을 잘 기억해 두어야 합니다. 그는 분명히 "3·1혁명 뒤에 **해외에 가서 임시정부를 조직**해 그때도 대한이라고 이름을 붙였습니다."라고 말합니다. 해외에 조직한 임시정부, 바로 상해에 있던 대한민국 임시정부를 말합니다. 그럼, 이번에는 이승만 의장이 국회 개원식 축사에서 한 말을 살펴볼까요?

이 민국은 기미년(1919년) 3월 1일 우리 13도 대표들이 서울에 모여서 국민대회를 열고 대한독립민주국임을 세계에 공포하고 임시정부를 건설하여 민주주의의 기초를 세운 것입니다. (…) 오늘 여기에서 열리는 국회는 즉 국민대회의 계승이요, 이 국회에서 건설되는 정부는 즉 **기미년에 서울에서 수립된 민국임정의 계승**이니 (…)

두 사람 발언에서 중대한 차이를 발견하셨나요? 서상일 위원장과 이승만 의장은 계승 대상으로 다른 것을 지목합니다. 둘 다 대한민국 임시정부를 계승한다고 말하지만 같은 임시정부가 아닙니다. 서상일 위원장은 해외에 조직된 임정이라 하고, 이승만 의장은 서울에 수립된 민국임정이라고 합니다. 어찌 된 걸까요? 확실한 것은 기미년에 '대한민국'을 국호로 내건 임시정부는 상해에 수립된 대한민국 임시정부입니다. 이승만 의장이 말한 서울에서 조직한 임시정부는 한성정부입니다. 나중에 한성정부와 상해 임시정부가 통합하긴 하지만 이승만은 기미년에 서울에 세워진 한성정부를, 마치 상해에 세워진 대한민국 임시정부인 것처럼 말하면서, 정작 상해의 대한민국 임시정부에 관련해서는 일언반구도 하지 않았습니다. 구태여 대한민국 임시정부가 아닌 한성정부를 계승했다고 말하는 이유는 무엇일까요? 그러면서도 연호는 '대한민국 30년'으로 하는 이유는 또 무엇일까요?

서상일 위원장이 내세운 세 번째 이유는 상식적으로나 정치적으로나 적절하지 않습니다. 이승만 의장이 대한민국이라는 연호를 사용했고 큰 반대도 없어 대한으로 했다고 하자 의원들도 의아한가 봅니다. 장내가 술렁입니다. 국호처럼 중요한 사안을 누구 한 사람 의사대로 한다는 게 터무니없기 때문입니다. 아니나 다를까, 신랄한 비판이 터져 나옵니다. 대표적으로 조봉암 의원은, "국호와 같은 중대한 것은 인민 전체, 적어도 인민의 대표기관인 국회가 논의, 결정해야지 어느 개인이 임의로 지어내서 마음대로 쓸 수 있는 것이 아니다."라고 지적합니다.

서상일 위원장은 말하지 않았지만, 당시 신문들은 헌법기초위원회가 대한을 국호로 결정한 중요한 이유가 따로 있다고 보도합니다. "일본에 배상을 받으려면 과거에 쓴 대한이라는 국호여야 한다."라는 논리입니다. 아마 이 법적 논리는 현실적 측면에서 큰 설득력이 있었던 것 같습니다. 어쨌든 서상일 위원장이 설명을 끝내자 국호를 둘러싼 논쟁이 본격적으로 펼쳐집니다. 다른 국호를 주장하는 목소리도 꽤 큽니다. 결과적으로는 오보였지만 국호가 '고려'로 정해지는 것은 시간문제라는 보도가 쏟아집니다.

대한을 반대한 이들의 주장은 무엇일까요? 반대 이유는 크게 두 가집니다. 일단 대한이 망한 나라 이름이어서 수치스럽다고 합니다. 또 다른 이유는 대한의 '대'가 대영제국, 대일본제국처럼 군주국이나 제국주의 냄새를 풍겨 민주국가에 가당치 않다는 것입니다. 그들이 한 주장을 좀 더 들어볼까요?

맨 먼저 반대하고 나선 이는, 36세라는 젊은 나이에 충남 아산에서 무소속으로 당선된 서용길 의원입니다. 왜 구태여 망한 나라 이름을 다시 쓰려는지 모르겠다고, 목소리를 높입니다. 그도 대한이 마관조약에서 처음 쓰였다는 오류를 되풀이합니다. 청국 대신 일본의 지배를 받기 시작하면서 생겨난 이름인 데다, 그마저 나라가 망하면서 사라진 '배냇병신(선천적으로 신체가 기형인 사람을 비하하는 용어)'이라 쓸 수 없다고 합니다. 대한은 망한 나라 이름이니 이미 선천적이고 치명적인 장애를 갖고 있다는 뜻입니다. 대한민국 임시정부를 계승하자는 주장 역시 이치에 안 맞는다고 말합니다. 대한이란 이름을 쓰면 계승이고 안 쓰면 계승이 아니라는 논리가 말이 안 된다고 지적합니다. 오히려 임시정부 대통령이었던 이승만이 국회의장으로 있는 현실 자체가 진정한 계승이니, 계승을 핑계로 대한을 고집하지 말라고 주장합니다.

> 대한이란 (…) 문자 그대로 배 안의 병신이올시다. 마관조약에서 쓰인 망국의 이름입니다. 누군가는 법조의 법통을 계승하기 위해 대한민국을 써야 한다고 말합니다. 그러나 현실 자체를 계승한다면 거기에는 이견이 없을 줄 알아요. 현실이란 무엇이냐? 3·1혁명 당시 임시정부 대통령으로 계셨던 이승만 박사가 자율적인 국회에 의장으로 계시는 사실. 이 사실이 곧 법통을 계승한 것이라 봅니다.
>
> — 서용길, 「제헌국회 회의록」 제1회 20호

서용길 의원이 말하는 '계승의 논리'는 어째 좀 이상합니다. 대한이라는 국호에는 나라 정체성과 지향이 담겨 있습니다. 국호를 대한으로 하자는 것은 대한민국 임시정부의 정체성과 지향을 계승하자는 의미입니다. 그 계승이 어떤 인물로 이루어진다는 말이 좀 이상하지 않나요? 하물며 대한민국 임시정부에서 탄핵당해 대통령에서 물러난 이를 임시정부 계승의 상징이라고 평가하니 선뜻 수긍이 가지 않습니다. 그렇다면 해방 전까지 오랜 시간 임시정부를 이끌었던 김구 선생이 선거에도 참여하지 않고 국회에도 있지 않으니, 새로운 나라가 대한민국 임시정부를 계승하지 않았다고 말할 수 있을까요?

문제가 된 지점은 '배냇병신'이라는 고얀 말입니다. 서용길 의원의 입에서 이런 말이 나오자 회의장은 일순간 쑤셔 놓은 벌집이 됩니다. 국호가 될 수 있는 유력한 후보를 두고 이런 모욕을 하니, 기가 차고 민망할 노릇입니다. 후폭풍이 만만치 않습니다. 대한이 거족적인 3·1혁명과 임시정부의 항일정신을 담고 있는 자랑스러운 이름이라 여기는 이들이 잠자코 있을 리 없습니다. 고성과 삿대질이 오갑니다. 사과하라며 소리치는 이들도 있습니다. 장내 분위기가 좀체 가라앉지 않습니다.

그 소란을 뚫고 진헌식 의원이 급히 발언대에 오르자 모든 시선이 그에게로 쏠립니다. '대한파'가 반격을 시작할 모양입니다. 대한이라는 이름을 깎아내리지 말라고 근엄히 꾸짖습니다. 대한이라는 이름은 "대내적으로는 민족 통일의 기초가 되고, 대외적으로는 민족 투쟁의 긍지"라고 크게 소리칩니다. 이어 박순석 의원도 일제에 맞서 대한을 위해, 대한 이름을 걸고 피 흘려 싸운 이들을 잊었냐며 분개합니다.

다음으로 조국현 의원이 작심하고 발언대에 섭니다. 유림 출신으로 온화하고 점잖은 그가 분을 감추지 않은 채, "대한은 배냇병신"이라고 떠든 서용길 의원을 질타합니다. 광복은 일제에 빼앗긴 대한을 되찾는 것이고, 되찾은 나라에서 다시 대한을 쓰는 게 뭐가 문제냐고 울분을 토합니다. 대한이 망한 나라의 이름이라는 주장도 어불성설이라고 탄식합니다. 영토, 국민, 주권이라는 삼대 요소를 빼앗긴 적이 없는데 왜 대한이 망한 나라냐고 따집니다. 설사 그 세 가지를 빼앗겼다고 치더라도 말이 안 되는 소리라고 합니다. 제2차 세계대전 중 영국으로 망명했던 국가들이 종전 이후 독일에 패전한 과거가 부끄럽다고 국호를 바꾼 사례는 듣도 보도 못했다며 목소리를 높입니다. 빼앗긴 이름을 되찾아 쓰는 게 뭐가 부끄럽냐고 합니다. 일제의 억압으로 창씨개명한 것이 수치스럽다는 이유로 본래 성까지 버릴 것인지 따져 묻습니다. 들을수록 일리가 있습니다.

대한은 일본놈에게 병합을 당해서 망해버린 국호이니 모욕적이라 쓸 수가 없다고 합니다. 그것은 더욱 안 되는 말씀이올시다. 왜 그러냐 하면, 우리는 그럴수록 우리의 국호를 찾아내서 기어코 써야만 하기 때문입니다. 자손만대에 끼쳐 준 일제의 모욕을 역사적으로 씻어버리는 것이 떳떳한 일이올시다. (…) 왜적에게 강제로 창씨 당한 본성이 창피하다고 원래 성씨를 모두 버리고 고대의 고결한 성자(姓字), 예컨대 고구려의 을지 씨를 취하고 백제의 흑치 씨를 택하며 신라의 대실 씨를 성씨로 삼았다는 이는 하나도 보지 못하고 듣지도 못하였습니다. (…) 대한민국의 국호를 씀으로써 거룩한 3·1운동의 의미를 세계에 널리 알리고 대한임정의 법통을 계승하여 반만년 찬란한 역사를 접속한다는 의미에서, 나는 우리 국호를 대한이라고, 생명을 놓고 절대 주장합니다.

– 조국현, 「제헌국회 회의록」 제1회 20호

기시감이 듭니다. 서용길 의원과 조국현 의원 사이에 오간 논쟁은 이미 어디서 보았던 장면입니다. 그렇습니다. 대한민국 임시정부 수립 당시 국호를 정할 때입니다. 당시에도 대한이라는 이름이 민족 자주성과 항일정신을 담고 있으니 계승하자는 주장과 망한 나라 이름이어서 수치스럽다는 주장이 팽팽히 맞섭니다. 1919년 4월 11일 자 임시의정원 기록을 보면 국호를 정할 때의 상황을 알 수 있습니다.

4월 11일에 국호, 관제, 국무원에 관한 문제를 토의하자는 현순의 동의와 조소앙의 재청이 가결되어 토의에 들어가 국호를 대한민국으로 칭하자는 신석우의 동의와 이영근의 재청이 가결되었다.[*]

이 짧은 기록으로는 알 수 있는 게 별로 없습니다. 대신 당시 회의에 참석했던 이들이 남긴 회고록이 그때 상황을 전해줍니다. 상당한 격론이 벌어진 듯합니다. 당시에도 대한을 반대하고 조선, 고려 등을 국호로 하자는 의견이 강합니다. 대한이 망한 나라 이름이라는 이유가 가장 큽니다. 회의에 참석한 여운형은 이렇게 말합니다.

대한은 이미 우리가 쓰고 있던 국호로, 그 대한 때에 우리는 망했다.

---

[*] 현순(玄楯, 1880~1968)은 대한민국 임시정부에서 외무차장, 내무부차장 등을 역임한 독립운동가였다. 신석우(1894~1953)는 독립운동가이자 언론인으로, 일본 와세다대학을 졸업한 후 대한민국 임시정부에서 교통총장을 맡았다. 이영근(1880~1922)은 대한민국 임시의정원에서 경남 대표 의원으로 참여한 독립운동가였다.

망한 나라, 일본에 합병되어 버린 대한 국호를 우리가 지금 그대로
부른다는 것은 감정상으로도 용납할 수 없다.

— 여운홍, 『몽양 여운형』(청하각, 1967), 41쪽

망한 나라 이름이어서 쓸 수 없다는 주장은 "대한으로 망한 나라, 대
한으로 흥하자."라는 다부진 주장에 밀립니다. 일본에 빼앗긴 국호를
되찾아 자주독립의 의지를 높이자는 호소가 큰 공감을 얻습니다. 결국
임시정부는 국호를 대한으로 정합니다.

지금까지 말을 듣자 하니 궁금증이 생깁니다. 대한이라는 국호가 왜
자주독립 정신과 항일정신을 상징한다는 것일까요? 대한이라는 이름
이 생긴 역사와 배경을 좀 살펴봐야겠습니다. 대한이라는 이름이 처음
세상에 알려진 시점은 1897년입니다. 고종은 자주독립국가를 이루려
는 열망을 담아 조선이라는 이름을 버리고 대한을 국호로 삼습니다. 명
나라가 낙점해준 조선이라는 이름 대신 우리 민족을 가리키는 오래된
이름인 한韓을 되살려 사대주의를 끝내고 자주독립국가를 세우겠다는
의지를 드러내고자 국호를 대한으로 바꿉니다.

그래서였을까요? 일제는 주권을 빼앗으면서 동시에 국호도 바꿔버
립니다. 자주독립의 상징을 없애려 한 것입니다. 흔히 경술국치라 불리
는 1910년 8월 29일, 일본 천황은 칙령 제318호 「한국의 국호를 개정
하여 조선으로 하는 건」을 발표해 "한국의 국호를 고쳐 이제부터 조선
이라 부른다."라고 명령합니다. 국호만 빼앗은 게 아닙니다. 이 땅에서
대한이라는 말 자체를 앗아가려고 했습니다. 대한이라는 이름이 붙은

신문, 잡지, 단체는 이름을 바꾸거나 대한을 뗍니다. 가령 1904년에 영국인 베델이 창간한 『대한매일신보』도 경술국치 두 달 후 대한이란 글자를 빼서 『매일신보』로 이름을 바꿉니다. 대한을 못 쓰게 하는 것에 그치지 않습니다. 조국현 의원이 말했듯이 "대한이라고 말만 하여도, 쓰기만 하여도 가두고 때리고 죽였습니다."

아직 남은 궁금증이 있습니다. 일제는 왜 하필 **조선**이라는 이름을 국호로 강요했을까요? 조선은 큰 나라를 섬긴 종속국을 상징하는 이름으로 여겨집니다. 이성계가 명나라 황제에게 사신을 보내 국호를 정해달라 했고, 명나라는 이성계의 고향 이름인 '화령'이 아닌 '조선'을 택합니다. 이런 내력을 지닌 국호를 일본이 다시 꺼내 든 속셈은, 한민족에 종속성과 열등함을 덧칠하기 위함이었습니다. 일본 천황이 조선이라는 이름을 하사함으로써, 중국에 속한 나라에서 일본에 속한 나라로 바뀐 것이라 말하고 싶었던 겁니다.

1919년 3월 1일, 온 국민은 일본이 자행한 '대한 말살'에 저항합니다. 전국 방방곡곡에서, 그것도 백주에 "대한 독립 만세!"를 외칩니다. 대한이라는 이름 자체가 독립을 의미했고, 대한을 외치는 일 자체가 항일입니다. '대한을 되찾는 일'이 광복입니다. 그런 자주독립정신과 항일정신이 이어져 임시정부는 국호를 대한민국으로 결정합니다. 일본이 말살하려 했던, 대한이라는 국호를 지켜 자주독립의 기상을 드높입니다. 이런 역사적 맥락이 국호를 대한으로 정하자는 주장의 강력한 근거입니다.

국호 대한을 둘러싼 다음 논쟁점은 대★자입니다. 상고시대부터 우리

민족공동체를 가리키는 고유한 명칭인 한韓은 그렇다 쳐도 대大자는 사리에 맞지 않는다는 지적이 적지 않습니다. 대영제국, 대일본제국 흉내 내는 것이라고 비판합니다. 민주공화국이 자국을 우월하게 여겨 다른 나라를 침략하는 제국주의 풍의 국호를 굳이 써야 하겠냐고 따집니다. 이 비판은 국호를 대한으로 하자는 이들도 쉽게 방어할 수 없어 보입니다. 이 비판을 가장 예리하고 집요하게 밀어붙인 이는 조봉암 의원입니다. 그는 국호에 대大자를 붙이려는 태도는 큰 나라를 우월하게 여기는 사대주의 근성에서 왔다고 꼬집습니다.

> "대한민국은 민주공화국이다." 했는데 이른바 민주공화국에 대한이란 대(大)는 아랑곳이 없는 것입니다. 한이란 말이 꼭 필요하다면 '한국'도 좋고 우리말로 '한나라'라고 해도 좋을 것을, 큰 대(大)를 넣은 것은 자신을 높이고 남을 낮추는 봉건적 태도요, 본질적으로는 사대주의 사상의 표현인 것뿐입니다.
>
> – 조봉암, 「제헌국회 회의록」 제1회 21호

헌법기초위원회에서도 이런 지적이 있었던 모양입니다. 서상일 위원장은 헌법안을 설명할 때 그 사실을 털어놓으며 해명하긴 했으나 별로 신통치는 않았습니다. 그는 대한의 대大를 위대하다는 의미로 해석하면서 대영제국, 대일본제국처럼 자국을 높여 군주국이나 제국주의 냄새가 나는 게 사실이라고 인정합니다. 비민주적인 느낌도 든다고 합니다. 그래서 좋다는 것인지 나쁘다는 것인지 딱 부러지게 말하진 않았습니다. 곤혹스러웠나 봅니다. 과연 대한이라는 이름에는 우월한 나라를 바라는 욕망, 제국을 그리는 꿈이 담겨 있는 것일까요?

대★가 제국주의적 지향을 담고 있다면 보통 문제가 아닙니다. 제국주의를 향한 욕망으로 국호를 대한으로 했다면, 그것은 분명 헌법 위반입니다. "대한민국은 모든 침략적인 전쟁을 부인한다."라고 정한 헌법안 제6조에 어긋납니다. 꼭 위헌이 아니더라도 제국주의 국가의 침탈을 받은 나라가 제국주의 야망을 국호에 담았다면 좀 기괴하지 않은가요? 게다가 대한민국 임시정부가 건국이념으로 밝힌 홍익인간弘益人間 정신에도 어울리지 않습니다. 김구 선생은 "내 나라가 남의 침략에 마음이 아팠으니 내 나라가 남을 침략하는 것을 원치 아니한다."라고 말했습니다. 그러면서 남을 침략하는 나라가 아니라 문화의 힘으로 세상을 널리 이롭게 하는 나라를 바랐습니다. 암만해도 대★에는 다른 의미가 있는 듯합니다.

조국현 의원이 그 궁금증을 풀어주려나 봅니다. 발언대에서 대★자가 제국주의적이라는 주장은 헛똑똑이들이 하는 소리라고 딱 잘라 말합니다. 그는 대★란 작은 나라를 통합하거나 아우른다는 뜻으로, 연방국가의 개념이라고 설명합니다. 대내적인 통합을 상징하는 말이라는 것이지요. 그는 '삼한을 통합한 국가'라는 역사적 의미를 이렇게 설명합니다. 좀 어렵기는 하지만 그가 한 말을 들어볼까요?

대한은 제국주의적이다, 대청이니 대영이니 등등의 칭호와 같아 쓸 수가 없다고 합니다. 하지만 그렇지 않습니다. 우리가 과거 삼천 년 전부터 대한이라고 써 온 것은 역사가 증명합니다. 마한, 진한, 변한은 모두 연방국으로서 각각 총왕이 있었고, 마한의 총왕은 총왕의 총왕이었습니다. 마한은 곧 '말한'이올시다. '말'은 높다는 뜻도 되고 크다는 뜻도 되며 '한'도 역시 크다는 뜻인데 (…) 그러면 마한은 곧 대한의 의미올시다.

— 조국현, 「제헌국회 회의록」 제1회 20호

삼한 역사를 환히 꿰고 있는 조국현 의원 말에 여기저기서 감탄하는 소리가 들립니다. 그가 들려준 이야기처럼 한韓은 마한, 진한, 변한을 함께 부르는 말입니다. 마한은 54개국, 진한은 12개국, 변한도 역시 12개국으로 이루어진 연방국입니다. 더 나아가서 삼한은 마한의 왕을 진왕辰王, 조국현 의원의 발언대로 '총왕의 총왕'으로 삼아 통합된 국가로 운영되었습니다. '통합된 삼한'이란 다름 아닌 '대한'입니다.

궁금합니다. 대한이라는 국호를 처음 사용한 고종은 무슨 생각이었을까요? 대일본제국처럼 큰 나라를 향한 야욕이 있거나 공연한 허세를 부리느라 대大자를 붙인 걸까요? 그런 것 같지는 않습니다. 한은 예부터 한민족을 일컫는 말입니다. 고대 마한, 진한, 변한을 가리켜 삼한이라 불렀고 나중에는 고구려, 백제, 신라 삼국을 삼한이라 통칭합니다. 고종은 대한을 국호로 정할 때 이 삼한을 통합하거나 아우른다는 의미를 담고 싶었던 것 같습니다. 그렇게 보면 대한은 '통합된 한국'을 염원한 국호입니다. 『고종실록』에 나와 있는 고종의 말을 들어볼까요?

우리나라는 곧 삼한의 땅인데, 국초에 천명을 받고 하나의 나라로 통합되었다. 지금 국호를 대한이라고 정한다고 해서 안 될 것이 없다.

- 「고종실록」 고종 34년(1897년) 10월 11일

대한의 대大 자가 나라를 통합한다는 의미인 것은 역사적 상식이기도 했습니다. 역사학자인 최남선은 1946년에 조선에 관한 다양한 상식을 담은 『조선상식문답』을 출간하는데, 거기서 대한의 대大가 어떤 의미인지 밝힙니다.

한(韓)은 한이지만 옛날 같은 작은 한이 아니라 지금은 커다란 한이라는 뜻을 보인 것이다. 이렇게 '대한'이란 것은 두 자가 다 합해 국가 이름이 되는 것이요, 결코 대명이나 대영과 같이 높이는 뜻으로 대(大)자를 붙인 것이 아니며 한국이라 함은 실제 대한을 간단하게 부르는 것이다.

국호를 둘러싼 격론은 7월 1일 열린 제2독회가 끝날 때까지도 이어집니다. 한시가 급한 이승만 의장은 애가 닳아 전전긍긍합니다. 의원들에게 부탁도 합니다. 국호를 헌법에 정하지 말고 차차 나라가 안정되면 법률로 정하자고 합니다. 국호를 지금 정하지 말고 나중에 정하자니, 그러기를 바랐지만, 감히 말은 못 하고 있던 조봉암 의원은 기꺼울 따름입니다. 자기 말에 맞장구를 치는 조봉암 의원 반응에 정작 이승

만 의장은 당황합니다. 괜한 말로 다 된 밥에 재 뿌린 격입니다. 자기가 한 말은 국호를 다음에 정하자는 뜻이 아니었다며 손사래를 칩니다. 정 말로 조봉암 의원이 오해한 건지 이승만 의장이 한 발언을 직접 들어볼 까요?

다음은 국호 개정 문제인데, 국호 개정이 잘 되었다고 독립이 잘 되 거나 국명이 나쁘다고 독립이 잘 안 되는 게 아닙니다. 국호는 차차 국정이 정돈되면, 민간의 의사를 들어 대다수의 결정으로, 그때 법 으로 결정하는 편이 좋으리라고 생각합니다. 그러니까 국호 문제는 다시 일으키시지 말기를 또 부탁드립니다.

― 이승만, 「제헌국회 회의록」 제1회 22호

여러분에게는 어떻게 들리나요? 이승만 의장이 국호 문제를 구렁이 담 넘어가듯 처리하려다 생긴 일 같습니다. 조봉암 의원의 예리한 반격 에 이승만 의장이 황급히 수습에 나섭니다. 국호를 일단 정해 통과시켜 놓고 고칠 필요가 있다면 다음에 고치자는 말을 끝으로, 더는 긁어 부 스럼 만들지 않겠다는 듯 곧바로 거수표결을 진행합니다. 어설프게 손 을 드는 이들, 들었다 빨리 내리는 이들, 한참 망설이다가 드는 이들 때 문에 헤아리는 사무국 직원들이 애를 먹습니다. 어렵게 헤아린 결과 국 호를 대한민국으로 하자는 쪽에 압도적인 찬성표가 몰립니다. 재석의 원 188인 중 찬성 163인, 반대 2인으로 헌법 제1조가 통과됩니다. 헌법 의 순간, 국호 대한은 이렇게 정해집니다.

헌법의 순간

새로운 시작의 순간, 완전한 자주독립을 향한 염원과 민족통합의 의지가 담긴 대한이 국호가 됩니다. 분단으로 민족이 갈라지고 갈등이 깊어가던 상황에서, 남북통합과 완전한 자주독립을 바란 소망은 더욱 간절했을 것입니다. 헌법의 순간, 제헌의원들은 국호 대한에 그 간절한 소망을 담습니다.

오늘날 **대한**은 이름값을 하고 있을까요? 글쎄요. 한국은 여전히 남북으로 갈라져 세계에서 가장 유명한 분단국가로 남아 있습니다. 남북으로만 갈라져 있는 게 아닙니다. 남한 내에서도 사회, 경제, 정치, 지역 등 다양한 영역에서 갈등과 분열이 극심합니다. 대한이라는 국호가 무색할 지경입니다. 더 어우러지고 더 우애로운 통합의 나라, '대한의 꿈'은 이루어질 수 있을까요? 누군가의 이름을 부르는 것은 그 이름에 담긴 소망과 꿈을 불러내는 일이라고 했지요. 우리가 거리에서 "대~한민국"이라 외치는 것은 대한에 담긴 소망과 꿈을 기억하고 되새기는 간절한 기도일지도 모릅니다.

국호를 결정한 과정에는 큰 아쉬움도 있습니다. 국민이 정말 바라는 국호가 무엇인지, 국민 의견을 들어보지 않았다는 사실입니다. 헌법의 순간, 최운교 의원은 "국호를 정하는 일은 법률가로서도, 학자로서도 능히 할 수 없는 일이요, 오직 국민으로부터 우러나는 표현이 국호가 되어야 한다."라고 호소했습니다.

그래서였을까요? 약속을 남깁니다. 국호를 대한으로 정하던 순간, 나라 상황이 안정되고 적절한 때가 오면 국민 의사를 모아 국호를 다시 결정하자는 약속입니다. 그 약속은 지금까지 유보되었습니다. 그 유보된 약속은 언제쯤 지켜질까요? 만약 새로운 헌법의 순간이 오면 그 유보된 약속을 지킬 수 있을까요? 만약 남북이 통일되는 순간에서야 그 유보된 약속을 다시 꺼낸다면, 통일 한국에 붙여 줄 국호로는 어떤 게 좋을까요?

제2장

빼앗긴 좋은 단어

국민이냐 인민이냐, 기본권 주체 논쟁

유구한 역사와 전통에 빛나는 우리들 대한국민은 **기미 삼일운동**으로 **대한민국**을 건립하여 세계에 선포한 위대한 독립정신을 계승하여 이제 민주독립국가를 재건함에 있어서 정의인도와 동포애로써 **민족의 단결**을 공고히 하며 모든 사회적 폐습을 타파하고 민주주의제제도를 수립하여 정치, 경제, 사회, 문화의 모든 영역에 있어서 각인의 **기회를 균등**히 하고 능력을 최고도로 발휘케 하며 각인의 책임과 의무를 완수케하여 안으로는 **국민생활의 균등한 향상**을 기하고 밖으로는 항구적인 국제평화의 유지에 노력하여 우리들과 우리들의 자손의 **안전과 자유**와 행복을 영원히 확보할 것을 결의하고 우리들의 정당 또 자유로히 **선거**된 대표로써 구성된 **국회**에서 단기. 4281년 7월 12일 이 **헌법**을 제정한다.

**모든 국민은 법률 앞에 평등이며
성별, 신앙 또는 사회적 신분에 의하여
정치적, 경제적, 사회적 생활의
모든 영역에 있어서 차별을 받지 아니한다.**

혹시 알고 있나요? 한국에 있는 외국인 노동자는 마음대로 직장을 옮길 수 없어요. 옮기는 횟수도 정해져 있지요. 어째 좀 이상하지 않나요? 헌법은 엄연히 직업선택의 자유와 노동의 권리를 보장합니다. 자신이 직업을 몇 번 바꾸든 어떤 일을 하든, 누구도 간섭하지 않습니다. 자유와 권리에도 예외가 있을까요? 왜 한국에서 일하는 외국인 노동자들은 그런 기본권을 누리지 못하는 걸까요?

답을 찾는 데 단서가 될 만한 중요한 단어 하나가 헌법 안에 있습니다. 바로 **국민**입니다. 현행헌법에서 69회 등장하는 국민이란 단어는 대한민국 국적을 지닌 사람을 뜻합니다. 반면, 대한민국 국적이 없는 사람은 외국인입니다. 헌법은 기본권을 누리는 주체를 대한민국 국적을 가진 국민으로 한정합니다. 가령 현행헌법 제10조를 볼까요? "모든 국민은 인간으로서의 존엄과 가치를 가지며 행복을 추구할 권리를 가진다." 직업선택의 자유도 마찬가집니다. 현행헌법 제15조는 "모든 국민은 직업선택의 자유를 가진다."라고 말하면서, 직업선택의 자유를 '국민의 자유'라고 정합니다. 헌법이 이렇게 정하고 있으니, 국민이 아닌 외국인 노동자에게 직업 선택을 제약하여도 위헌 행위가 아닙니다.

그렇다면 곧바로 이런 의구심이 듭니다. 왜 국민이 아닌 외국인이 시장이나 지방의원을 뽑는 지방선거에는 참여하는 걸까요? 현행헌법 제24조는 "모든 국민은 법률이 정하는 바에 의하여 선거권을 가진다."라고 합니다. "모든 권력은 국민으로부터 나온다."라고 규정한 현행헌법 제1조 2항에 따르더라도, 대의 권력을 선출하는 주체는 국민입니다. 그런데도 공직선거법 제15조는 "영주의 체류자격 취득일 후 3년이 경과한 외국인"에게는 "지방자치단체의 의회의원 및 장"을 뽑을 수 있는 선거권을 보장합니다. 헌법에 어긋나 보이지 않나요?

헌법이 기본권 주체를 국민으로 한정한 것을 두고 세 가지 의견으로 나뉩니다. 우선 국민으로 한정한 것이 옳다는 주장이 있습니다. 헌법은 보편적 기본권을 만인에게 보장하려는 유엔의 「세계 인권 선언」이 아니라 국가와 국민 간 약속입니다. 그 약속에 참여한 이들이 국민이고 그 국민만 헌법 보호를 받을 자격이 있다고 합니다. 물론 반대 주장도 만만치 않습니다. 헌법에 담긴 기본권은 인간이 지닌 보편적 기본권이라고 합니다. 국적에 상관없이 사람이라면 누구나 누려야 할 권리입니다. 따라서 국가는 외국인이라 할지라도 공동체에 거주하는 모든 사람에게 그 기본권을 보장해야 합니다. 또 다른 의견도 있습니다. 헌법에는 국민에게만 주어져야 하는 기본권과 모든 인간이 함께 누려야 할 기본권이 섞여 있다고 합니다. 그것을 구별해 국민 것은 국민만, 모든 사람 것은 모든 사람이 누려야 한다고 합니다.

이런 세 가지 주장이 이미 헌법의 순간부터 부딪힙니다. 기본권 주체가 **국민이냐 인민이냐**는 논쟁, 즉 **기본권 주체** 논쟁이 벌어진 것입니다. 헌법기초위원회도 이 문제로 상당한 진통을 겪은 모양입니다. 회의록이 없어서 어떤 다툼이 벌어졌는지는 알 길이 없습니다. 다만 이 문제를 두고 헌법기초위원들 간 의견 차이가 크다는 소문은 파다합니다. 뜬소문이 아닌 듯합니다. 애초에 유진오 전문위원과 행정연구회의 공동안은 제2장의 제목을 '인민의 권리와 의무'로 합니다. 기본권 주체를 **인민**으로 한 것입니다. 막상 헌법기초위원회가 본회의에 제출한 헌법초안(헌법안)은 전혀 딴판입니다. 인민이란 단어는 단 한 번도 적히지 않았습니다. 흔적도 없이 사라진 것입니다. 그 자리를 죄다 국민이 독차지하고 있습니다. 국민과 인민은 어떤 차이가 있길래 이런 일이 벌어진 걸까요? 그 차이가 무엇이고, 어디에서 왔고, 얼마나 큰지는 헌법의 순간 밝혀집니다. 헌법의 순간, 경남 밀양 출신 무소속 박윤원 의원은 간결하고 직설적으로 묻습니다.

국민과 인민에는 어떤 차이가 있는가?

국민과 인민은 대관절 어떻게 다르기에 헌법기초위원회에서도 그 사달이 났는지 알고 싶어 합니다. 인민이 왜 죄다 국민으로 바뀌었는지, 그 사연을 들을 수 있을까요? 답변에 나선 권승렬 전문위원을 향한 기대가 큽니다. 그는 먼저 헌법상 기본권을 누리는 주체는 국민이어야 한다고 못 박습니다. 그럴 만큼 국민과 인민은 차이가 큰 듯합니다. 권승렬 위원은 국민과 인민을 국가 구성원 여부로 구분합니다. 국가가 없는 상태에 있는 사람들은 인민, 국가가 생겨 그 구성원이 된 사람들은 국민입니다. 이런 개념 차이를 토대로 헌법은 국가와 그 국가 구성원인 국민 사이에 이루어진 약속이므로 헌법상 기본권 주체도 국민이어야 한다고 결론짓습니다.

두 단어의 차이를 아시겠나요? 의원들은 두 단어를 구분하는 일 자체가 너무 생소한가 봅니다. 달리 구분하지 않고 혼용하던 두 단어에 심오한 법률적 차이가 있다니, 다들 약간 놀란 표정을 짓습니다.

인민은 외국인을 포함한 모든 사람, 국민은 대한민국 국적을 가진 사람이라고 간단하게 설명했으면 더 쉬웠을지도 모릅니다. 권승렬 전문위원이 법리적으로 설명하고자 서양의 사회계약론을 인용하는 바람에 좀 어렵게 들립니다. 자연 상태에 있는 인민이 자기 안전을 보장받고자 계약을 맺어 국가가 탄생하고, 그 계약에 참여한 사람들이 국민이 된다는 논리가 사회계약론입니다. 이 논리에 따라 권리를 갖는 주체는 국가 계약에 참여한 당사자, 즉 국민입니다. 마찬가지로 헌법에 있는 평등도 '국민으로서의 평등'이지, '인간으로서의 평등'이 아닙니다. 다시 말해 헌법은 국민과 국민이 아닌 사람을 똑같이 대우하지 않는다는 것입니다. 국민과 인민의 차이는 사소하지 않습니다. 실천적으로 아주 중요한 쟁점임이 드러납니다.

권승렬 전문위원이 답변한 뒤에 더는 질의가 없습니다. 서면질의만 하나 더 제출됩니다. 조봉암 의원이 낸 질의입니다. 그는 용어 문제가 법리적 차원으로 다루어지지 않는다는 의심과 불만을 표합니다. 그가 가진 의심과 불만에는 어떤 이유가 있던 것일까요? 다른 나라 헌법에서 인민이라는 단어는 일반적으로 쓰이는 용어라고 합니다. 구태여 헌법안에서 그 단어를 지운 까닭은 공산당이 즐겨 쓰는 단어라는 편견 때문이라고 따집니다. 이른바 **개념의 이념화**를 비판한 것입니다.

> "주권은 국민에 있고 모든 권력은 국민으로부터 발한다."라고 하여 세계 공통으로 쓰이는 '인민'이라는 말을 기피했습니다. 세계 많은 나라의 헌법에서는 모두 인민이라 합니다. 미국에서도 '피플'이라 표시했지 '냇숀(nation)'이라고 아니했고, 불국(프랑스)에서도 '피-피'라 했으며, 소련에서도 '나르드'라고 합니다. 모두 (국민이 아니라) 인민으로 적혀 있습니다. 최근에 공산당 측에서 인민이란 단어를 잘 쓴다고 하여, 정당히 써야 할 단어를 일부러 기피하는 건 대단히 섭섭한 일입니다. 이 헌법초안의 미흡함과 보수성은, 불필요하게 완고하고 고루한 생각에서 빚어진 결과입니다. 입법자로서는 이러한 편견을 허용할 수 없습니다.
>
> – 조봉암, 「제헌국회 회의록」 제1회 21호

조봉암 의원이 예시로 든 미국 헌법 전문은 "우리 인민은We the People"으로 시작합니다. 국민nation이 아니라 인민people이라는 용어를 사용했지요. 조봉암 의원이 인민과 국민을 어떤 기준으로 구분했는지는 분명하지 않습니다. 정확한 설명은 없지만, 인민을 국적이나 국가를 전제로 하지 않는 사람으로, 국민을 국적을 가진 구성원으로 이해하는 듯합니다. 인민은 평등한 권리를 지닌 개인이 모인 집합체이기 때문에 기본권 주체로는 인민이 더 타당하다고 주장합니다. 그런데도 국민을 쓰려는 데에 다른 이유가 있다고 의심합니다. 그 다른 이유로 '북한이 인민이라는 말을 즐겨 쓰는 현실'을 지목합니다. 법리적 이유에서가 아니라 북한이 즐겨 쓴다는 이유만으로 무작정 인민이라는 단어를 거부하는 것이라고 의심합니다. 입법자들이 그런 옹졸한 태도를 지녀서는 안 된다고 질타합니다. 조봉암 의원이 한 말이 뜬금없게 들릴 수도 있지만, 그가 헌법기초위원이었다는 사실을 고려하면 헌법기초위원회에서 그런 논란이 이미 있었다는 것을 짐작할 수 있습니다.

궁금합니다. 어쩌다가 인민이라는 단어가 이념의 언어, 분단의 언어가 되었을까요? 인민은 어떤 의미를 담고 있는 말일까요? 역사적으로 볼 때, 인민은 어떤 정치 편향을 지닌 단어가 아닙니다. '일반 백성이나 평민'을 이르는 용어로 조선시대에도 흔히 썼습니다. 『조선왕조실록』에도 백성이라는 말보다 더 자주 등장할 정도입니다. 대한민국 임시정부가 1919년 9월에 제정한 「대한민국 임시헌법」*에도 국민 대신 인민이라는 말이 사용됩니다.

> 제1조 대한민국은 대한인민으로 조직한다.
> 제2조 대한민국의 주권은 대한인민 전체에 있다.
> 제4조 대한민국의 인민은 일체 평등하다.

---

* 대한민국 임시정부는 1919년 4월 11일에 첫 헌법으로 「대한민국 임시헌장」을 제정한다. 10개조로 구성된 임시헌장을 보강하여 같은 해 9월 11일에는 8장 58개조로 구성된 「대한민국 임시헌법」을 공포한다.

「제헌국회 회의록」을 살펴봐도 인민이라는 용어는 국민 못지않게 자주 등장합니다. 해방 이후 좌우 대립 속에서 말 뺏기 싸움도 치열합니다. 중이 미우면 그 중이 입은 옷도 미운 법입니다. 상대가 미우니 상대가 쓰는 말도 밉습니다. 저쪽이 쓰는 말은 이쪽에서는 금기어가 됩니다. 인민과 국민이라는 용어도 좌익과 우익을 대변하는 말로 둔갑합니다. 시간이 갈수록 인민은 좌익 용어, 국민은 우익 용어로 자리 잡습니다. 더구나 북한이 인민이라는 용어를 정치적인 차원에서 애용하는 바람에 남한에서는 그 단어에 부정적인 이미지가 덧칠됩니다. 북한은 1948년 9월 '조선민주주의 인민공화국'이라는 정식명칭을 사용하기 전에도 조선인민군, 북조선인민회의, 북조선인민위원회처럼 인민이라는 용어에 침을 바릅니다. 왜 북한은 인민이라는 단어에 집착했을까요? 북한은 인민이라는 말에서 '억압받고 착취당하는 사람들'이라는 의미를 부각합니다. 피지배 위치에 있던 궁핍한 인민을 해방하고, 그런 인민이 주도하는 나라를 설립했다는 식으로 체제를 정당화합니다.

제2독회가 열리자 국민을 인민으로 바꾸자는 수정안이 나옵니다. 이 수정안이 국민과 인민을 둘러싼 용어 싸움에 불을 붙입니다. 진헌식 의원 외 44인은 "제2장 '국민의 권리와 의무'에 나오는 국민을 전부 인민으로 바꾸자."라고 합니다. 이유가 궁금합니다. 진헌식 의원은 수정안 취지를 조곤조곤 설명합니다. 기본권 조항은 국가와 개인 관계를 규정하는 것이어서, 그 개인을 나타내는 말로 인민이 타당하다고 합니다. 국민은 국가와 개인이 일치한다는 것을 전제로 해 집단을 이르는 용어라 개인 권리를 다루는 기본권 조항에는 맞지 않기 때문입니다. 기본권은 국가에 소속된 국민뿐만 아니라 자연인으로서 개별 인간 모두에게 보장되어야 하고, 그 개별 인간을 일컫는 말로 인민이 적절하다는 것이 수정안 취지입니다.

> 제2장의 '국민'이라는 용어를 '인민'으로 수정해야 적절합니다. 국민이라고 하면 국가 구성원으로서 국가와 이해관계가 일치된다는 점으로 보는 호칭처럼 생각됩니다. 그러나 제2장은 국가라는 단체가 각 개인의 권리·의무를 보장한다는, 말하자면 국가와 개인의 관계를 규정한 조항이라고 하겠습니다. (…) 중화민국 헌법에도 다른 점에는 전부 국민이라고 했지만 제2장 각 조에서는 전부 인민이라고 하였습니다.
>
> – 진헌식, 「제헌국회 회의록」 제1회 22호

진헌식 의원이 예로 든 중화민국 헌법을 좀 더 살펴볼까요? 중화민국 헌법을 보면 제2조에서는 "중화민국의 주권은 국민 전체에게 속한다."라고 하여 주권을 지닌 주체는 국민임을 명시합니다. 반면 제8조처럼 "인민의 신체의 자유는 보장되어야 한다."라고 하여 개별적인 권리 주체는 인민이란 개념으로 확장합니다.

이 수정안이 문제를 다시 원점으로 돌립니다. 헌법기초위원회에서도 이미 상당한 진통을 겪은 사안인데, 논란이 재현될 모양입니다. 이런 조짐이 보이자 김준연 의원이 급히 중재안을 내놓습니다. 내놓은 중재안은 꽤 합리적인 해결책 같습니다. 국민에게만 해당하는 권리와 의무가 있으니, 기본권을 다룬 제2장에서 조항에 따라 국민과 인민을 구분해 쓰자고 합니다. 외국인에게 기본권을 보장하더라도 모든 권리를 다 허용할 수는 없고, 국민에게만 허용해야 할 기본권이 구별된다는 것입니다.

어떤 기본권이 '국민'에게만 해당할까요? 헌법안 제24조 선거권을 예로 듭니다. "모든 국민들은 법률의 정하는 바에 의하여 공무원을 선거할 권리가 있다." 인민이 외국인까지 모두 포괄하는 개념이니, 나라 대표를 뽑는 선거권까지 인민에게 줄 수는 없다고 합니다. 반면, 헌법안 제21조처럼 재판을 받을 권리는 외국인도 가져야 할 권리이니 인민이라 써도 무방하다고 합니다. 간단히 말해 제2장 기본권 중에서 인간의 권리와 국민의 권리를 나눠 인민과 국민을 적절히 사용하자는 주장입니다.

헌법기초위원이었던 김준연 의원은 이 문제를 두고 상당히 고심했나 봅니다. 그만큼 설득력도 있어서 고개를 끄덕이는 의원이 적지 않습니다. 아쉽게도 김준연 의원이 낸 중재안은 받아들여지지 않습니다. 헌법의 순간에는 빛을 발하지 못하지만, 나중에 기본권 주체와 관련한 헌법 해석에서 중요한 논거가 됩니다. 가령 2004년 헌법재판소는 역사적인 판결 하나를 내놓습니다. 외국인 노동자에게 주어진 직장선택 횟수를 제한한 규정이 헌법상 직장선택 자유를 침해한다는 헌법소원이 제기됩니다. 그 사건에서 헌법재판소는 이렇게 판결합니다.

외국인에게 모든 기본권이 무한정 인정될 수 있는 것이 아니라 원칙적으로 국민의 권리가 아닌 인간의 권리의 범위 내에서만 인정된다.

두루뭉술하게 들리지만 중요한 변화가 담겨 있습니다. 헌법재판소는 이 판결에서 권리가 지닌 성질에 따라 '인간의 권리'와 '국민의 권리'를 나누었고, 인간의 권리는 외국인도 주체가 될 수 있다고 인정했습니다. 아쉽게도 헌법재판소는 무엇이 인간의 권리고, 어떤 것이 국민의 권리에 해당하는지는 분명히 밝히지 않습니다.

김준연 의원은 우선 전문위원 의견을 듣고 나서 인민으로 할 조항과 국민으로 쓸 조항을 구분하자고 합니다. 전문위원이 일어나려는 순간, 전남 화순 출신 조국현 의원이 득달같이 발언에 나섭니다. 돌아가는 상황이 못마땅한가 봅니다. 아니나 다를까, 국민이 인민을 포괄하는 용어이니 고칠 필요가 없다고 합니다. 국내에 있는 외국인은 국내법과 동등한 효력을 발휘하는 국제조약이나 국제법규에 따라 권리를 보장받을 수 있는데, 굳이 인민이라는 말을 쓰자는 주장은 뭘 모르고 하는 소리라고 타박합니다.

조국현 의원의 발언이 미처 끝나기도 전에 누군가 전문위원 설명부터 듣자고 소리칩니다. 전문위원 말을 가로챈 조국현 의원에게 화가 난 모양입니다. 앞서 김준연 의원 요청도 있었고 장내에서도 고함이 들리니, 사회를 보던 김동원 부의장은 잠깐 전문위원 설명을 듣는 것이 어떠냐고 동의를 구합니다. 여기저기에서 좋다고 합니다. 확실히 의원들도 이 문제가 쉽지는 않은가 봅니다.

이번에는 유진오 전문위원이 나섭니다. 모든 눈과 귀가 그에게 쏠립니다. 자신에게 쏠린 이목을 의식했는지 그는 결론부터 분명하게 말합니다. 이론으로나 실제로나 인민이 더 타당하다고 합니다. 권승렬 전문위원이 한 주장과는 사뭇 다릅니다. 헌법은 국적에 상관없이 누구에게나 인정되는 기본권도 담고 있다고 합니다. 예를 들어 헌법에 있는 신체의 자유는 국민뿐 아니라 모든 인간에게 보장되어야 하는 권리라고 설명합니다. 그 주장은 국민과 인민을 조항에 따라 구분해서 함께 쓰자는 김준연 의원 의견과도 다릅니다. 국민과 인민을 구분하는 것은 타당하지만, 우선 모두 인민으로 쓴 다음 헌법을 해석할 때 '인민'에 해당하는지 '국민'에 해당하는지 구분하면 된다고 합니다. 왜 모두 인민으로 해 두어야 한다는 걸까요? 우선 국민으로 해 두고 해석할 때 구분하면 왜 안 될까요? 묻지는 않았지만, 유진오 전문위원은 그 궁금증도 풀어줍니다. 인민이라고 쓰면 개별 기본권에 따라 국민에게만 적용되는 기본권, 외국인에게도 적용되는 기본권을 폭넓게 해석할 수 있으나 국민이라고만 해 두면 국민에게만 국한되기에 해석할 여지가 사라진다는 것입니다.

긴 설명이었는데도 장내에는 긴장감이 흐릅니다. 모두가 깊은 생각에 잠긴 듯 회의장 분위기는 고즈넉하기까지 합니다. 유진오 전문위원은 판이 깔리자 물 만난 고기처럼 자신의 소신을 쏟아냅니다. 상당히 긴 연설이었지만 길다고 타박하는 이가 없습니다. 오히려 궁금한 부분을 족집게처럼 설명하니 모두가 넋을 잃고 이야기에 빠져듭니다. 유진오 전문위원이 모두 인민으로 고치자고 하니 수정안을 낸 의원들은 무척 반색합니다. 인민이라는 단어가 싫었던 사람들은 울고 싶은데 뺨까지 맞은 격이었습니다. 분위기에 주눅 들어있던 그들이 뺨 맞은 김에 속내를 감추지 않고 공세에 나섭니다. 서울 마포구에서 당선된 무소속 김상돈 의원이 앞장섭니다. "인민이라는 말을 쓰면 인권을 대단히 존중하는 민주주의적 헌법으로 대접받을 것"이라는 유진오 전문위원의 주장이 무척이나 거슬린 모양입니다. 민주적인 모습보다 민족적인 성격이 더 중요하고, 다른 나라 사람 인권보다 대한민국 국민 권리가 우선이라고 합니다. 민족적이고 본능적인 감정에 충실해야 한다며, 인민은 절대 안 된다고 목소리를 높입니다.

연이어 발언대에 오른 유성갑 의원, 이남규 의원도 비슷한 주장을 이어갑니다. 국민이라고 하면 보수고, 인민이라고 하면 진보로 여기는 분위기를 못마땅하게 느낍니다. 헌법은 대한국민의 정신과 정체성을 담은 것이라며, 더욱이 주권을 빼앗겼던 국민인 만큼 "보수로 비칠지라도 국민의 정신을 발휘하고 국민의 권리를 지키자."라고 힘주어 말합니다.

서용길 의원이 이런 분위기에 제동을 겁니다. 인민이라는 말을 쓰면 민족적 감정이 손상된다는 주장에 발끈합니다. 그럴 리가 없다며 고개를 젓습니다. 김준연 의원이 낸 중재안도 뿌리치고 오히려 수정안을 지지합니다. 기본권 조항은 국민이든 인민이든 하나로 통일해야 하는데, 인민으로 통일해야 타당하다고 주장합니다. 물론 김준연 의원이 한 주장처럼 국민에게만 해당하는 기본권이 있다는 점은 인정합니다. 유진오 전문위원의 의견처럼 헌법에는 기본권 주체를 인민으로 통일해 쓰되 국민에게만 해당하는 권리, 즉 공무담임권이나 선거권 등은 법률로 정하자고 결론짓습니다.

한참이나 옳니 그르니 입씨름이 계속됩니다. 뾰족한 타협점을 찾지 못하자 서상일 헌법기초위원장은 애가 탑니다. 김동원 부의장에게 권승렬 전문위원이 설명하게 해달라고 요청합니다. 권승렬 전문위원은 더는 할 말이 없다더니, 정작 자리를 깔아주자 슬며시 말문을 엽니다. 아마도 억울함을 좀 풀고 싶은 모양입니다. 자신은 변호사 출신 법조인으로서 인민이라는 용어가 지닌 문제점을 지적하는데, 자꾸 편견이라고 몰아붙이니 답답할 만도 합니다. 이번에도 법리적인 차원에서 헌법과 외국인 관계를 설명합니다.

> 헌법은 (…) 그 나라와 국민의 약속이지, 다른 나라와 다른 나라 국민과의 약속이 아닙니다. 그러니까 '인민'으로 쓰든 '국민'으로 쓰든 헌법이 외국인에게 적용된다는 말이 아닙니다. '인민'이라고 써도 우리 국민과 국가의 약속이니까, 우리 국가의 구성원인 국민에 대한 약속이지 외국인과의 약속은 아니올시다. (…) 이 헌법에 합의한 사람만이 헌법 적용을 받지, 이 헌법에 합의하지 않은 사람은 헌법 적용을 받지 않을 것입니다. 그러니까 이것을 전적으로 '인민'으로 고치면 '인민'으로 고칠 것이고, '국민'으로 고치려면 모두 '국민'으로 고쳐야 옳을 것으로 생각합니다. '인민'으로 쓰면 외국 사람에게도 적용이 되고 '국민'이라고 쓰면 외국 사람에게는 적용이 안 되는, 그런 것이 아닙니다.
>
> — 권승렬, 「제헌국회 회의록」 제1회 22호

인민과 국민에 해당하는 기본권을 구분해서 쓰면 안 된다고 합니다. 인민이든 국민이든 어느 하나를 선택해서 통일해야 한다는 주장입니다. 이 대목에서 그는 처음과 달리 반드시 국민으로 해야 한다는 고집은 부리지 않습니다. 오해를 풀려는 듯 자신은 인민이라는 단어에 나쁜 감정을 가진 것이 아니라 인민이라는 단어가 외국인을 포함하는 단어로 해석되어서 반대했다는 점을 강조합니다. 두 단어 중 무엇을 택하든 법리상 헌법이 보장하는 기본권을 외국인에게 적용할 수 없다는 점만 분명히 하면 상관없다는 것이지요.

권승렬 전문위원까지 인민을 써도 상관없다고 말해서 못마땅한 걸까요? 더는 참을 수 없다는 듯 윤치영 의원이 자리를 박차고 일어납니다. 얼굴은 이미 붉으락푸르락합니다. 말투에서 흥분한 감정이 물씬 풍깁니다. 과녁은 유진오 전문위원입니다. 그를 쏘아보고는 폭탄을 투하하듯 쏟아붓기 시작합니다. 북한이 인민이란 단어를 전매특허처럼 쓰고 있는 마당에 우리 헌법에 그걸 쓰자는 게 말이 되냐고 잔뜩 얼굴을 찌푸립니다.

우리 헌법을 제정하는 데에 외국 사람 관계를 이용해서 '국민'을 '인민'으로 하자는 것을 나는 절대로 반대합니다. 북조선인민위원회 운운만 하더라도 나는 지긋지긋하게 들립니다. (…) 우리는 국민인데 무슨 의미로서 전문위원은 '인민'이 좋다고 해석하십니까? '국민'이라는 문자와 '인민'이라는 문자에는 전문적 술어에 있어서 아무 차별이 없는 것입니다. 그러면 여기서 구태여 '인민'으로 규정짓는 데에는 전적으로 반대합니다.

– 윤치영, 「제헌국회 회의록」 제1회 22호

윤치영 의원에게 기본권 주체 같은 법리 논쟁은 애초에 중요하지 않습니다. 그토록 차이를 설명했건만 국민이든 인민이든 개념상 별 차이가 없는 말이라고 단정하며, 차이가 없는데도 왜 구태여 북한이 즐겨쓰는 용어를 쓰자는 거냐고 분개합니다. 불순한 의도가 있다는 의심도 넌지시 내비칩니다. 불순한 의도라고 하자 유진오 전문위원 낯빛이 납빛으로 변합니다. 윤치영 의원이 내뱉은 강성 발언은 복잡한 법리적 고민에 빠진 의원들에게 다시 단순하고 명쾌한 이념적 잣대를 들이밉니다. 그가 발언한 직후 이루어진 표결에서 적지 않은 의원이 수정안을 반대하는 쪽으로 마음을 바꿉니다. 제2장의 모든 조항에서 국민이라는 단어를 인민으로 바꾸자는 수정안은 재석의원 167인 중 반대 87인으로 아슬아슬하게 부결되고 맙니다. 대신 국민만 쓴 원안은 89인이 찬성해 간신히 통과됩니다.

이렇게 헌법상 기본권 주체는 국민으로 정해집니다. 기본권 주체를 내국인과 외국인을 함께 포함하는 인민까지 확대하려는 시도는 아깝게 좌절됩니다. 그렇게 좌절하던 순간, 꿩 대신 닭이 나타납니다. 일부 의원이 제2독회가 끝날 무렵 재빠르게 수정안 하나를 제출하지요.

제7조 2항 외국인의 법적 지위는 국제법 국제조약과 국제관습의 범위 내에서 보장된다.

인민이라는 말을 못 쓰게 된 마당에, 외국인의 법적 지위를 보장할 수 있는 조항을 따로 두자고 합니다. 곧바로 이루어진 표결에서 157인 중 109인이 찬성해 수월하게 통과합니다.

제7조 2항이 쉽게 통과된 것은 역설적이게도 국민이냐 인민이냐는 논쟁에서 다수 의원이 왜 인민을 선택하지 않았는가를 잘 보여줍니다. 기본권 주체로 외국인도 포함할 수 있게 인민으로 하자는 주장에는 동감하지만, 북한에서 쓰는 말이어서 선뜻 동의하지 못한 의원이 적지 않았던 것입니다. 이승만 의장도 그런 의원에 포함됩니다. 기본권 주체 논쟁에서 별다른 의사표시를 하지 않았던 이승만은 제7조 2항을 표결하기 직전 한마디 합니다.

> 어떤 나라든지 간에 자기 시민뿐만 아니라 그 나라 안에 사는 사람은 일체 보호한다고 자국 헌법에 규정하니, 우리도 이 조문 하나를 넣으면 대단히 좋을 것 같습니다.
>
> – 이승만, 「제헌국회 회의록」 제1회 27호

제3독회에 가서 제7조 2항은 약간의 논란에 부딪힙니다. 국제관습이라는 말이 막연하다는 문제 제기가 있었고, 유진오 전문위원은 국제법이 국제관습을 포함하기 때문에 국제관습이라는 말은 빼면 좋겠다는 의견을 냅니다. 논의 끝에 최종적으로는 국제관습이라는 단어만 삭제해 가결합니다. 최종적으로 제7조 2항은 "외국인의 법적 지위는 국제법과 국제조약의 범위 내에서 보장된다."라고 정해집니다. 현행헌법

제6조 2항은 이렇게 탄생합니다. 인민이라는 말을 쓸 수 없게 된 상황을 담담히 지켜보던 유진오 전문위원은 못내 아쉬워합니다. 흥분한 윤치영 의원이 한 발언도 가슴에 맺혔나 봅니다. 나중에 회고록에서 그날 윤치영 의원 주장을 잊지 않고 반박하며 이렇게 속마음을 털어놓습니다.

> 국회 본회의에서 윤치영 의원은 "인민이라는 말은 공산당 용어인데 어째서 그러한 말을 쓰려 했느냐? 그러한 말을 쓰고 싶어 하는 사람의 사상이 의심스럽다."라고 공박하였지만, 인민이라는 말은 과거 대한제국 절대군주제하에서도 사용되던 말이다. 미국 헌법에 있어서도 인민(people, person)은 국가 구성원으로서의 시민(citizen)과는 구별된다. 국민은 국가 구성원으로서의 인민을 의미하므로, 국가 우월 냄새를 풍기어, 국가라 할지라도 함부로 침범할 수 없는 자유와 권리의 주체로서의 사람을 표현하기에는 아주 적절하지 못하다. 결국 우리는 좋은 단어 하나를 공산주의자에게 빼앗긴 셈이다."
>
> – 유진오, 『헌법기초회고록』(일조각, 1989), 65쪽

국민이냐 인민이냐는 논쟁에서 여러분은 무엇을 느꼈나요? 기본권 주체를 인민으로 하자는 주장은 어떻게 생각하나요? 그 주장에는 우리가 지향하고픈 한국의 모습이 담겨 있습니다. 대한민국이 구성원 개개인에게 자유와 평등을 충실히 보장하는 나라이기를, 헌법이 보장한 보편적 인권이 국가 구성원인 국민에게만 부여되는 특권이 아니기를, 주

권자인 국민에게만 권리를 보장하고 이방인에게는 어떤 권리도 허용하지 않는 근대 국민국가와는 다른 나라이기를 바란 것입니다. 1948년, 변방에 있는 작은 독립국은 항구적인 세계평화와 인류 공영에 이바지하는 세계 모범국가로 거듭나기를 열망합니다. 나라를 빼앗기고 오랜 시간 무국적자로 타국살이를 해야 했던 경험이 빚어낸 소중한 가치를 헌법에 담고 싶었던 것이지요. 그런 점에서 인민을 국민으로 바꾼 것은 단어 하나만 빼앗긴 게 아닌 듯합니다. 어쩌면 분단과 이념갈등을 겪으며 위대한 열망과 소중한 가치까지 잃어버린 건 아닐까요?

인민이란 단어를 쓰지 못하게 한 논리는 참 궁색합니다. 끝까지 빼앗기지 않은 조선이란 단어를 보면 그 궁색함은 더 합니다. 북한이 국호를 조선민주주의 인민공화국으로 정하면서 조선은 금기어가 됩니다. 1950년 1월에 발표된 「국무원 고시 제7호」는 이렇습니다.

북한 괴뢰정권과의 확연한 구별을 짓기 위하여 '조선'은 사용하지 못한다. '조선'은 지명으로도 사용하지 못하고, '조선해협, 동조선만, 서조선만' 등은 각각 '대한해협, 동한만, 서한만' 등으로 고쳐 부른다.

1950년 8월, 이 고시를 근거로 전시내각에서 공보처장이던 김활란은 "조선일보의 '조선'이란 제호는 북이 쓰는 국호이니 바꿔야 한다."라는 제안을 국무회의에 올립니다. 국무회의에서 이승만 대통령은 가볍게 논란을 잠재웁니다. "조선일보는 일제 때부터 사용한 고유명사인데, 조선이면 어떻고 한국이면 어떠냐."라고 일축하지요. 좀 당황스럽습니다. 북한 국호일 뿐만 아니라 이승만 본인도 "왜놈들이 써서 진절머리가 난다."라고 평가한 조선이란 글자에는 왜 그토록 큰 아량을 베풀었을까요? 우리 민족이 오래전부터 써온 좋은 말인 인민이란 글자에는 왜 그렇게 박절했을까요?

기괴하게도 그렇게 이름을 빼앗길 뻔했던 신문이 북한말 감별사를 자처합니다. 북한이 쓰는 말을 사용할 때마다 빨간딱지를 붙입니다. 언제는 전교조 선생님이 연설에서 '빈민'이라고 한 말을 잘못 듣고는 '인민'이라는 말을 썼다며, "결코 묵과할 수 없다."라고 야단법석을 피웁니다. 교과서에 북한이 쓰는 인민이라는 말이 들어갔다고 난리를 친 적도 있습니다. 참 유치하기 이를 데 없습니다.

그런 유치한 입씨름을 하고 있을 때가 아닙니다. 국민이냐 인민이냐는 논쟁은 다른 방향으로 전개되어야 합니다. 한국은 오래 전부터 여러 나라에서 온 사람들이 함께 사는 다문화사회로 바뀌었습니다. 그런 변화 속에서도 기본권 주체를 여전히 국민으로만 한정하는 것이 타당할까요? 헌법의 순간에서도 언급됐고 헌법재판소도 판결했듯이, 헌법이 보장한 기본권이 국민에게만 보장되는 것이 아니라면 헌법에 국민의 권리와 인간의 권리를 구체적으로 구분해 두면 어떨까요? 어떤 권리를 '모든 인간의 권리'로 허용해야 할까요? 이런 질문을 두고 진지하게 토론하는 것이 더 시급하고 중요한 일 아닐까요?

기본권 주체 논쟁은 다시 헌법 문제로 대두됩니다. 지난 2018년 당시 문재인 대통령은 개헌안을 국회에 제출합니다. 개헌안에는 지금까지 헌법 속에 없었던 단어 하나가 새롭게 등장합니다. 바로 **사람**입니다. 모든 인간이 함께 누릴 기본권일 때는 그 주어를 국민이 아니라 사람으로 하자는 것입니다. 이 주장이 아주 새로운 것은 아닙니다. 이미 헌법의 순간에 제기되었던 주장, 즉 기본권에 따라 인민과 국민을 구분해서 쓰자는 주장과 같습니다. 가령 현행헌법 제10조는 "모든 국민은 인간으로서의 존엄과 가치를 가지며, 행복을 추구할 권리를 가진다."라고 적혀 있는데, 개정안은 "모든 사람은 인간으로서 존엄과 가치를 가지며, 행복을 추구할 권리를 가진다."라고 바꾸자고 제안한 겁니다. 헌법의 순간에 제안한 **인민**이 **사람**으로 부활한 것입니다. 반면 개정안 제25조에서는 18세 이상 모든 국민의 선거권을 보장한다고 규정하면서, 선거권은 국민의 권리로 제한합니다. 기본권이 지닌 성질에 따라 그 주체를 사람과 국민으로 구분한 것이지요. 아쉽게도 개헌안은 국회를 통과하지 못해 결국 폐기됩니다.

궁금합니다. 분단과 이념 때문에 상대가 쓰는 말은 꺼내지도 못하게 했던 풍경이 이제는 사라졌을까요? 글쎄요. 아직 아닌 것 같습니다. 이젠 사람이라는 말에도 딴죽을 겁니다. 북한 헌법 제3조에 "사람 중심의 세계관"이라는 표현이 있다며, 문재인 대통령의 개헌안이 북한 헌법을 모방했다고 비난하기까지 합니다. 큰일입니다. 이러다가 사람이라는 말도 빼앗기는 건 아닌지 모르겠습니다. 북한이 쓰는 '평화통일'이라는 말을 썼다고 간첩으로 내몰려 사형당한 조봉암 의원이 법정에서 했던 슬픈 변론이 떠오릅니다.

북한에서 '평화통일'이라는 말을 쓴다고 해서 우리가 못 쓸 것이 무엇입니까? 그네들(북한)이 먹는 밥을 '밥'이라고 해서, 우리가 먹는 밥을 '밥'이라고 불러서는 안 된다는 겁니까?

제3장

내 사랑 한반도

유구한 역사와 전통에 빛나는 우리들 대한국민은 **기미 삼일운동**으로 **대한민국**을 건립하여 세계에 선포한 위대한 독립정신을 계승하여 이제 민주독립국가를 재건함에 있어서 정의인도와 동포애로써 **민족의 단결**을 공고히 하며 모든 사회적 폐습을 타파하고 민주주의제제도를 수립하여 정치, 경제, 사회, 문화의 모든 영역에 있어서 각인의 **기회를 균등**히 하고 능력을 최고도로 발휘케 하며 각인의 책임과 의무를 완수케하여 안으로는 **국민생활의 균등한 향상**을 기하고 밖으로는 항구적인 국제평화의 유지에 노력하여 우리들과 우리들의 자손의 **안전과 자유**와 행복을 영원히 확보할 것을 결의하고 우리들의 정당 또 자유로이 **선거**된 대표로써 구성된 **국회**에서 단기 4281년 7월 12일 이 **헌법**을 제정한다.

제헌헌법 제4조

대한민국의 영토는 한반도와 그 부속도서로 한다.

영토는 나라 주권이 미치는 공간입니다. 선조들이 지켜온 땅, 후대들이 살아갈 땅입니다. 들을 빼앗기면 들 위로 피어날 봄조차 빼앗기는 법이지요. 가르마 같은 논길과 착한 도랑, 흐르는 바람과 도란도란 지저귀는 종달새, 파란 하늘 아래 피어나는 민들레까지 모두 잃고 맙니다. 땅을 지켜야 그 땅 위에서 흘러온 시간, 앞으로 살아갈 후대들, 함께 사는 이웃을 지킬 수 있습니다. 헌법에서 영토 보전을 대통령이 책임질 중요한 의무로 못 박아 둔 이유가 바로 그 때문입니다.

영토를 지키려면 우선 자국 영토가 어디인지를 밝혀야 합니다. 헌법에 영토 조항을 둔 이유입니다. 영토 조항은 어느 누가 영토를 침략해 와도 내버려 두지 않겠다는 선언이자 다른 나라를 침범하지 않겠다는 약속이기도 합니다. 헌법은 영토를 확장하려는 욕망도 억제하는 것입니다.

대한민국 영토는 어느 만큼일까요? 애국가 속 무궁화 삼천리가 얼른 떠오릅니다. 함경북도 끝인 온성이라는 곳에서 전라남도 해남까지를 이르는 말이라고 합니다. 현행헌법 제3조는 대한민국 영토를 삼천리강산 대신 "한반도와 그 부속도서"라고 정합니다. 이 영토 조항은 헌법의 순간에 만들어집니다. 짧은 조항이지만 통과되기까지 격론이 벌어집니다. 그 순간을 지켜보면 영토 문제가 얼마나 예민하고 심각한 사안인지 알 수 있습니다. 1948년 제헌헌법 제정 당시에는 제4조가 영토 조항입니다. 나라 주권이 국민에게 있다는 점을 밝히고, 곧바로 그 주권이 미치는 범위, 즉 영토를 정합니다. 국가를 구성하는 중요한 요소인 국민, 주권, 영토 문제를 헌법 맨 앞에 둔 것입니다.

헌법의 순간, 영토 조항을 둘러싼 논쟁은 크게 세 가지입니다. 첫째, 영토 조항 자체가 필요한가? 둘째, 한반도라는 용어가 타당한가? 셋째, 부속도서를 어떻게 명시할 것인가? 단순해 보이는 영토 조항에 꽤 복잡한 문제가 도사리고 있네요. 먼저 영토 조항을 둘지 말지를 따지는 논쟁이 시작됩니다. 영토 조항을 두지 말자는 주장이 있었다니 좀 놀랍네요. 놀라운 만큼이나 그 이유가 무척 궁금합니다. 영토 조항을 없애자는 이유가 뭘까요?

헌법초안(헌법안) 보고가 끝나자, 충청도 보은에서 무소속으로 당선된 김교현 의원이 짤막한 질의를 합니다. 영토 조항을 구태여 헌법에 넣을 필요가 있냐고 묻습니다. 질의라지만 영토 조항이 불필요하다는 주장처럼 들립니다. 영토 조항을 헌법에 넣을 필요가 있냐고 물으니, 무슨 뚱딴지같은 소리냐며 여기저기에서 수군거립니다. 왜 영토 조항이 불필요하다는 걸까요? 들어보니 뚱딴지같기만 한 것은 아닙니다. 이미 주변국들이 모두 인정하는 고유한 영토가 있고 앞으로 얼마든지 영토가 넓어질 수 있는 마당에, 영토를 현재 차지하고 있는 땅으로만 제한할 필요가 없다고 합니다. 헌법에 영토를 특정 구역으로 확정하는 건 우리 자신을 스스로 작은 땅 안에 가두는 바보 같은 짓이라는 겁니다. 장차 영토를 확장하는 일이 생길 때, 헌법을 어기는 꼴이 된다는 우려도 내비칩니다. 영토 조항을 구태여 헌법에 넣으면 자칫 자승자박이 될 수 있다는 것입니다.

질의가 끝나자 회의장 분위기가 술렁입니다. 답변에 나선 유진오 전문위원에게 모든 시선이 쏠립니다. 그는 의외로 김교현 의원이 주장한 영토 조항 불필요론에 동조합니다. 영토 조항이 헌법에 반드시 들어갈 필요는 없다고 말합니다. 연방국가라면 헌법에 영토 규정을 두어야겠지만 한국은 연방국가가 아니고, 역사상 일정하고 명료한 영토를 유지했으니, 영토 규정을 따로 둘 필요가 없다는 주장에 일리가 있다고 두둔합니다.

그런데도 헌법기초위원회가 영토 조항을 둔 이유는 뭘까요? 앉아 있는 의원 모두가 질문하는 눈빛으로 유진오 전문위원 설명을 기다립니다. 그는 영토 조항을 둔 특별한 사정을 계속 이야기합니다. 영토 조항은 남북이 분단된 현실 때문에 넣었다고 합니다. 분단 상황이지만 대한민국이 남북한 전 지역을 영토로 한다는 점, 즉 북한 지역도 대한민국 영토라는 사실을 분명히 밝힌 것입니다. 이렇듯 영토 조항은 대한민국이 북한까지 포괄하는 유일한 합법정부라는 사실을 밝히고, 우선은 남한만 단독정부를 수립하지만 이후 통일 정부를 이루겠다는 의지를 드러내고자 생겼습니다.

영토에 관한 것은 안 넣을 수도 있겠습니다. 아까 말씀드린 것처럼 우리는 연방국가가 아니고 단일국가니까 안 넣을 수도 있습니다. 그러나 이 헌법이 적용된 범위가 38선 이남뿐만 아니라 우리 조선 고유의 땅 전체를 영토로 삼아서 성립되는 국가임을 표시한 것입니다.

– 유진오, 「제헌국회 회의록」 제1회 18호

유진오 전문위원 답변 중에 약간 미심쩍은 대목도 있습니다. 연방국가가 아니니 영토 조항을 안 넣을 수도 있다고 말한 부분입니다. 영토 조항은 연방국가인지 단일국가인지에 따라 결정되는 게 아닙니다. 실제로 단일국가이면서 영토 조항을 둔 나라도 적지 않습니다. 다만 연방국가와 단일국가는 헌법에서 영토 조항을 표기하는 방식이 좀 다릅니다. 단일국가인 필리핀은 헌법 제1조에서 "필리핀군도와 이에 부속한 도서"로 영토를 정합니다. 대만(중화민국)도 헌법 제4조에서 "중화민국의 영토는 그 고유한 영역으로 한다."라고 명시합니다. 이와 달리 연방국가들은 보통 소속된 주를 열거합니다. 가령 대표적인 연방국가인 독일은 헌법 전문에 16개 주를 밝히고, 캐나다는 헌법 제5조에 4개 주를 열거합니다. 연방에 가입과 탈퇴 등이 가능하게 해 둔 방식입니다.

제2독회에서 이석주 의원은 미국 헌법처럼 13개 도를 모두 열거하는 방식을 제안합니다. 이석주 의원이 예로 든 것처럼 미국은 1787년 헌법을 만들 당시 연방에 속한 13개 주를 모두 열거합니다. 그 후 연방이 계속 늘어나지만, 헌법에 주 이름을 추가하지 않은 채 13개 주만 그대로 둡니다. 그 조항을 영토 조항으로 볼 수 없어 지금은 헌법에 영토 조항이 없는 나라로 알려져 있습니다.

이석주 의원이 제안한 13도 열거 방식은 낯설지 않습니다. 미군정

헌법의 순간

당시 입법 자문기구 역할을 했던 '남조선 대한국민대표 민주의원'*이 1946년에 작성한 임시 헌법안에 이미 들어있습니다. 권승렬 전문위원이 헌법기초위원회에 제출했던 참고안 영토 조항에서도 13개 도를 열거합니다. 헌법기초위원회는 그와 달리 "한반도와 그 부속도서"로 간단히 표기합니다. 단일국가 형태를 열렬히 원했던 당시 분위기 때문입니다. 영토 조항은 북한 지역도 대한민국 영토라는 점만 분명히 밝히면 되어서, 복잡하게 쓸 필요가 없었던 듯하기도 합니다.

이야기가 잠깐 옆길로 샜습니다. 어쨌든 김교현 의원 질의와 유진오 전문위원 답변을 끝으로 제1독회에서 영토 문제가 더는 나오지 않습니다. 제2독회에 가서 영토 문제는 중요한 쟁점으로 다시 떠오릅니다. 우선 영토 조항 불필요론이 또 한 번 불거집니다. 40세의 젊은 소장파, 강욱중 의원은 20여 명의 의원과 함께 영토 조항을 삭제하자는 수정안을 내놓습니다. 이들은 앞서 영토 조항을 반대한 김교현 의원과는 다른 이유를 제시합니다. 김교현 의원은 영토 조항이 나중에 영토가 넓어질 때 애물단지로 전락할까 걱정했지요. 영토 조항이 미래를 가로막는다는 논리입니다. 반대로 강욱중 의원이 내세운 영토 조항 불가론은 영토 조항이 현실을 외면한다는 이유입니다. 통치권을 실제로 행사할 수 없는 북한 지역을 영토에 포함하는 것은 현실에 부합하지 않다고 합니다. 반면, 실효적으로 통치권이 미치는 영역은 구태여 영토라는 사실을 밝힐

---

* 남조선 대한국민대표 민주의원은 의회 형식의 미군정 자문기관으로, 미군정은 이 조직을 입법기관의 형태로 구성하고자 했으나 실패했다. 이후 후신으로 '남조선 과도 입법의원'이 성립되었다.

필요가 없다는 이유도 듭니다. 어느 모로 보나 영토 조항은 법률적으로 무의미하니 삭제하자고 주장합니다.

> 전문위원께서 말씀하시기를 그 헌법 해석이 38 이북에까지 미치는 것을 표시하려고 적어도 여기에다가 명시한다고 했었습니다. 우리는 여기에 현실을 좀 생각할 필요가 있겠습니다. (…) 다시 말하면 통치권이 미치는 범위라고 구태여 이렇게 물의를 일으켜서 시간을 보낼 필요가 없다고 생각합니다.
>
> – 강욱중, 「제헌국회 회의록」 제1회 22호

마이크를 타고 들리는 목소리는 낭랑합니다. 낭랑한 목소리와 달리 그가 한 주장은 격렬한 논쟁을 일으킬 불씨를 품고 있습니다. 우선은 국가 근본인 영토 조항을 헌법에서 빼자고 하니 감정상으로도 받아들이기 쉽지 않습니다. 더군다나 그의 주장이 다른 의원들에게는 분단 상황과 북한이 존재하는 현실을 인정하자는 말처럼 들렸는지, 여러 의원이 황당무계하다는 표정을 짓습니다. 김문평 의원이 급히 발언대에 오릅니다. 초대 대법원장을 맡은 김병로의 사위인 그는 영토 조항을 없애자는 말에 격분합니다. 국민, 주권과 함께 영토는 국가 정체성을 나타내는 중요한 요소인데, 이를 헌법에서 삭제하자는 것은 큰일 날 소리라고 몰아세웁니다. 영토는 대한민국 정통성, 정체성과 직결된다며 반드시 헌법에 넣어야 한다고 주장합니다.

김문평 의원 발언 뒤에 곧바로 영토 조항을 삭제하자는 수정안 표결

헌법의 순간

을 합니다. 재석 170인 중 찬성 8인, 반대 142인으로 수정안은 부결됩니다. 수정안 찬성인이 수정안을 낸 20명에도 훨씬 못 미쳤습니다. 아무래도 논의 과정에서 영토 조항이 분단 상황에서 중요하다는 분위기가 만들어진 것 같습니다. 영토 조항까지 삭제하면 남북이 완전히 분단될 거라는 걱정도 많습니다. 나중에 통일하려면 북한이 대한민국 영토라는 점을 분명히 밝혀두어야 한다는 주장이 큰 공감을 얻습니다.

영토 조항은 삭제하지 않기로 하지만, 다음으로 **한반도**가 화두에 오릅니다. 한반도라는 단어에 무슨 문제라도 있는 걸까요? 반도半島라는 말은 왜색이 짙다는 불만이 많기는 했습니다. 헌법의 순간, 일제가 조선을 비하하려고 썼던 모욕적인 잔재를 영토 조항에 넣었다는 힐난과 함께 영토를 한반도로 좁힌 것은 부당하다는 주장이 나옵니다. 고개를 끄덕이는 의원이 적지 않습니다. 이런 분위기에 힘입어 영토 조항 문구를 "대한민주국의 영토는 **고유한 판도**로서 한다."로 바꾸자는 수정안이 나옵니다. 여기서 판도版圖란 세력이 영향을 미치는 영역이나 범위를 뜻합니다. 이 수정안은 광복을 앞둔 1944년 4월에 개정된 「대한민국 임시헌장」의 "제2조 대한민국의 강토는 대한의 고유한 판도로 한다."를 반영한 듯합니다.

이 수정안을 설명한 이는 혈기 넘치는 이구수 의원입니다. 반도라는 말부터 문제 삼습니다. 반도는 일제가 조선을 비하하려는 의도로 쓴 말이라고 합니다. 그런 모욕적이고 수치스러운 말을 우리 스스로가 쓰려는 이유가 뭐냐고 따집니다. 다른 불만도 덧붙입니다. 장차 인구가 늘어날 텐데 왜 군이 영토를 한반도로 가두려고 하는지 이해할 수 없다고 합니다. 앞서 영토 조항 불가론을 제기했던 김교현 의원 주장과 유사해 보이지만, 그렇다고 영토 조항을 없애자는 말은 아닙니다. '고유한 판도'로 고쳐 확장 가능성을 열어 두자고 주장합니다.

> 반만년 역사를 통해 우리 영토를 반도라고 쓴 사람은 없었습니다. 왜적이 이 땅에 들어와서 우리 민족을 모욕하고 우리 영토를 자기 나라 영토라는 의미로 반도라 불렀습니다. 일본인이 우리 조선인을 반도인이라고 모욕하였습니다. (…) 오늘날 우리는 삼천만 민족, 민중이라고 하지만 앞으로 삼천만이 될지 백천만이 될지 알 수가 없습니다. 우리 영토를 '고유한 판도'라 부르면, 장차 어떠한 여유가 생기지 않을까 싶어서, 그렇게 불러야 가장 좋을 것으로 생각합니다.
>
> – 이구수, 「제헌국회 회의록」, 제1회 22호

반도는 '반쪽 섬'이라는 뜻입니다. 반도라 하면 완전하지 않은 반쪽짜리라는 느낌을 줄 수도 있습니다. 일제가 멸시적으로 한국을 한반도라 불렀다면, 당시 정서상 헌법은 고사하고 사전에서도 파내자고 할 판입니다. 그런 정서 때문에 헌법의 순간에는 사소하더라도 일본 냄새가 나는 표현이나 문구가 헌법 조항에 들어가는 것을 막으려고 애썼지요.

정서상 그렇더라도 틀린 사실은 바로 잡아야 한다는 이들이 반론에 나섭니다. 지금은 북한 땅인 연백군 출신 무소속 김경배 의원이 먼저 일어나 발언대에 오릅니다. 반도 혹은 한반도라는 말이 모욕적이라는 주장은 지나치다고 합니다. 반도라는 말은 삼면이 바다에 둘러싸인 육지를 일컫는 지리학적 용어이지, 모욕적인 단어가 아니라고 강조합니다. 세계인들이 보편적으로 쓰는 단어라고 설득합니다. 역사적으로도 한반도라는 말을 써 왔을 뿐만 아니라, 가령 발칸반도라고 부르듯 한반도라고 쓴다 해도 아무런 문제가 없다는 것이죠. 이에 동조한 장병만 의원의 이야기를 더 들어볼까요?

> 삼면이 바다로 쌓인 육지를 반도라고 하는 것은 어떤 나라든지 다 증명하는 바입니다. 어떠한 지리책을 보더라도, 어떠한 지도를 보더라도 해면으로 돌출한 육지를 반도라고 합니다. 그러한 의미로 본다면 반도라고 하는 것이 우리 조선에 큰 모욕이라고 할 수가 없습니다. 우리 역사에 나타난 지리책을 보더라도 동부 아세아(아시아)에 돌출한 반도라 쓴 것이 여럿 있습니다. 우리가 국호를 한이라고 하였으니, 한반도라고 하는 것이 그렇게 유감될 일은 아니라 생각합니다.

> ― 장병만, 「제헌국회 회의록」 제1회 22호

같은 단어를 두고, 한쪽은 한국을 낮잡는 모욕으로 받아들이고 다른 한쪽은 널리 쓰이는 상식적인 용어라고 주장합니다. 누구 말이 맞는 걸까요? 역사를 한번 살펴볼까요? 확인 가능한 지도 중에 한국을 반도로 표시한 가장 오래된 지도는 1655년경에 네덜란드 출신 블라우Joan Blaeu 가 제작한 지도입니다. 그 지도에서는 한국이 길쭉한 반도 형태로 그려져 있고, 그 위에 'Corea Peninsula'라는 지명이 크게 표기되어 있습니다. Peninsula는 라틴어로 '거의 섬'이라는 뜻입니다. 독일어로는 Halbinsel로 번역하는데, '절반의 섬'이라는 뜻입니다. 19세기 초에 영어단어 Peninsula를 일본이 뜻 그대로 '반도'라 번역합니다. 그 뒤로 한자 문화권에서는 삼면이 바다로 둘러싸인 땅을 반도라 부르기 시작합니다. 그러면서 국제적으로 '고려반도'라는 지명이 통용되지요.

한국 같은 지형을 Peninsula로 부르고, 그 의미가 반도인 것은 만국 공통입니다. 물론 같은 말이라도 그 말을 어떻게 사용하느냐에 따라 그 의미는 달라질 수 있습니다. 문제는 일본이 반도라는 명칭을 정치화했다는 사실입니다. 제헌의원들이 한반도라는 명칭에 발끈하는 것도 바로 그 때문입니다. 일제강점기 때 일본은 '반도인半島人'을 멸칭으로 사용합니다. 자신들을 '내지인內地人'이라 부르고, 식민지 조선 사람은 반도인이라 부르며 차별하고 낮잡습니다.

내지인은 내지인으로서 태어나고, 반도인은 반도인으로서 태어났다.

일본인과 조선인은 넘을 수 없는 위계가 있다는 논리를 펴며 반도인을 내지인 아래에 둡니다. 이런 문제를 무시할 수는 없습니다. 그렇지만 반도가 특정한 형태를 가진 지형을 일컫는 보편적인 지리학 용어라는 사실도 분명합니다. 일제가 한국을 멸시하려고 특별히 창조하거나 특이하게 사용한 명칭도 아닙니다. 이탈리아반도나 이베리아반도처럼 지도 위에서 세계인들은 오래전부터 우리 땅의 이름을 한반도라 불렀을 뿐만 아니라, 이미 한국인에게도 익숙한 고유한 지명입니다. 1919년 2월에 발표된 「대한 독립 선언서」에도 이런 구절이 있습니다.

한민족은 한 조각의 권리라도 이민족에게 넘길 수가 없고, 한반도에 있는 한 뼘의 땅이라도 이민족이 점령할 권리가 없으며, 한민족 가운데 어느 한 백성에게라도 이민족이 간섭할 까닭이 없다. 우리 대한은 오로지 한민족의 대한이다.

이구수 의원은 발언 끝자락에 "반도는 일제가 한국을 모욕하려고 쓴 말"이라는 주장을 뒷받침하고자 이렇게 말합니다.

우리 조선 독립운동에 참으로 공로가 큰 『동아일보』를 보십시오. 『동아일보』 또는 조선 독립에 힘써 운동한 신문에는 절대로 반도라고 기재한 기사가 없습니다.

글쎄요. 좀 무리한 항변처럼 들립니다. 1931년 『동아일보』는 민족의식을 고취할 노래 가사를 공모합니다. 당선작 〈조선의 노래〉는 이렇게 시작합니다.

백두산 뻗어내려 반도 삼천리, 무궁화 이 강산에 역사 반만년

반도 논란의 진짜 문제는 따로 있습니다. 반도라는 말 자체보다는 **조**

선반도인지 **한반도**인지가 논쟁의 핵심입니다. 일제가 국호 대한을 없애고 대신 조선을 사용하게 했다는 사실은 이미 앞서 언급했지요. 그때 조선은 국호가 아니라 식민지 영토를 가리키는, 사실상 지명에 지나지 않습니다. 모든 영역에서 대한이나 한은 금지어가 되고 조선이라는 말만 쓰게 합니다. 일제는 통상 한반도가 아니라 조선반도라고 불렀습니다. 그런 기억이 생생해서인지, 제헌의원들은 한반도를 모욕적인 말이 아니라 빼앗겼다 되찾은 말로 여깁니다.

더군다나 국호를 대한민국으로 정한 마당에, 대한민국 영토가 되는 지명을 한반도로 하자는 주장에서 아무도 문제점을 발견하지 않았습니다. 조국현 의원은 나아가 국호를 대한민국으로 했으니 영토도 아예 대한반도로 하자고 합니다. 뜬금없게 들리긴 하여도 난데없진 않습니다. 대한반도로 하자는 주장은 헌법기초위원회에서도 등장했습니다. 어떤 문제든 논쟁이 있는 곳에 나타나 해결사 노릇을 하는 조헌영 의원이 이번에도 나섭니다. 한반도는 한국 영토를 가리키는 고유명사라서 나라 이름과는 구별해야 한다고 합니다. 쉽게 말해 국호가 바뀌어도 지명은 쉽게 바뀌지 않는다는 것입니다.

고유한 판도를 쓰자는 주장이 나온 이유는 반도라는 단어가 못마땅해서만은 아닙니다. 일각에서는 영토를 한반도로 특정하면 역사적 영토를 포기하는 것이 아니냐고 크게 우려했습니다. 왜 영토를 한반도로 제한해 스스로 영토 확장 가능성을 없애냐고 합니다. '고유한 판도'로 하면 대한제국이 영유권을 주장했던 간도 등도 포함할 수 있다고 주장합니다. 박기운 의원은 이런 논리로 수정안에 찬성하면서 북간도 등도 장차 한국 영토가 되어야 한다고 목소리를 높입니다.

> 이 고유라는 것은 우리 역사적 사실로 규정해서 나오는 것입니다. (…) 민족의 분투감(奮鬪感) 또는 역사를 고려할 때 우리 민족은 만주의 북간도를 가질 권리가 있습니다. (…) 과거 역사 사실로 보더라도 우리 국토로 편입하지 않으면 안 될 것입니다. 한반도와 거기에 부속된 그 도서만을 영토로 하는 것은 너무 국한된 것이어서, '고유한 판도'로 하는 것이올시다.
>
> – 박기운, 「제헌국회 회의록」 제1회 22호

과거에 우리 땅이었고 앞으로 가질 수도 있을 지역을 포기하지 말아야 한다며, 고유한 판도로 수정하자는 취지를 밝힙니다. 민족의 입장에서 호응이 클 법한데 이 주장은 그다지 큰 호응을 얻지 못했습니다. 오히려 법리적 이유로 반대하는 의견이 만만치 않습니다. 이성학 의원 등은 "헌법은 현재를 가지고 하는 것이지 장래를 예상해서 하는 것이 아니다."라고 지적합니다. 그러면서 현재 한반도와 그 부속도서가 대한민국이라는 사실은 세계가 다 아는 사실이라며 원안 통과를 호소합니다.

한반도라는 명칭을 사용하면 정말 고유한 영토를 포기하게 되는지는 한번 따져봐야 합니다. 우선 이 주장은 한반도가 지리적으로 일정한 경계를 담고 있다는 전제를 가정하고 있습니다. 한반도라는 지명을 정확한 지리적 경계나 국경을 나타내는 용어로 볼 수 있을까요? 헌법의 순간, 한반도 북쪽 경계가 어디인지는 아무도 말하지 않습니다. 한반도는 대한민국 고유한 영토를 상징하는 표현일 뿐입니다. 유진오 전문위원도 "우리 조선 고유의 땅 전체를 영토로 삼아서 성립되는 국가의 형태를 표시"하려고 한반도라는 용어를 썼다고 합니다. 그렇다면 몇몇 의원의 우려는 기우에 불과합니다. 나중에 북간도가 한국 영토가 된다고 해도, 영토 조항을 고쳐야 하거나 영토 조항 위반 여부를 검토해야 할 필요가 없습니다.

또한 고유한 판도라고 했을 때, 그 범위가 분명하지 않다는 지적도 있습니다. 한반도라는 명칭은 영토 범위를 명확하게 나타내지는 않지만, 구체적 지명이라는 점에서 영토 기준이 될 수 있습니다. 고유한 영토를 포기하지 않으면서 현재를 중심으로 일정한 영토를 제시할 수 있다는 점에서 '한반도'가 '고유한 판도'보다는 낫다고 주장합니다. 장병만 의원 발언도 그런 의미인 것 같습니다.

> 판도라고 하면 그것이 어떠한 것을 의미하는지, 어떤 범위를 말한 것인지 명확지 않다고 생각합니다. 만주까지 합해서 '고유한 판도'라고 부르는지, 우리 조선만 가지고 판도라고 하는지, 고구려시대에는 만주도 우리 땅이었으니까 그것을 가지고 '고유한 판도'라고 부르는지 명확하지가 않습니다. 그래서 저는 한반도로 하는 것이 좋다고 찬성하는 바이올시다.
>
> – 장병만, 「제헌국회 회의록」 제1회 22호

마지막으로 논쟁거리 하나가 더 남았습니다. 바로 부속도서라는 말

헌법의 순간

입니다. 영토 조항 제4조는 부속도서를 구체적으로 열거하지 않습니다. 도서란 쉽게 말하면 섬입니다. 바다에 둘러싸여 밀물이 가득 차도 수면 위에 드러나 있는 땅을 말합니다. 부속도서란 인접 육지에 속하는 섬으로, 한반도 부속도서는 곧 한반도 근해에 소속된 모든 섬을 포괄합니다. 해방 직후 울릉도, 제주도, 독도 같은 섬은 지정학적 가치가 높아 주변 국가들이 탐을 냅니다. 당시 울릉도나 제주도는 국제적으로 확실히 한반도 부속도서로 인정되었으나 독도, 대마도 등은 그렇지 않았습니다. 헌법의 순간, 부속도서를 특별히 영토에 넣은 이유이기도 합니다. 구체적인 지명을 안 쓰고 부속도서라는 포괄적 표현을 쓴 까닭은 외교적 마찰을 줄이면서도, 장래에 더 유리하다고 판단했던 듯합니다. 김경배 의원은 더 나아가서 이렇게 주장합니다.

부속도서로 하는 것이 지당하다고 생각합니다. 옛날 고려시대 지도를 볼 때, 지금 대마도가 우리 조선의 영토로 분명히 있습니다. 그러므로 그것을 장래에 되찾으려고 부속도서로 정해야 하는 줄로 압니다.

— 김경배, 「제헌국회 회의록」, 제1회 22호

부속도서에 대마도도 포함되어 있다니 약간 놀랍습니다. 뜬금없는 소리로 들리겠지만 엉뚱한 이야기는 아닙니다. 헌법의 순간 이전부터 한국은 대마도 반환을 요구합니다. 미군정 시절인 1947년, 남조선 과도 입법의원은 대마도 반환 요구안을 본회의에 상정한 바 있습니다. 정부를 수립한 바로 뒤인 1948년 8월 19일에도 이승만 대통령은 외신 기자

회견에서 대마도가 수백 년 전에 일본이 빼앗은 땅이니 내놓으라고 합니다. 1949년에는 특별 외교 사절단까지 일본으로 직접 보내 일본 현지에서 대마도 문제를 다룹니다. 같은 해 제헌국회도 대마도 반환을 촉구하는 결의안을 제출합니다. 일본 정부는 근거 없는 소리라고 반발합니다. 물론 대마도를 한국 땅이라고 할 역사적 근거가 없는 건 아닙니다. 『신증동국여지승람』이라는 문헌에는 "대마도는 곧 일본의 대마주이다. 옛날엔 우리 신라(계림)에 예속되었다."라고 쓰여 있습니다. 이를 근거로 조선 세종 때는 이종무가 대마도를 정벌해 경상도 속주로 만들기도 했습니다. 한국 정부의 대마도 반환요구는 1951년 샌프란시스코 강화조약*이 맺어질 때까지 계속되었지요.

긴 토론 끝에 "대한민주국의 영토는 고유한 판도로서 한다."라는 수정안은 171인이 표결에 참여해 찬성 13인, 반대 106인으로 부결됩니다. 모든 수정안이 부결되자 신익희 부의장은 원안 가부를 묻습니다. 재석 의원 170인 중에서 찬성 137인, 반대 6인으로 결국 제4조 영토 조항은 "대한민국의 영토는 한반도와 그 부속도서로 한다."로 수정 없이 원안으로 확정됩니다.

이제 영토 조항이 담고 있는 의미가 좀 더 분명해졌나요? 헌법의 순간, 영토 조항은 분단이라는 현실 때문에 간단한 문제로 일축할 수 없었습니다. "한반도와 그 부속도서"를 영토로 한 헌법 조항은 분단된 상

---

* 1951년 9월 8일 미국 샌프란시스코에서 맺어진 일본과 연합국 사이의 평화 조약이다. 이 조약으로, 제2차 세계대전에서 패배해 연합군 최고사령부의 지배를 받던 일본이 주권을 회복했다.

태가 비정상적 영토 상태임을 드러냅니다. 분단 이전 영토와 민족공동체를 회복하고자 하는 의지도 담고 있지요. 즉 제헌헌법에는 분단 이전 한반도 상태로의 회복을 지향한다는 중요한 의미가 담겨 있습니다.

문제는 영토 회복의 방법, 즉 '통일을 어떻게 이룰 것인가'입니다. 헌법의 순간에는 통일 방법까지는 고민하지 못합니다. 불행히도 북한 지역도 대한민국 영토라 규정한 영토 조항은 오히려 무력을 이용해서라도 북한 정권을 붕괴하자는 북진통일론의 근거가 됩니다. 이승만은 6·25 전쟁 이전부터 북진통일론을 적극 내세웁니다. 공산정권 타도는 북한 주민도 바라는 것이며, 북진하면 사흘 이내에 평양을 점령할 확신이 있다는 터무니없는 주장을 합니다.

이승만이 허장성세로 북진통일론을 내세울 때, 조봉암은 용감하게 평화통일론을 주장합니다. 무모했던 것일까요? 조봉암이 주장한 평화통일론은 간첩 및 국가보안법 위반죄의 이유가 되고, 결국 그는 1959년에 사형당합니다. 영토 조항과 그것을 근거로 한 북진통일론이 반대 세력을 탄압하고 국민에게 반공의식을 강화하는 수단이었던 셈입니다. 이런 슬픈 역사가 근본적으로는 영토 조항에서 비롯되었다고 보는 이들은 영토 조항을 헌법에서 삭제하자고 합니다.

긴 독재가 끝나고 민주의 봄이 온 1987년, 새로운 헌법은 영토 조항을 삭제하는 대신 다른 길을 찾습니다. 통일 방식을 구체적으로 명시합니다. 현행헌법 전문에는 "평화적 통일"을 대한국민의 사명이라고 밝힙니다. 현행헌법 제4조는 "대한민국은 통일을 지향하며, 자유민주적 기본질서에 입각한 평화적 통일정책을 수립하고 이를 추진한다."라고 밝합니다. 현행헌법 제66조는 "조국의 평화적 통일"을 대통령의 중요한 책무로 삼습니다. 1987년 개헌 이후 영토 조항은 북한을 평화통일을 위해 대화하고 협력해야 할 동반자로 삼는 근거가 됩니다. 대화와 협력으로 한반도 전체를 통합하는 대한이 미래 목표입니다. 어쩌면 그것이 헌법의 순간, 영토 조항에 담고 싶었던 진정한 정신이 아니었을까요?

영토 조항은 전쟁을 통해서 영토를 회복하거나 팽창하지 않겠다는, 평화 국가를 향한 약속입니다. 또한 우리 영토는 반드시 지키겠다는 다짐이기도 합니다. 영토를 지키는 것이 주권을 지키는 일이기 때문입니다. 그런 의미에서 독도 문제는 중요합니다.

울화통이 터질 일입니다. 2022년 일본 정부는 자국의 외교·안보 지침서인 「국가안전보장전략」의 내용을 개정해 "독도는 일본 고유의 영토"라고 못 박습니다. '고유한' 영토를 한국이 불법으로 점거하고 있다는 억지를 씁니다. 더 나아가 일본 보수세력은 "한국은 일본에 사과하고 독도를 반환하라."라는 심술도 부립니다. 갈수록 가관입니다. 독하게 맞서서 우리 영토, 독도를 지켜야겠습니다.

독도는 역사적으로나 지리적으로나 대한민국 고유한 영토입니다. 1900년 10월 25일, 고종은 「대한제국 칙령 제41호」를 공표해 독도가 울릉도의 부속 섬이라고 세계에 천명한 바 있습니다. 그런데도 한국을 침략해 독도를 약탈하고 식민 지배한 과거를 사과하기는커녕 자신들이 침탈했던 땅을 자국 영토라고 뻔뻔하게 우깁니다. 새로운 헌법의 순간이 오면 영토 조항에 독도는 한국의 땅이라고 분명히 써 두기라도 해야하는 건 아닐까요?

제4장

읽어버린 혁명

유구한 역사와 전통에 빛나는 우리들 대한국민은 **기미 삼일운동**으로 **대한민국**을 건립하여 세계에 선포한 위대한 독립정신을 계승하여 이제 민주독립국가를 재건함에 있어서 정의인도와 동포애로써 **민족의 단결**을 공고히 하며 모든 사회적 폐습을 타파하고 민주주의제제도를 수립하여 정치, 경제, 사회, 문화의 모든 영역에 있어서 각인의 **기회를 균등**히 하고 능력을 최고도로 발휘게 하며 각인의 책임과 의무를 완수케하여 안으로는 **국민생활의 균등한 향상**을 기하고 밖으로는 항구적인 국제평화의 유지에 노력하여 우리들과 우리들의 자손의 **안전과 자유**와 행복을 영원히 확보할 것을 결의하고 우리들의 정당 또 자유로히 **선거**된 대표로써 구성된 **국회**에서 단기 4281년 7월 12일 이 **헌법**을 제정한다.

제헌헌법 전문

우리들 대한국민은 기미 삼일운동으로 대한민국을 건립하여 세계에 선포한 위대한 독립 정신을 계승하여 (…)

혁명과 반역의 차이를 아시나요? 관객 수 1,000만을 훌쩍 넘긴 영화 〈서울의 봄〉에서 전두광(황정민 배우)이 그 차이를 인상 깊게 일러줍니다. "성공하면 혁명, 실패하면 반역 아닙니까!" 반역자가 되는 것이 두려웠을까요? 그들은 필사적으로 행동합니다. 결국, 반역은 성공하고 반역자들은 그 반역을 혁명이라고 부릅니다.

1980년 5월 18일, 쓰러진 광주 시민은 이름을 빼앗깁니다. 긴 세월 동안 그날은 폭동, 그들은 폭도로 불립니다. 반란군이 자행한 무자비한 살인은 '학살'이 아니라 '진압'입니다. 이름을 빼앗긴 광주 시민의 심장은 터질 것 같지 않았을까요? 한은 또 얼마나 깊었을까요?

이름은 역사적 사건을 드러내는 표지입니다. 그 표지에는 그 사건이 지닌 의미와 그 사건을 향한 평가가 담깁니다. 제대로 이름을 붙이는 일은 그만큼 중요합니다. 나쁜 짓에 좋은 이름을 붙이면 나쁜 짓이 좋은 짓으로 둔갑합니다. 나쁜 짓을 하고도 부끄러움을 모르게 됩니다. 그러면 부끄러운 짓이 반복됩니다. 위대한 일에 초라한 이름을 붙이기도 합니다. 그러면 위대함이 잊힙니다. 그렇게 역사적 사건에 이름을 잘못 붙이면 과거가 미래에 던지는 빛을 잃게 됩니다.

군인 박정희가 무력으로 정권을 찬탈한 5·16 군사정변은 어땠나요? 과거에는 역사 교과서에서 5·16 군사정변을 혁명이라 가르쳤습니다. 5차 개헌으로 수정된 1963년 제6호 헌법도 전문에서 "5·16혁명의 이념에 입각하여 새로운 민주공화국을 건설함에 있어서"라고 합니다. 18년 동안 그 혁명이념 아래 합법의 탈을 쓴 편법적인 장기집권, 나아가 무자비한 독재 정치를 시행했습니다. 그것도 모자라 또 다른 쿠데타에 문을 열어 줍니다. 이 역시 혁명이라고 쓴 이름표를 달고 들어옵니다.

혁명이라는 탈을 쓴 쿠데타가 두 번 반복되었으나 결말은 다릅니다. 한번은 비극으로, 또 한 번은 희극으로 끝납니다. 희극 속 악당은 전두환 일당입니다. 12·12 군사반란의 장본인이었던 그들이 법정에 선 채 손을 맞잡은 풍경은 참 기괴하고도 우스꽝스럽습니다. 성공한 쿠데타는 처벌할 수 없다는 억지를 물리친 대법원은, 반역자들이 쓴 거짓 혁명의 가면을 벗깁니다.

우리나라의 헌법 질서 아래에서는 헌법에 정한 민주적 절차에 의하지 아니하고 폭력에 의하여 헌법기관의 권능 행사를 불가능하게 하거나 정권을 장악하는 행위는 어떤 경우에도 용인될 수 없다. 따라서 그 군사반란과 내란 행위는 처벌의 대상이 된다.

이름 붙이기 싸움은 일제강점기에도 벌어집니다. 국권을 강탈한 일제는 대한을 조선으로 고치고, 강점을 병합併合이라 부릅니다. 양측이 모두 동의하여 평화롭고 합법적인 절차와 방식으로 한국을 자국에 편입했다는 의미입니다. 한국인들은 그 이름을 거부합니다. 대한의 독립을 외치며 일제의 병탄倂呑에 맞섭니다.

그뿐이 아닙니다. 일제는 사람 이름도 빼앗고, 땅 이름도 바꿉니다. 한국 사람을 일본 사람으로, 한국 땅을 일본 땅으로 만들어 갑니다. 해방은 사람과 땅과 나라의 빼앗긴 이름을 되찾는 순간입니다. 얼마나 기뻤을까요? 그 기쁨에 삼각산은 일어나 더덩실 춤을 추고, 한강 물도 뒤집혀 용솟음칩니다.

이름을 되찾은 것이 또 있습니다. 바로 1919년에 일어났던 **3·1혁명**입니다. 일제는 3·1혁명을 '각지의 소요사건, 망동, 소동, 폭동'이라고 부릅니다. 3·1혁명에 태극기를 들고 거리로 쏟아져 나온 사람들에게 '폭도, 폭민, 불순한 자'라는 딱지를 붙입니다. 이에 맞서 한국인들은 대한민국 임시정부를 세우고 그날을 독립선언일로, 3·1혁명에 희생된 조선인을 독립투사로 기립니다. 해방된 뒤 미군정도 3·1절을 첫 번째 국경일로 발표합니다. 해방을 맞이한 대한민국은 헌법에서 3·1혁명을 대한민국을 세운 뿌리라고 선포합니다. 대한민국은 위대한 3·1 독립정신으로 일본 제국주의와 투쟁한 결과 건립된 대한민국 임시정부를 계승한다고 선언합니다.

우리들 대한국민은 기미 **삼일운동**으로 대한민국을 건립하여 세계에 선포한 위대한 독립 정신을 계승하여 (…)

제헌헌법 전문 첫 구절은 생각할수록 좀 이상하지 않은가요? **3·1혁명**을 **3·1운동**이라 부릅니다. 대한민국을 건립했다는 역사적 사건에 운동이라는 이름이 적절한가요? 더욱 이상한 점은 애초부터 3·1혁명을 운동으로 부르지 않았다는 사실입니다. 헌법의 순간, 3·1혁명의 이름을 두고 논란이 벌어집니다. **혁명이냐 운동이냐**는 논란입니다. 혁명이라 부르니 좀 생뚱맞나요? 왜 혁명이라는 이름을 붙이려고 했을까요? 어쩌다 운동이라는 이름을 갖게 된 걸까요? 혁명과 운동은 어떤 차이가 있기에 논란이 있던 걸까요? 운동은 3·1혁명에 어울리는 표현일까요? 빨리 헌법의 순간으로 가야겠습니다.

헌법의 순간으로 가기 전에 우선 혁명과 운동이 어떻게 다른지 알아두는 게 좋겠습니다. 혁명은 억압적인 지배 체제를 뒤엎어 더 자유로운 정치 체제로 바꾼 역사적 사건을 이르는 말입니다. 미국 독립혁명이나 프랑스혁명은 익히 알고 있을 겁니다. 미국 독립혁명은 영국이 저지른 폭압적인 식민 지배와 싸워 자유롭고 민주적인 나라를 세운 사건입니다. 프랑스혁명은 부패가 만연한 절대왕정의 구체제를 무너뜨리고 자유롭고 평등한 공화정으로 나아가도록 이끈 사건입니다.

반면, 운동은 사회·정치적 문제를 개혁하거나 국민 의식을 바꾸려는 적극적인 활동을 부르는 말입니다. 일제강점기 때 한국 상품을 한국 상인들에게만 매매하여 한민족의 자산을 증진하자는 움직임이 있었지요. 이를 물산장려운동이라 부릅니다. 혁명과 운동 사이의 틈이 생각보다 큰가요? 어쨌든 헌법의 순간으로 갈 준비는 다 되었습니다. 헌법기초위원회가 제출한 헌법초안(헌법안) 전문은 이렇게 시작합니다.

유구한 역사와 전통에 빛나는 우리들 대한민국은 3·1혁명의 위대한
독립 정신을 계승하여

놀랍지 않나요? 당시 헌법안은 3·1혁명이라 합니다. 헌법안에서는
왜 혁명이라는 명칭을 붙였을까요? 헌법의 순간, 왜 굳이 혁명을 운동
으로 고친 걸까요? 3·1혁명은 헌법 전문에 나옵니다. 전문은 헌법 첫
머리지만 헌법의 순간에는 전문 독회와 토론이 마지막에 진행됩니다.
국호 등이 먼저 정해져야 전문을 작성할 수 있기 때문이지요. 제2독회
를 시작하면서 서상일 헌법기초위원장이 "전문 독회는 뒤로 미루고 제
1조부터 토론을 시작하자."라고 말합니다. 그렇게 제1조 토론을 시작하
려는데, 이승만 의원이 사회를 보던 신익희 부의장에게서 발언권을 얻
습니다. 노구를 이끌고 연단에 선 그는 무엇이 급했던지 뜬금없이 전문
관련 이야기를 꺼냅니다.

헌법 전문에 "우리들 대한민국은 유구한 역사와 전통에 빛나는 민족
으로서 기미년 3·1혁명에 궐기하여 처음으로 대한민국 정부를 세계
에 선포하였으므로 그 위대한 독립 정신을 계승하여 자주독립의 조
국 재건을 하기로 함"을 써넣었으면 합니다. 우리의 앞길이 무엇인
지, 그리고 3·1혁명을 알려 역사에 남기기 위해 헌법 맨 꼭대기에 이
문구를 넣어야 합니다. 우리가 자발적으로 일본과 싸우면서 오늘날
의 민주주의가 여태 발전한 것임을 동포들이 알도록, 잊어버리지 않

도록 했으면 좋겠습니다.

– 이승만, 「제헌국회 회의록」 제1회 22호

전문은 나중에 다루자는 말이 끝나자마자 전문 이야기를 꺼내니, 사회를 보던 신익희 부의장이 좀 당황합니다. 헌법의 순간, 이렇게 사회자를 무시하거나 발언자들을 함부로 대하는 이승만 의장의 권위적인 태도가 간간이 드러나는데, 그때마다 사람들은 당황합니다. 어쨌든 이승만 의장의 발언에서 중요한 사실을 알 수 있습니다. 3·1혁명이라는 표현을 쓰고 있다는 점, 3·1혁명을 대한민국을 이룬 뿌리로 평가하고 있다는 점, 한국 민주주의는 3·1혁명을 시작으로 일본에 맞서 싸우면서 이룩해 왔다고 강조한다는 점입니다. 그가 한 발언은 왜 3·1혁명이란 표현이 적절한지를 아주 잘 설명해 줍니다.

사실 3·1혁명은 이승만이 불쑥 꺼낸 이름이 아닙니다. 당시에는 3·1혁명이라 부르는 풍경이 낯익었습니다. 대한민국 임시정부는 공식적으로 3·1혁명이라 불렀고, 공식 문서에 3·1혁명 또는 3·1대혁명으로 표기했습니다. 당시 중국 언론에서도 3·1절을 한국혁명일로 부른 기록이 남아 있습니다. 몇 가지 사례를 볼까요? 대한민국 임시정부 기관지였던 『독립신문』은 3·1절 26주년을 맞아 이런 기사를 썼습니다.

3월 1일은 한국 혁명사상 가장 위대한 기념일이다. 모든 한국 자손에게는 영예롭고도 호기로운 날이기도 하다. (…) 이 위대한 혁명운동은 8개월 이상이나 계속되었으며, 희생된 동포들의 숫자도 7만여 명에 달하였다.

충칭 임시정부의 주석이었던 김구 선생도 1943년 3·1절 기념사에서 이렇게 말했습니다.

3·1대혁명은 한국 민족이 부흥과 재생을 위해 일으킨 운동이었다. (…) 우리는 3·1절을 기념할 때 반드시 3·1대혁명의 정신이 무엇인지 분명하게 밝히고 이를 널리 알리기 위해 노력해야 한다.

더욱이 이승만은 3·1혁명이라는 말을 누구보다도 즐겨 씁니다. 즐겨 쓰기만 한 게 아니라, 그 역사적 위대함도 한껏 추켜세웁니다. 그는 1919년 5월 2일에 미국 한인 모임에서 이렇게 말합니다.

신사 숙녀 여러분! 우리는 새로운 혁명을 기념하려고 이곳에 모였습니다. 제가 새로운 혁명이라고 말하는 것은 그것이 역사상에서 최초로 있었던 혁명이기 때문입니다. (…) 세계 역사상 한국 독립 선언서와 같은 것은 유례를 찾아볼 수 없습니다.

이승만은 해방 후 처음 거행된 3·1절 기념식에서도 3·1혁명을 비폭력 혁명이라고 강조합니다.

3월 1일은 우리 한국 역사뿐 아니라 세계 역사에 빛난 날입니다.

27년 전 오늘에 우리나라에서 세계의 처음 되는 비폭력 혁명이라는 것이 시작된 것입니다.

이런 역사적 사실과 맥락 덕분에 헌법안 전문에도 3·1혁명이 등장합니다. 헌법기초위원들 전원은 3·1혁명으로 부르는 데 아무 거리낌이 없습니다. 유진오 전문위원과 행정연구회 공동안에 있는 3·1혁명이란 단어를, 아무 반대 없이 헌법안에 넣습니다. 헌법안 전문은 "유구한 역사와 전통에 빛나는 우리들 대한국민은 3·1혁명의 위대한 독립정신을 계승하여"로 시작합니다. 제1독회 질의응답에서 서상일 위원장은 헌법안에 쓰인 "3·1혁명의 독립 정신을 계승"이라는 구절의 뜻을 짧게 설명합니다.

3·1혁명으로 임시정부를 수립한 것이니, 그 정신을 계승해 정식 국회로서 새로운 헌법을 제정하는 것이다.

3·1혁명에 담긴 독립 정신이 제헌헌법의 바탕이 되었다는 말입니다. 그런데 이게 웬일입니까? 느닷없이 3·1혁명이라는 표현을 두고 논란이 생깁니다. 무엇이 문제가 된 걸까요? 발단은 윤치영 의원이 낸 수정안입니다. 그는 3·1혁명을 "기미년 3월 혁명"으로 바꾸자고 주장합니다. 이때만 해도 혁명이란 단어는 바뀌지 않았습니다. '기미년'이라는 말만 덧붙였을 뿐입니다. 상황은 조국현 의원의 발언으로 완전히 바뀝니다. 그는 3·1혁명이라 부르는 짓은 '무식의 폭로'라며, 여태 아무도

문제 삼지 않았던 것을 부끄러운 일이라도 되는 듯이 말합니다.

> 혁명이라는 단어는 안된다고 생각합니다. 3·1민족운동은 일본의 유인(裕仁, 히로히토)* 정권 밑에서 제도를 고치겠다고 일어난 혁명이 아닙니다. 대한이 일본에 뺏겼다는 사실을 알리자는 운동이었던 만큼 혁명이란 단어는 어울리지 않습니다. 혁명은 국내적 일입니다. 이태조(태조 이성계)가 고려왕조를 뒤집어엎은 것이 혁명이고, 갑오의 운동(동학농민운동)이 혁명운동입니다. 우리 조선이 일본에 항쟁한 것은 혁명이 아닙니다. 만일 이를 혁명이라 부른다면 무식을 폭로하는 것으로 생각하기 때문에, 혁명이란 글자를 항쟁으로 바꾸었으면 좋겠습니다.
>
> – 조국현, 「제헌국회 회의록」 제1회 27호

조국현 의원은 **항쟁**으로 바꾸자고 합니다. 이유가 뭘까요? 혁명이라는 말은 국내적으로 벌어지는 일에만 사용하는 단어라고 합니다. 고려를 무너뜨리고 조선을 세우듯, 국내에서 왕조나 제도를 바꿀 때 혁명이라 부른다는 주장입니다. 일본에 맞서 독립하려던 싸움에는 항쟁이라는 단어가 더 적절하다고 합니다. 그는 왜 구태여 혁명과 항쟁을 구분하려는 걸까요? 모를 일입니다. 어쩌면 그는 혁명과 항쟁을 구분해 3·1은 일본에 맞서 벌인 싸움, 즉 '항쟁'이었지, 우리 내부에서 우리끼리 벌인 싸움이 아니었다는 사실을 강조하고 싶었는지도 모릅니다.

---

* 일본 쇼와 천황(昭和天皇)의 이름(휘)이다.

사회를 보던 김동원 부의장은 수정안 제출자였던 윤치영 의원에게 "항쟁이라고 고쳐도 좋겠는가?"라고 묻습니다. 윤치영 의원은 항쟁도 좋고, 더 좋은 게 있으면 달리 수정해도 좋다고 대답합니다. 이 순간, 누구보다 3·1혁명이라 부르는 데 앞장섰던 이승만 의장이 어떤 반응을 보일지 무척 궁금해집니다.

무식하다는 말이 고깝게 들릴 만도 한데 별다른 반응이 없습니다. 연일 이어진 토론에 진이 빠진 걸까요? 아니면 개념 차이를 설명한 조국현 의원의 논리에 주눅이라도 든 걸까요? 어쨌든 3·1혁명이란 표현을 여태 고집한 이승만 의장 체면이 말이 아닙니다. 명색이 하버드대학교에서 석사학위를, 프린스턴대학교에서 박사학위까지 취득했는데, 무식하다는 소리를 들었으니 갓 쓰고 망신당한 꼴입니다. 그런데 웬일입니까? 이승만 의장도 혁명불가론에 맞장구를 칩니다. 혁명이라는 말을 콕 집어서 안 된다고 합니다. 대신 항쟁보다는 **독립운동**이 낫겠다며, 상처난 자존심을 세웁니다.

혁명이 옳은 단어가 아니라는 말씀에 무조건 찬성합니다. 혁명이라면 우리나라 정부를 전복하자는 뜻인데, 원수 나라를 뒤집어놓는 것을 혁명이라고 하는 건 맞지 않습니다. '항쟁'이라는 말도 좋으나 좀 더 노골적으로 '독립운동'이라 부르면 어떻습니까? 그러니까 나는 '항쟁'이라는 것도 괜찮고 딴 것도 괜찮지만, '혁명'이라는 두 글자는 고치는 게 대단히 좋겠다는 말이에요.

– 이승만, 「제헌국회 회의록」 제1회 27호

헌법의 순간

이승만 의장은 왜 입장을 바꿨을까요? 정말 무식하다는 핀잔이 아팠던 걸까요? 될 수 있는 대로 논쟁을 없애 한시라도 빨리 헌법안을 통과시키고 싶었던 건 아닐까요? 그도 아니라면 혹시 북한이 일제와 벌인 투쟁을 '혁명 전통'이라고 내세운 탓에 혁명이라는 말을 꺼리게 된 걸까요? 국민과 인민이라는 단어를 둘러싼 논쟁이 그랬듯 3·1혁명을 둘러싼 논쟁에 이념갈등이 끼어든 것은 아닐까요? 해방 뒤 처음 열린 3·1절 기념식부터 그렇게 의심할 만한 징조는 있었습니다. 우익 진영은 '기미독립선언기념 국민대회준비회'를 꾸려 서울운동장에서, 좌익 진영은 '삼일기념 전국준비위원회'를 만들어 남산공원에서 기념식을 따로 합니다. 이념대립이 우익의 '기미파'와 좌익의 '삼일파'로 나누었듯이 그날의 성격도 운동과 혁명으로 나눈 것은 아닐까요?

무슨 이유인지는 모르겠지만 이승만 의장은 조국현 의원과 죽이 잘 맞습니다. 정부를 전복하자는 것이 혁명이지, 일제에서 해방되는 건 혁명이 아니라고 합니다. 그러면서도 당시 3·1항쟁은 군주제를 폐지하고 민주정을 세우려 했다며 혁명적 성격을 재차 강조합니다. 본인의 주장을 궁색하다고 느꼈는지, 3·1항쟁의 정신이 중요하다며 이름에 매이진 말자는 당부를 덧붙입니다.

분위기는 혁명이란 표현이 적절하지 않다는 쪽으로 기웁니다. 수정안 제출자인 윤치영 의원도 마음을 정한 듯합니다. 혁명이라는 단어를 빼자고 합니다. 대신 광복으로 바꾸면 어떠냐고 묻습니다. 논란이 있는 곳에 항상 나타나는 조헌영 의원이 이번에도 나섭니다. 〈승무〉를 쓴 조지훈 시인의 아버지입니다. 시인의 아버지답게 언어적 식견과 감각을 유감없이 발휘합니다. '혁명, 광복, 항쟁' 모두 적절치 않다며, **3·1운동**으로 하자고 합니다.

> '혁명'은 말이 되지 않고, '항쟁'은 우리 위신과 관계가 있고, 또 (1919년 3월에) '광복'된 것이 아니니까 적당치 아니합니다. 제 생각에는 그냥 '3·1운동'이라 부르고, '기미년에 대한민국을 수립하여 세계에 공포한 3·1운동의 위대한 독립 정신을' 정도로 정리하면 적당하다고 생각합니다.
>
> – 조헌영, 「제헌국회 회의록」 제1회 27호

이런저런 수정 제안들이 계속 튀어나오자, 특별연구위원 5인을 선정해 좀 더 신중하게 고친 후 논의를 다시 하자는 이석주 의원의 제안이 받아들여집니다. 오후에 계속하기로 하고 오전 회의를 마칩니다.

오후에 회의가 다시 열립니다. 서상일 위원장은 특별위원이 수정한 전문 내용을 발표합니다. "우리들 대한민국은 기미 3·1운동으로 대한민국을 건립하여"로 고쳤습니다. 이를 두고도 논란의 조짐이 보이자, 사회를 보던 이승만 의장은 더는 언급하지 말자며 헌법 전문을 표결에 부칩니다. 157인 중 찬성 91인, 반대 16인으로 전문은 통과됩니다. 전문을 표결한 것을 끝으로 제2독회는 끝이 납니다.

물론 독립운동이라는 말이 낯설거나 어색한 것은 아닙니다. 헌법의 순간 이전에도 시중에서 3·1혁명을 흔히 독립운동이라 불렀습니다. 문제는, 헌법의 순간이 3·1혁명의 역사적 성격과 국가적 의미를 재

평가하고 재규정하는 과정이었다는 점입니다. 제헌헌법 전문에서는 3·1운동 정신을 계승해 민주공화국을 건립한다고 선언합니다. 3·1운동이 대한민국 뿌리라고 합니다. 그 평가에 걸맞은 이름이 필요한 순간, 혁명 대신 운동을 선택한 것입니다. 과연 그 선택이 적절한 선택이었을까요?

헌법의 순간 이후 3·1혁명이란 단어는 낯설어졌습니다. 물론 혁명이라 부르려는 시도가 완전히 사라지진 않았습니다. 정부 수립 뒤 국경일에 관한 법을 만들 때 3·1절 명칭을 '혁명일'로 하자고 소리친 이가 있었지만, 호응을 얻지는 못합니다. 이미 명칭을 둘러싼 논쟁이 한차례 정리된 터라 혁명일로 하자는 제안은 행차가 끝난 뒤에 부는 나팔소리 취급을 받습니다. 이제라도 한번 고민해야겠습니다. 과연 3·1혁명이라 부르는 게 부당할까요? 3·1혁명이라 부르면 정말 무식을 폭로하는 짓일까요? 새삼 3·1혁명이라 불러야 할 이유가 있을까요? 운동이라 쓰고 혁명이라 기억하면 되지 않을까요?

보았다시피 헌법의 순간, 3·1혁명을 3·1운동으로 바꾼 결정적인 논리가 있습니다. 외세와 싸운 독립운동을 혁명으로 부르지 않는다는 논리입니다. 선무당이 따로 없습니다. 식민지배를 경험한 수많은 나라가 자국의 독립운동, 독립전쟁을 버젓이 '독립혁명'으로 추켜세웠습니다. 대표적인 사례가 바로 미국 독립혁명이지요. 미국 독립혁명은 영국으로부터의 독립, 영국이 미국에 이식한 군주정(전제정치)를 타파하려는 혁명을 지향했습니다. 그 두 가지 성격을 모두 담아 보통 '독립혁명'이라 부릅니다. 1776년 7월 4일 발표된 「미국 독립선언서」에 그 성격이 잘 드러납니다.

영국 국왕(영국 조지3세)의 역사는 악행과 착취의 연속이었고, 그의 목적은 직접 이 땅(아메리카)에 절대왕정체제를 세우려는 것이었다. (…) 영국 국왕은 가장 야만적인 시대에도 유례가 없었고 문명국의 원수로서는 도저히 할 수 없는 잔혹과 배신의 상황을 만들었다. 죽음과 황폐, 전제정치체제를 완성하기 위해 지금도 외국 용병부대를 파견하고 있다. (…) 그 본질이 전제군주임이 밝혀진 국왕은, 자유로운 인민의 통치자로서 부적합하다. (…) 우리 연합 식민지는 자유롭고도 독립된 국가이며, 영국 국왕을 향한 모든 충성의 의무를 벗으며, 영국과의 모든 정치적 관계를 완전히 끊을 것이고, 또 마땅히 끊어야 한다.

「3·1독립선언서」를 읽어보셨나요? 대한제국이 일제에 주권을 빼앗긴 상태에서, 한국은 독립국이고 한국인이 자주민임을 만방에 알립니다. 즉 일본에 빼앗긴 나라를 되찾아 자유로운 독립국을 세우겠다는 의지가 담겼다는 점에서 「미국 독립선언서」와 다를 바가 없습니다. 3·1혁명이 미국 독립혁명과 다른 건 비폭력을 지향했다는 점뿐입니다. 누구보다 미국 사정에 밝았던 이승만은 그 사실을 잘 알고 있습니다. 헌법의 순간에는 3·1혁명이 아니라 3·1운동으로 불러야 한다던 이승만은, 헌법이 만들어진 한참 뒤에도 입에 밴 듯 3·1혁명이라 부릅니다. 1957년 38주년 3·1절 기념식에서 이승만 대통령은 이렇게 연설

했습니다.

세계 역사에 처음 되는 비폭력 무저항 혁명운동이 시작되었던 것이니 이것은 한국에서 처음 발명된 혁명방식입니다.

미국 독립혁명 말고도 자국 독립투쟁, 독립전쟁을 혁명으로 부르는 나라는 부지기수입니다. 20세기에 여러 나라가 제국주의의 야욕과 폭압, 비민주적인 식민정책에 맞서 새로운 나라를 만들려고 싸웁니다. 그런 싸움들을 독립혁명이라고 부릅니다. 1919년 이집트혁명은 영국의 지배에서 벗어나려던 싸움이었습니다. 1898년 필리핀혁명은 스페인의 지배에서 벗어나려는 독립전쟁이었습니다. 인도네시아도 1945년부터 1949년까지 벌어진 네덜란드와의 독립전쟁을 스스로 '인도네시아 국민혁명Revolusi Nasional Indonesia'이라 부릅니다. 그렇게 혁명으로 채워진 탓에 20세기는 누구 말대로 그야말로 혁명의 세기였습니다. 3·1혁명은 그러한 20세기의 서막을 열었던 세계사적인 사건입니다. 임시정부 제2대 대통령이자 『한국독립운동지혈사』를 저술한 독립운동가 박은식이 격정적으로 외쳤듯 "3·1혁명은 우리 민족이 맨주먹으로 분기하고 붉은 피로서 독립을 구하며 세계 혁명사에 하나의 신기원"을 이룬 사건입니다.

조국현 의원의 주장도 이해가 안 됩니다. 그는 "3·1항쟁이 국내 제도를 고치자는 일이 아니었으니 혁명은 아니다."라고 말했습니다. 글쎄요. 이 발언은 3·1혁명이 진행된 과정과 3·1혁명이 이룬 성과를 무시하는 것처럼 들립니다. 3·1혁명은 단지 외세로부터의 독립만을 요구했던 사건이 아닙니다. 일본으로부터 독립을 선언한 날일 뿐만 아니라 나라의 주인이 온 국민이라는 사실을 행동으로 증명한 사건입니다. 남녀노소 구별 없이 220만 명이 넘는 사람이 참여합니다. 당시 전체 인구 10%가 넘는 국민이 어둡고 낡은 옛집에서 뛰쳐나와 자유롭고 평등한 새 세상을 이루려고 싸우다 죽고, 다치고, 붙잡힙니다. 폭도로 내몰려 7,509명이 살해당하고, 15,961명이 다치고, 46,948명이 체포됩니다. 최후의 1인이 최후의 1각—刻까지 싸웁니다. 그들이 벌인 싸움이 기어코 새로운 민주공화국, 대한민국 임시정부를 세웁니다.

3·1혁명은 **자주**와 **민주**라는 두 가지 가치를 분명하게 지향했습니다. 1941년에 임시정부가 발표한 「대한민국 건국강령」을 한번 볼까요? "우리 민족의 자력으로써 이민족의 전제정치를 전복하고 오천 년 군주정치의 구각(舊殼, 낡은 관습)을 파괴하고 새로운 민주제도를 건립하며 사회 계급을 소멸하는 첫걸음"이 3·1혁명이었다고 밝힙니다. 대한민국 임시정부 김구 주석이 발표한 1943년 3·1절 기념사도 마찬가집니다.

우리는 3·1절을 기념할 때 반드시 3·1대혁명의 정신이 무엇인지 분명하게 밝히고 이를 널리 알리려고 노력해야 합니다. 3·1대혁명의 가장 기본적인 정신은 바로 '반일 독립'과 '민주 자유'입니다. (…) 자존과 공존, 민주와 단결, 기개와 도의, 자신과 자존이야말로 3·1대혁명 정신의 요체이자 전부라 할 수 있습니다.

헌법의 순간

3·1혁명은 며칠간 벌어진 만세운동이 아닙니다. 임시정부가 발행한 『독립신문』은 1922년에 3·1혁명을 현재 진행 중인 대혁명사大革命史라고 평가합니다. 3·1혁명은 독립선언으로 시작해 대한민국 임시정부를 만들어 국민이 주인인 나라를 선포하고, 불굴의 독립투쟁으로 일본 군대와 싸워, 마침내 대한민국을 재건립한 대장정의 시작점입니다. 이쯤 되면 3·1혁명은 민족사적 대전환을 이룬 성공한 혁명으로 볼 수 있지 않을까요? 미국 독립혁명도 일종의 지속 혁명이었지요. 1776년 7월 4일에 독립선언문을 발표하지만, 8년간 싸움을 거쳐 1783년에야 독립을 완성합니다. 미국은 그 긴 혁명의 시작인 1776년 7월 4일을 독립기념일로 정해 기념합니다.

이제라도 3·1혁명이 제 이름을 찾았으면 좋겠습니다. 물론 운동이라는 이름으로 불러도 혁명적 성격을 인정할 수는 있습니다. 문제는 운동이라는 이름이 혁명적 성격을 부정하면서 태어났다는 사실입니다. 그래서 3·1혁명에 제대로 된 이름을 붙여야 합니다. 최근에야 운동에서 혁명으로 바꾸자는 목소리가 커지고 있습니다. 3·1독립선언 100주년이던 지난 2019년, 한 여론조사기관이 운동을 혁명으로 바꾸는 것에 찬반을 물었습니다. 찬성이 49%, 반대가 39%였다고 합니다. 바꾸자는 의견이 약간 우세하지만 아직은 팽팽합니다.

『홍길동전』 속 홍길동은 아버지를 아버지라 부를 수 없어서 "심장이 터질 듯하다."라고 슬퍼합니다. 독립된 민주공화국을 꿈꾸며 목숨까지 바쳤던 선조들 심장이 터지지 않도록 3·1혁명을 제대로 된 이름으로 불러야 하지 않을까요? 그래야 100여 년 전의 역사가 현재와 미래에 빛을 던질 수 있습니다. 여러분 생각은 어떤가요? 혁명이라고 부르자는 게 시쳇말로 국뽕일까요?

제5장

암탉도 울어야 할 시간

축첩폐지, 남녀동권을 위한 첫걸음

유구한 역사와 전통에 빛나는 우리들 대한국민은 **기미 삼일운동**으로 **대한민국**을 건립하여 세계에 선포한 위대한 독립정신을 계승하여 이제 민주독립국가를 재건함에 있어서 정의인도와 동포애로써 **민족의 단결**을 공고히 하며 모든 사회적 폐습을 타파하고 민주주의제제도를 수립하여 정치, 경제, 사회, 문화의 모든 영역에 있어서 각인의 **기회를 균등**히 하고 능력을 최고도로 발휘케 하며 각인의 책임과 의무를 완수케하여 안으로는 **국민생활의 균등한 향상**을 기하고 밖으로는 항구적인 국제평화의 유지에 노력하여 우리들과 우리들의 자손의 **안전과 자유**와 행복을 영원히 확보할 것을 결의하고 우리들의 정당 또 자유로이 **선거**된 대표로써 구성된 **국회**에서 단기 4281년 7월 12일 이 **헌법**을 제정한다.

제헌헌법 제20조
혼인은 남녀동권을 기본으로 하며
혼인의 순결과 가족의 건강은 국가의 특별한 보호를 받는다

서구 민주주의는 아주 오랫동안 절반의 민주주의, 반쪽짜리 민주주의였습니다. 여성은 대표를 뽑을 수도, 대표가 될 수도 없었습니다. 여성이 처음으로 투표할 수 있었던 시기는 1893년, 그 나라는 뉴질랜드였습니다. 여성이 투표용지에 이름을 올릴 수 있게 된 시기는 그보다 약 30년이 흐른 뒤인 1919년입니다. 미국도 1920년에야 연방정부 차원에서 여성참정권을 보장합니다. 영국에서는 1928년, 프랑스에서는 그보다 훨씬 늦은 1946년에 이르러서 여성참정권을 보장합니다. 한국은 언제부터 여성참정권을 보장했을까요? 가부장제가 공고하고 민주주의도 늦게 이루어졌으니 서구보다 더디지 않았을까요? 놀랍게도 그렇지 않습니다. 영국이나 프랑스보다 더 일찍 여성참정권을 보장합니다. 1919년입니다. 대한민국 임시정부는 1919년 4월에 「대한민국 임시헌장」을 발표하며 양성평등을 선언합니다.

제3조 대한민국의 인민은 남녀, 귀천 및 빈부의 계급이 없고 일체 평등하다.
제5조 대한민국의 인민으로 공민 자격이 있는 자는 선거권 및 피선거권이 있다.

미국, 영국, 프랑스보다 일찍 여성참정권을 보장하다니, 놀랍지 않나요? 물론 여성이 실제로 선거에 참여한 때는 그로부터 한참 뒤입니다. 1948년 5월 10일, 첫 총선에서야 30년 전 약속이 지켜집니다. 남녀 모두가 후보로, 유권자로 권리를 행사합니다. 여성들은 거리낌 없이 힘차게 투표에 나섭니다. 이 광경은 외국 기자들을 놀라게 할 정도입니다. 여성들이 선거일에 투표소를 향해 쇄도하는 광경이 무척 인상 깊다고 보도합니다.

여성 국회의원은 몇 명이나 당선되었을까요? 어찌 된 일인지 국회 개원식에 모인 제헌의원 198인 중 여성은 보이지 않습니다. 그야말로 '홀아비 국회'가 따로 없습니다. 여성은 투표소를 향해 쇄도하는 줄에 설 수 있었다는 사실에 만족할 수밖에 없었습니다. 전체 출마자 909인 중에 여성 후보는 고작 19인, 2%에 불과합니다. 이런 결과를 우려했던 걸까요? 선거일까지 열흘 남짓 앞두고 이승만은 총선거에서 여자의원이 많이 선출되어야 한다는 인터뷰까지 하지만 허허롭습니다.

결국, 헌법의 순간은 남성 독무대가 됩니다. 남녀 모두에게 똑같이 참정권이 주어졌는데 왜 이런 결과가 생긴 걸까요? '홀아비 국회'는 큰 깨우침을 줍니다. 같은 권리가 있다는 사실만으로는 평등해질 수 없다는 현실을 일깨웁니다. 남녀가 불평등한 현실이 그대로 남아 있기 때문입니다. 그 불평등한 현실이란 무엇일까요? 헌법의 순간, 여성의원은 없었으나 불평등한 현실을 두고 격렬한 논쟁이 벌어집니다. 불평등한 현실을 어떤 식으로든 해결하겠노라 마음먹은 의원이 적지 않습니다. 여성의원이 없는 만큼 여성문제를 더 중요하게 다뤄야 한다는 의무감도 느낍니다. 그 의무감 때문에 헌법초안(헌법안)을 받자마자 관련 조항을 바삐 찾습니다. 실망은 이만저만이 아닙니다. 차별을 극복하려고 애쓴 흔적은 헌법안 어디에도 없습니다.

헌법안에 담긴 양성평등 조항은 제8조와 제17조뿐입니다. 제17조는 "여자와 소년의 근로는 특별한 보호를 받는다."라고 하여 여성의 근로를 보호할 것을 강조합니다. 헌법의 순간, 제17조는 별 논쟁 없이 지나갑니다. 제8조는 이렇습니다. "모든 국민은 법률 앞에 평등하며 성별, 신앙 또는 사회적 신분에 의하여 정치적, 경제적, 사회적 생활의 모든 영역에 있어서 차별을 받지 아니한다." 차별을 금지한다는 일반적이고 선언적인 내용일 뿐입니다. 공허하기 이를 데 없습니다. 불평등한 현실을 바꿀 구체적인 방안이 없기 때문입니다. 제17조와는 달리 제8조를 두고 벌어진 논쟁은 대단합니다.

당시 여성들이 시급히 해결을 바란 불평등한 현실은 무엇일까요? 해방 이후 미군정은 부녀자 인신매매를 금지하고 공창제를 폐지합니다. 반면, 혼인과 가정에서 벌어지는 성차별적인 문제들은 '집안일, 사적인 것'으로 여겨 팽개쳐 둡니다. 불평등과 인권침해가 혼인과 가족 안에서부터 시작된다는 현실을 무시한 처사였습니다.

혼인과 가정에서 시작된 불평등은 사회·정치적인 불평등으로 이어집니다. 혼인과 가정에서 도드라진 성 불평등의 상징은 바로 축첩의 폐단입니다. 이는 숱한 여성이 증오하는 공적公敵입니다. 남성들은 결혼한 부인이 버젓이 있는데도 다른 여성, 즉 첩을 들여 삽니다. 그러면서도 여성에게는 여전히 정절을 강요합니다. 축첩은 보통 문제가 아닙니다.

여성의 인격과 인권을 짓밟는 만행입니다. 해방 이후 여성들은 축첩 반대 운동을 맹렬하게 펼칩니다. 여성에게만 강요하는 정조를 남성도 지키라고 요구합니다. 그것이 양성평등을 이룩하기 위한 출발점이기 때문이지요. 헌법의 순간, 여성 유권자들은 '홀아비 국회'가 여성의 목소리를 귀담아듣지 않을까 걱정이 태산입니다. 아나나 다를까, 헌법안에는 혼인과 가정에서 양성평등을 달성하기 위한 조항이 없습니다. 크게 실망한 여성단체들은 국회 밖에서나마 더 큰 목소리를 냅니다.

제헌의회에 여성의원은 한 명도 없었지만, 축첩 문제는 심각하게 다뤄집니다. 의원들도 여성의 목소리를 무시할 수 없었기 때문입니다. 실제로 5·10 총선거에서 여성단체들이 중심이 되어 축첩 정치인 낙선운동을 전개할 정도로 축첩 문제는 중요한 사회적 이슈였지요. 권태희 의원이 먼저 이 문제를 끄집어냅니다. 서면질의로 제8조에 나온 평등권과 관련해 축첩 문제는 어떻게 되는지를 우선 묻습니다. 국가 존립 기초라 할 수 있는 가정문제, 결혼문제, 여성권리 등을 다루지 않은 점이 헌법안의 중대한 결함이라고 지적합니다. 이 물음은 시작일 뿐입니다. 그는 헌법의 순간 내내 지치지 않고 이 문제에 매달립니다.

서면질의에 권승렬 전문위원이 답변합니다. 그는 제8조에 담긴 의미를 이렇게 설명합니다. 제8조에 나온 평등은 국민이 지니는 일반적 평등을 뜻합니다. 즉 가족 내에서 갖는 지위나 양성평등과는 아무 상관이 없습니다. 헌법은 국민 전체를 다루지, 국민을 구성하는 개별적인 관계를 다루지는 않는다고 합니다. 남녀관계, 가족관계에 해당하는 축첩 문제 등은 헌법이 아닌 민법이나 가족법이 다루어야 할 문제라고 딱 잘라 말합니다.

> 헌법이 다루는 것은 '국민으로서의 평등'입니다. (…) 축첩제도에 관
> 한 것은 민법상의 친족법에 그치는 것이고 헌법에다 쓸 수는 없습
> 니다.
>
> — 권승렬, 「제헌국회 회의록」 제1회 18호

전문위원 답변은 몹시 원론적이고 건조합니다. 이 답변을 들은 권태
희 의원은 아마도 작심하고 반격을 벼른 듯합니다. 준비를 단단히 합니
다. 사흘 뒤에 진행된 대체토론에서는 모두가 '대통령제냐 내각제냐',
'단원제냐 양원제냐' 문제로만 옥신각신하는 와중에, 그가 남녀동권 문
제를 다시 꺼냅니다. 난데없다는 표정들입니다. 그들 반응에 아랑곳하
지 않고 여성은 국민이 아니냐며 발언을 시작합니다. 온 국민이 기대하
고 바라는 바를 담아야 할 헌법안 102개 조문에 여성이 바라는 바가 어
째서 단 한 가지도 안 담겼냐고 따집니다. 가정에서 벌어지는 비윤리적
이고 비양심적인 악독 간악한 만행을 정말 모르는 것이냐며, 그 만행을
이대로 두어서는 안 된다고 온 힘을 다해 절절하게 부르짖습니다. 혼
인, 가족, 재산권 문제 등 여러 법률적 권리에서 남녀가 평등하게 대우
받을 수 있게 할 헌법적 근거를 두자고 장내 의원들에게 호소합니다.
권태희 의원의 주장을 들어볼까요?

이 초안이야말로 바람이 없는 타이어와 마찬가지요, 마개 빠진 사이

다와 마찬가지라는 말씀입니다. 국민의 반이 여자입니다. 국민이라는 단어가 서른한 번 언급되는 이 헌법에서, 1,500만 명이나 되는 여자가 있다는 사실을 잊어버려 여자문제에 한마디도 하지 않았다는 건 이 헌법의 기초적인 착오라 생각합니다. (…) 한 남자가 아내를 둘, 셋도 소유한다고 하는데, 명문으로 제한하지 않는 것은 너무나 현실을 외면하는 것입니다. 비도의적, 비윤리적, 비도덕적, 비양심적, 악독 간악한 만행인 행동을 그대로 묵과한 것이라고 봅니다.

― 권태희, 「제헌국회 회의록」 제1회 20호

정곡을 찔러서일까요? 권태희 의원의 발언 도중 "옳다!"라며 호응하는 의원도 적지 않습니다. 국민이라는 단어가 서른한 번 나왔다는 말을 듣고 확인해 보니 정말로 그렇습니다. 전문과 제목에 써진 것까지 합치면 서른세 번입니다. 그가 헌법안을 얼마나 꼼꼼하게 읽어 내려갔을지 상상이 갑니다. 비장감이 흐르는 중에도 "바람이 없는 타이어, 마개 빠진 사이다" 같은 표현은 재밌게 읽힙니다. 그런 걸 보면 권태희 의원이 소천 권태호 선생의 동생이 맞긴 한가 봅니다. 권태호는 "나리나리 개나리"로 시작하는 재밌는 동요 〈봄나들이〉를 작곡했지요.

권태희 의원은 남녀문제나 가정문제는 민법이 다루어야지 헌법이 다룰 문제가 아니라고 한 권승렬 전문위원의 답변이 몹시 거슬렸나 봅니다. 양성평등과 가정문제 조항을 담은 다른 나라 헌법이 적지 않기 때문이지요. 그는 독일 바이마르공화국 헌법과 폴란드 헌법을 예로 들어 반박합니다. 실제로 헌법초안 작성 과정에 참조했던 독일 바이마르공

헌법의 순간

화국 헌법 제119조는 "혼인은 가족생활과 민족보존과 증식의 기초로서 헌법의 특별한 보호를 받는다. 혼인은 양성의 동권을 기초로 한다. 가족의 순결과 건강을 유지하고 이를 사회적으로 조장하는 것은 국가와 공공단체의 의무이다."라고 적혀 있었습니다. 가족, 혼인, 양성평등 문제를 명확히 제시하고 있습니다. 법률가인 권승렬 전문위원 얼굴에 당황한 기색이 역력합니다.

> 현명하신 국회의원 여러분, 독일 바이마르공화국 헌법 제109조에는 이러한 말이 있습니다. "남자와 여자는 원칙적으로 국민으로서의 동일한 권리와 의무를 가진다." 또 제119조에 "호적은 가족생활, 민족의 발달을 정식으로 고취함으로 헌법의 특별한 보호를 받는다." 가장 중대한 민족적 요건인 결혼문제와 가정문제가 헌법에 한 마디, 한 조목도 없으니 형언할 수 없는 비애와 실망을 느끼는 바이올시다.
>
> — 권태희, 「제헌국회 회의록」 제1회 20호

"축첩하는 짓은 악독 간악한 만행"이라는 권태희 의원 표현이 좀 노골적이었나 봅니다. 회의장에 앉아 듣던 의원들 표정이 복잡합니다. 혹시 도둑이 제 발 저려서 그런 것은 아니겠지요? 중요해 보이지도 않은 문제에 다짜고짜 열을 올리니 불편했는지도 모릅니다. 이때까지는 누구도 권태희 의원을 거들지 않습니다.

다음 날 이어진 회의에서 장면 의원이 가세해 불씨를 다시 살립니다.

장면 의원은 권태희 의원과 함께 이 문제를 끌고 간 쌍두마차입니다. 헌법안은 남녀동등권을 말하고 있지만 허울뿐이라고 합니다. 봉건적 차별이 여전한 현실을 직시하자고 합니다. 모든 국민은 법 앞에 평등하다는 선언만으로는 여성이 차별받고 있는 현실을 한 치도 바꿀 수 없기 때문입니다. 여성이 한 인간으로서 존중받는 사회를 만들려면 결혼, 재산권, 상속권, 기타 가정문제에서도 남녀동등권을 보장할 수 있는 구체적인 입장을 헌법에 담아야 한다고 주장합니다.

우리가 진실로 해방과 남녀동등을 부르짖고 모든 것을 평등한 입장에서 민주주의적 국가를 건설하고자 하는 이때, 새로운 헌법이 여성에 대해서는 하등에 이렇다 할 권리를 보장하는 것이 없습니다. (…) 여자가 한 인간으로 대우를 받지 못하는 모든 사회적 폐단에 관심이 높아지고 있는 이때, 반드시 헌법이 한 가정 속 여성 지위를 보장해야 합니다. 결혼문제에서 배우자 선택은 여성의 동의로서만 비로소 성립되어야 할 것입니다. 재산권, 상속권, 기타 가족제도에서도 부부동등의 입장에 입각한다는 점을 분명하게 표시해야 합니다. 이것은 벌써 다른 나라 헌법에도 명백히 표시되어 있는 것이올시다.

– 장면, 「제헌국회 회의록」 제1회 21호

제2독회에서 권태희 의원은 38명이나 되는 의원을 설득해 수정안을 내놓습니다. 대단한 열정입니다. 제19조 다음에 "혼인은 남녀동등을 기본으로 하며 가족의 순결과 건강에 관하여서는 법률에 정하는 바에 의하여 국가의 특별한 보호를 받는다."라는 조항을 신설하자고 합니다. 여기에서 기억해 두어야 할 단어가 있습니다. 이승만 의장이 낭독한 수정안에는 분명 **가족의 순결**이라는 표현이 있습니다. 그런데도 나중에 수정안 문구가 **가족의 순결**과 **혼인의 순결** 중 무엇이 맞는지를 두고 혼란이 벌어질 것입니다. 어쨌든 수정안 설명에 나선 권태희 의원은 또다시 일장 연설을 합니다.

> 국민의 권리·의무라고 하는 가장 중요한 장에, 국가 구성의 세 가지 기본요소 중 하나인 국민 문제, 즉 혼인과 가정에 관해 침묵으로 일관한 것이 헌법이 우리에게 보여준 사실입니다. (…) 헌법 전문에는 우리들 자손의 안전과 자유와 행복을 영원히 보호할 것을 결의했는데, 이 순결한 목적을 달성하려면 국민의 권리·의무 장에 반드시 가정을 기초로 하고, 가정을 확보하며, 가정을 보호하고 가정을 보장한다는 조목이 열거되어야 합니다. 그렇지 않을 것 같으면 전문에 나타나 있는 우리 자손의 영원한 행복과 안전을 보장할 수 있을는지 의문이올시다.
>
> – 권태희, 「제헌국회 회의록」 제1회 25호

신설할 조항이 가지는 의의를 설명합니다. 남녀동권을 강조하던 이전 발언과는 약간 결이 다릅니다. 남녀동권보다는 국가 존립 기초인 가정의 평화와 행복을 보장하고 육성할 것을 더 강조합니다. 이런 변화는 아마도 수정안 통과를 위한 전략인지도 모릅니다. "암탉이 울면 집안이 망한다." 따위의 인식이 만연한 당시 분위기에서 남녀동권이라는 말에 거부감을 느낄 의원이 적지 않다고 판단해, 그들을 설득하는 데 나은 방향을 잡은 것 같습니다.

곧바로 장면 의원이 발언권을 신청합니다. 그는 권태희 의원과는 달리 남녀동권을 이루려면 이 수정안이 반드시 통과되어야 한다고 열을 올립니다. 양성평등은 혼인과 가족관계에서 시작된다고 강조합니다. 축첩 같은 악습이 유지되는 한 법률상의 권리들은 무용지물이라는 것이죠. 축첩을 막을 수 있는 규정이 반드시 헌법에 있어야 한다며 수정안을 가결해 달라고 간절히 당부합니다.

> 남녀동등을 헌법에 규정해 놓고 아무런 보장이 없어요. 남녀평등권은 가정, 혼인이라는 것에서 시작됩니다. (…) 남녀동등이 지금 법률로 보장됐다면서 불순한 축첩제도는 여전히 실행되고 있습니다. (…) 혼인에서 나타나는 문제점을 배제하지 않으면 안 된다고 봅니다. (…) 이 수정안을 여러분이 반드시 삽입해 주시기를 바랍니다.
>
> — 장면, 「제헌국회 회의록」 제1회 25호

권태희 의원이나 장면 의원 발언에 이렇다 할 반론은 없습니다. 수정안이 통과되려는 모양입니다. 장면 의원 발언 뒤 바로 표결을 합니다. 표결 결과가 이상합니다. 재석의원 162인 중 찬성 66인, 반대 61인으로 미결입니다. 드러내 놓고 수정안에 반대하는 이가 없었는데도 표결에서는 반대표를 던진 의원이 적지 않습니다. 권태희 의원은 재차 표결

헌법의 순간

에 부쳐달라고 요구합니다. 사회를 보던 이승만 의장이 다시 표결을 진행합니다. 이번에도 재석 의원 166인 중에서 찬성 64인, 반대 62인으로 또 미결됩니다.

다시 가부를 물어야 하는 상황입니다. 이 상황이 답답했는지 그제야 의원 몇 명이 의견을 보탭니다. 이번에도 조헌영 의원이 나서 입심을 뽐냅니다. 구구절절 정성을 다해 수정안 찬성을 호소합니다. 현 시국에서 중요한 사회문제는 노동자, 농민, 여성문제라고 합니다. 그중에서 노동자, 농민문제는 해결책들이 나와 있는데 여성문제는 아무런 대책도 없다고 비판합니다. 이 대목에서 고개를 끄덕이는 의원이 제법 많습니다. 중요한 사회문제를 균형 있게 다루어야 한다는 말이 와닿았던 모양입니다. 제헌의원 198인 중 여성의원이 한 명도 없는 현실은 남녀관계가 근본적으로 잘못되어 있어서 빚어진 결과고, 그 잘못은 견고한 투구와 갑옷을 걸친 남존여비 사상에 깊은 뿌리를 두고 있다고 주장합니다. 그 말을 하는 동안 여기저기에서 헛기침 소리가 들립니다.

남존여비 사상을 개척(극복)하지 않으면 안 됩니다. 또 국회 대의원 200명 중에 여자 대의원이 하나도 없다는 것도 역시 남존여비 사상의 결과라 하겠습니다. 여자 대의원 하나가 안 나왔다고 여자 문제가 얘기도 안 됐다고 하는 것은 대단히 유감된 문제인데, 이왕 거론되었으니까 여러분께서 찬동하셔서서 만장일치로 통과해 주시기를 청합니다.

– 조헌영, 「제헌국회 회의록」 제1회 25호

조헌영 의원이 만장일치 통과를 호소한 뒤, 이번에는 이윤영 의원이 맞장구를 칩니다. 1,500만 명 여성 유권자의 기대를 저버리지 말자고 호소합니다. 사회를 보던 이승만 의장까지 동조하고 나섭니다. 그는 "우리 어머니들을 생각하면 남녀동등을 넣는 것이 좋겠다."라고 합니다. '어머니들 처지'가 표심을 흔든 걸까요? 그제야 다수 의원이 찬성 쪽으로 기웁니다. 다시 진행된 표결에서 102인이 찬성하고, 19인만 반대합니다. 이렇게 헌법안에는 없던 조항 제20조가 신설됩니다.

어렵게 통과했지만, 마지막까지 문제가 생깁니다. 문구를 수정하는 마지막 제3독회에서 낭독된 제20조는 "혼인은 남녀동권을 기본으로 하며 가족의 순결과 건강은 국가의 특별한 보호를 받는다."입니다. 앞서 말한 대로 **가족의 순결**이라는 표현이 문제가 됩니다. 장면 의원은 이것이 제2독회에서 결정된 바와 다르다고 지적합니다. 제2독회에서 채택한 원문은 "혼인의 순결과 가족의 건강"인데, 갑자기 "가족의 순결과 건강"으로 바뀌었다는 것이지요. 그는 두 문구가 하늘과 땅 차이만큼 다르다며, 제2독회에서 결정한 사항을 마음대로 고쳤다고 항의합니다.

귀신이 곡할 노릇입니다. 분명 수정안 낭독 시에도 '가족의 순결'이 었는데 무엇이 바뀌었다는 걸까요? 장면 의원이 억지 주장을 하는 걸까요? 앞뒤 사정을 따져보면 이런 것 같습니다. 애초에 권태희 의원과 38인이 작성해 의원들에게 배포한 수정안 원문에는 장면 의원 말대로 **혼인의 순결**이라 적혀 있었습니다. 그 사실은 제20조를 찬성한 이윤영 의원의 발언에서 알 수 있습니다. 그는 수정안 찬성 발언을 하면서 수정 조항을 읽는데, 거기에서 혼인의 순결이라고 합니다.

국민이 이 문제에 투표하면 틀림없이 통과될 것입니다. "혼인은 남녀동권을 기본으로 하며 혼인의 순결과 가정의 건강은 국가의 특별한 보호를 받는다." 어느 하나도 우리가 부정할 것이 없습니다.

– 이윤영, 「제헌국회 회의록」 제1회 25호

　이미 의원들에게 수정안 원문을 배포는 했지만, 제20조를 심사하기 바로 직전에 수정안 문구를 다시 고친 것 같습니다. 이승만 의장은 제20조 토론에서 수정안 원문이 아니라 다시 고친 수정안을 낭독합니다. 유진오 전문위원도 수정안 제안자인 권태희 의원과 상의해 바꿨다고 설명합니다. 수정안 원문은 장면 의원 말처럼 "혼인은 남녀동권을 기본으로 하며 혼인의 순결과 가족의 건강은 국가의 특별한 보호를 받는다."가 맞다고 합니다. 당시에는 모두가 바뀐 부분에 신경을 쓰지 않다가 제3독회에서 서로 다른 부분을 발견한 것입니다. 상황이 복잡해지자 장내에서는 속기록을 확인하라는 외침이 들립니다. 의원들도 기억이 가물가물한 듯합니다.

　표현을 바꾼 절차는 문제가 있어 보입니다. 절차야 그렇다 치고, 의원들은 혼인의 순결을 왜 가족의 순결로 굳이 바꿨는지 알고 싶습니다. 당사자인 유진오 전문위원이 이렇게 해명합니다. 혼인의 순결은 혼인한 뒤의 순결이 포함되지 않는다는 인상을 주지만, 가족의 순결로 하면 혼인과 혼인 뒤의 부부관계에서도 순결 의무를 지켜야 한다는 점을 분명히 할 수 있습니다. 즉 혼인의 순결로 표현하면 혼인할 때의 순결만을 의미해 결혼한 뒤에는 축첩을 허용해도 된다고 해석할 우려가 있다는 말입니다.

이에 장면 의원은 우선 다수 의원이 제출한 수정안을 개인과 상의해 마음대로 고친 것을 나무랍니다. 내용에서도 유진오 전문위원과는 의견이 다릅니다. **혼인의 순결**은 혼인한 뒤의 순결도 내포하고 있어 축첩을 반대하는 의미를 담고 있다고 주장합니다. 김봉조 의원도 표현이 바뀌면 의미가 완전히 왜곡될 수 있다고 우려합니다. **가족의 순결**은 남녀동권보다는 오히려 가족 자체의 유지를 더 중시하는 듯한 인상을 준다는 것입니다. 가부장제 아래서 가족의 순결이라는 표현은 장남 등 아들만 호주가 될 수 있는 기존 제도를 유지하자는 것으로 받아들여질 수 있어서 의도치 않게 남녀동권을 해칠 수 있다고 주장합니다.

혼인의 순결로 할지, 가족의 순결로 할지 표결하려 하지만 수정안 원문대로 해야 한다는 의견이 많아 혼인의 순결로 결정됩니다. 혼란은 있었지만, 오히려 혼인의 순결이 어떤 의미인지를 더 분명하게 해서 다행입니다. 이렇게 애초 헌법안에 없던 새로운 조항 하나가 헌법의 순간에 태어납니다.

제20조 혼인은 남녀동권을 기본으로 하며 혼인의 순결과 가족의 건강은 국가의 특별한 보호를 받는다.

헌법의 순간, 제헌의원들은 '양성평등'이 중요한 시대적 과제라는 점에 동의합니다. 헌법기초위원회가 제출한 헌법안 심사에서 바뀐 조항이 거의 없었던 상황에서, 제20조를 새롭게 만들어 냅니다. 그만큼 성

차별 문제가 중차대한 사회문제였기 때문입니다. 유진오 전문위원도 자신의 회고록에서 "제20조가 신설된 것이 제2독회에서의 가장 큰 성과였다."라고 뿌듯해합니다. 그런데 1962년, 박정희 정권은 제헌헌법 제20조를 바꿉니다. 그간 남녀평등이 달성되어 세상이 많이 변하기라도 한 걸까요? 내막은 알 수 없으나 제헌헌법에 있던 "혼인은 남녀동권을 기본으로 하며"라는 문구를 삭제해 버립니다. 대신 "모든 국민은 혼인의 순결과 보건에 관하여 국가의 보호를 받는다."라고 하는 바람에, 제헌헌법 제20조를 만든 취지가 무색해져 버립니다. 다행히 현행헌법은 제헌헌법 제20조를 제36조로 옮겨 "혼인과 가족생활은 개인의 존엄과 양성의 평등을 기초로 성립되고 유지되어야 하며, 국가는 이를 보장한다."라고 정합니다. 문구가 약간 바뀌었을 뿐, 가족과 혼인에서 여성이 부당한 차별을 받지 않아야 한다는 제헌헌법 제20조가 지녔던 정신은 그대로 이어졌습니다.

헌법의 순간에 탄생한 제20조는 남녀가 차별 없이 서로를 존중하며 살아가는 공동체라는 지향점을 제시합니다. 물론 헌법 조항 하나로 현실이 급격히 바뀔 리 만무합니다. 오히려 저항이 만만치 않습니다. 헌법이 만들어진 이듬해, 일부 제헌의원은 제20조를 근거로 축첩공무원 자격을 박탈하는 조항을 국가공무원법에 넣으려고 합니다. 헌법에 혼인 순결이 명시됐는데, 국회의원이나 공무원이 버젓이 축첩하고 있었기 때문이지요. 모범을 보여야 할 공무원이 헌법을 무용지물로 만드는 꼴입니다. 그런데도 다수 의원이 국가공무원법 개정에 반대합니다.

여성단체들은 두고만 보지 않습니다. "축첩 공무원 물러나라!"라고 격렬히 외칩니다. 자신들 연봉 인상은 온 열정을 다 바쳐 일사천리, 만장일치로 가결하면서 여성문제는 한가롭게 더위를 피해 그늘 밑에서 부채질하듯 다룬다고 성토합니다. 그러라고 국회로 보낸 줄 아냐며 분을 삭이지 못합니다. 잦아들지 않는 여성들 목소리에 이승만 대통령도 당황합니다. 직접 나서 축첩은 문명인의 수치라는 내용의 담화문을 떨리는 목소리로 읽어 내려갑니다. 곧바로 축첩 방지법을 마련하라고 지시합니다. 그 뒤로도 축첩의 폐단은 곧장 사라지지 않습니다. 여성들도 멈추지 않고 "아내 밟은 자, 나라 밟는다!"라고 외치며 축첩을 일삼는 남성들에게 단호한 조처를 하라고 국가에 요구합니다.

헌법 제20조와 불화하며 반세기 넘게 버틴 제도도 있지요. 바로 성차별을 상징하던 호주제입니다. 호주제는 출생, 사망, 결혼 등으로 이루어지는 한 개인의 삶을 남성 호주를 중심으로 기록하는 제도입니다. 여자는 결혼하면 아내와 며느리로 종속됩니다. 여성단체들은 민법상 호주제를 폐지하려고 제헌헌법 제20조를 근거로 쉬지 않고 싸웁니다. 결국 2005년, 헌법재판소는 "오직 남성에게 가계를 승계시키는 호주제는 혼인과 가족생활을 유지해 갈 때 남녀동권을 기초로 개인과 가족의 자율적 결정권을 존중하라는 취지의 헌법 조항과 맞지 않는다."라고 위헌 판결을 합니다. 헌법의 순간, 부부 동등의 입장에서 재산권, 상속권, 기타 가족제도를 만들 근거로 탄생했지만 너무 오랫동안 유보되었던, 제헌헌법 제20조 정신이 빛을 발한 순간입니다.

이렇듯 헌법의 순간은 찰나에 그치지 않습니다. 더 자유롭고 평등한 사회를 만들려는 이들에게 늘 든든한 뒷배가 되어줍니다. 시대에 따른 새로운 해석으로 인간 존엄을 지켜온 보루가 바로 헌법입니다. 물론 그 반대 상황도 있습니다. 헌법을 근거로 변화를 가로막는 일들도 벌어집니다. 동성결혼 문제가 대표적입니다. 헌법재판소는 현행헌법 제36조, 제헌헌법 제20조에 있는 '양성평등'과 '남녀동권'이라는 단어를 근거로 동성혼을 인정하지 않습니다. 이성 간 혼인만 헌법에 걸맞다는 것이지요. 헌법의 순간, 제20조 정신이 과연 동성 간 혼인 금지를 뜻하는 것일까요? 가부장제 안에서 여성이 받던 차별을 없애 더 평등한 사회를 만들려던 조항이, 오히려 사회적 소수자의 권리를 가로막는 장벽이 되고 있다니, 참 어이없는 노릇입니다.

제헌헌법 제20조 정신이 살아나는 소리도 들립니다. 2023년 2월, 서울고등법원은 놀랄 만한 판결을 내립니다. 동성혼을 인정하지는 않지만, 동성 간 결합해 사는 이들도 사실혼 관계의 남녀가 누리는 권리와 똑같은 권리를 누려야 한다고 합니다. 동성 간 결합을 남녀 간 사실혼과 차별해서는 안 된다는 것이지요. 판결문은 이렇게 끝을 맺습니다.

누구나 어떠한 면에서는 소수자일 수 있다. 다수결 원칙이 지배하는 사회일수록 소수자 권리에 대한 인식과 이를 보호하기 위한 노력이 필요하고 이는 인권 최후 보루인 법원의 가장 큰 책무이기도 하다.

판결을 듣자니, 가슴 뭉클한 헌법의 순간이 떠오릅니다. 개인의 자유는 최대한 보장하되 약자는 돕고 강자는 억제하자는 것이 헌법의 순간을 채웠던 정신입니다.

제6장

'적어도'에 담긴 큰 힘

의무교육과 무상교육을 실시하라

유구한 역사와 전통에 빛나는 우리들 대한국민은 **기미 삼일운동**으로 **대한민국**을 건립하여 세계에 선포한 위대한 독립정신을 계승하여 이제 민주독립국가를 재건함에 있어서 정의인도와 동포애로써 **민족의 단결**을 공고히 하며 모든 사회적 폐습을 타파하고 민주주의제제도를 수립하여 정치, 경제, 사회, 문화의 모든 영역에 있어서 각인의 **기회를 균등**히 하고 능력을 최고도로 발휘케 하며 각인의 책임과 의무를 완수케하여 안으로는 **국민생활의 균등한 향상**을 기하고 밖으로는 항구적인 국제평화의 유지에 노력하여 우리들과 우리들의 자손의 **안전과 자유**와 행복을 영원히 확보할 것을 결의하고 우리들의 정당 또 자유로히 **선거**된 대표로써 구성된 **국회**에서 단기 4281년 7월 12일 이 **헌법**을 제정한다.

제헌헌법 제16조
모든 국민은 균등하게 교육을 받을 권리가 있다.
적어도 초등교육은 의무적이며 무상으로 한다.

〈검정고무신〉이라는 만화영화를 본 적이 있나요? 1960년대에 초등학교와 중학교를 다닌 기형이, 기철이 형제가 펼치는 천방지축 학교생활을 보는 재미가 쏠쏠합니다. 도시락에 늘 꽁보리밥과 장아찌 반찬만 담겨 부끄러워하는 장면은 슬프게 보입니다. 사친회비(육성회비)를 못 내 교무실에 불려가 복도에서 벌서는 모습은 짠하기도 합니다. 오늘날에는 낯선 풍경이라 이런 궁금증이 생길지도 모릅니다. "아니, 급식을 먹지 왜 도시락을 들고 다녀요? 초등학교는 의무교육인데 학교에 무슨 돈을 내요?" 격세지감입니다. 그동안 어떤 일이 있었던 걸까요? 왜 지금은 수업, 급식, 교과서가 무료일까요? 그것도 모자라 교복에 학용품까지 무료로 하자는 소리를 듣는다면 기형이와 기철이가 놀라 나자빠질지도 모릅니다. 알고 보면 그렇게 놀랄 일은 아닙니다. 무상교육은 이미 헌법의 순간에 새겨진 약속이었거든요. 기형이와 기철이가 겪은 가슴 아픈 이야기는, 헌법의 순간에 한 약속이 너무 더디게 이루어진 탓에 벌어진 비극입니다. 헌법의 순간에 어떤 약속이 있었냐고요? 그 약속을 들으러 헌법의 순간으로 가봐야겠습니다. 그 전에 **의무교육**과 **무상교육**이 무엇인지부터 알아보겠습니다.

현행헌법 제31조는 균등하게 교육받을 권리를 규정합니다. 모든 부모는 자녀들에게 적어도 초등교육과 법률이 정하는 교육을 받게 해야 합니다. 이를 의무교육이라 합니다. 의무교육이란 쉽게 말하면 강제로 교육을 받게 하는 것입니다. 강제로 교육을 받게 하려면 '공짜' 즉 '무상'이어야 이치에 맞습니다. 내 돈 내고 받는 교육을 강제로 받아야 한다면 말이 되지 않지요. 헌법도 의무교육은 무상으로 한다고 덧붙입니다. 이 헌법 조항에 따라 교육기본법 제8조는 "의무교육은 6년의 초등교육과 3년의 중등교육으로 한다."라고 정합니다. 왜 의무교육이 필요하고 왜 의무교육은 중학교까지만 하는 걸까요? 무상교육의 범위는 어떻게 정해진 걸까요?

사람은 배워야 합니다. 배워야 자신이 가진 능력과 역량을 발전시켜 더 행복하게 살 수 있습니다. 개인이 자기 능력과 역량을 마음껏 발휘할 때 개인은 물론 국가도 발전할 수 있겠지요. 흔히 교육을 나라의 백년지대계百年之大計라고 하는 이유입니다. 개인과 나라의 미래가 교육에 달린 만큼 모든 국민이 받아야 하는 기본적인 교육은 의무교육으로 지정합니다. 의무교육은 가정 형편과 상관없이 모두가 받을 수 있게 무상으로 합니다. 무상교육은 교육에 드는 모든 경비를 학생이나 학부모 대신 국가가 부담하는 제도입니다. 관건은, 의무교육의 기간과 무상교육의 범위입니다. 그 문제가 헌법의 순간에는 큰 논쟁거리가 됩니다.

헌법의 순간, 교육 문제는 국회 안팎으로 큰 관심을 받았습니다. 교육이 백년지대계이기 때문만은 아닙니다. 일제강점기를 경험한 이들은 배우지 못한 설움이 큽니다. 한국인이라서 차별받았고, 가난해서 배울 수 없었지요. 초등학교에 다니는 데도 상당한 수업료를 내야 합니다.

수업료를 낼 수 없어 초등학교도 이수하지 못한 아이가 허다합니다. 수업료를 감당하지 못해 중퇴하거나 쫓겨난 학생도 부지기수입니다.

일제강점기 시절, 그 서럽던 풍경을 〈수업료〉라는 영화가 잘 보여줍니다. 1940년에 만들어져 최근 복원된 이 영화에서, 초등학생 주인공은 집안이 몹시 가난해 수업료를 제대로 못 냅니다. 친구들에게 창피하고 선생님께 민망해 결석을 밥 먹듯 합니다. 학교에 가고 싶어 결국 큰 결심을 합니다. 평택에 사는 고모에게 찾아가 수업료를 빌리기로 한 것이지요. 도시락을 싸고 운동화를 꿰매 신고는 수원에서 60리 길을 걸어 천신만고 끝에 고모가 사는 평택에 도착합니다. 그런 서럽고 아픈 경험은 균등한 교육, 무상교육을 더 절실하게 바라게끔 만듭니다. 헌법기초위원회도 헌법초안(헌법안) 제16조에 그 꿈을 담습니다.

모든 국민은 균등하게 교육을 받을 권리가 있다. 초등교육은 의무적이며 무상으로 한다.

헌법의 순간, 모두가 균등 교육을 바랍니다. 과연 균등하게 교육을 받을 권리란 무엇일까요? 경북 예천에서 여고 교감으로 근무했던 박상영 의원이 나서서 묻습니다. 유진오 전문위원은 균등하게 교육받을 권리라고 할 때 균등이란 **기회의 균등**이라고 대답합니다. 부모가 가진 경제력이나 권력, 명성에 상관없이 배울 기회가 공평하게 주어져야 합니다. 가령 입학시험 대신 돈을 내고 입학하는 제도를 둔다면, 이는 기회 균등에 어긋나 헌법 정신을 해치는 것입니다.

헌법안은 "초등교육은 의무적이며 무상으로 한다."라고 정합니다. 초등교육을 의무교육으로 한다는 의미는 무엇일까요? 입학시험을 보지 않고도 일정한 나이에는 모두가 입학해야 합니다. 일제강점기 때의 초등학교는 돈을 내야 했을 뿐만 아니라 입학시험도 치러야 했습니다. 경쟁률이 평균 3 대 1을 넘습니다. 초등학교를 입학시험 보고 들어가면 어떤 일이 벌어질까요? 입학 전에 선행학습을 해야 합니다. 선행학습에 들여야 할 돈과 시간이 없는 아이들은 입학조차 불가합니다.

초등교육을 의무적이고 무상으로 한다는 의미를 좀 알 것 같습니다. 입학시험을 보지 않을 뿐만 아니라 돈도 내지 않고 초등학교에 다닐 수 있게 하자는 취지입니다. 어찌 된 영문인지 많은 의원은 이 조항이 마뜩잖은 모양입니다. 그럴 만한 이유가 있습니다. 헌법안 제16조가 제시한 의무교육 기간과 무상교육 범위가 문제입니다. 1941년 대한민국 임시정부가 발표한 「대한민국 건국강령」에서 규정한 수준에도 훨씬 못 미쳤던 것이지요. 이미 대한민국 임시정부는 1919년 「대한민국 임시헌장」에서 의무교육을 천명했고, 해방된 뒤의 미래 목표를 밝힌 「대한민국 건국강령」에서는 의무교육 연령과 무상교육 원칙을 구체적으로 제시합니다. 그뿐만이 아닙니다. 교과서도 무상으로 지급한다고 약속합니다.

> 6세부터 12세까지의 초등 기본교육과 12세 이상의 고등 기본교육에 관한 일체 비용은 국가가 부담하고 의무로 시행함.

이에 비하면 헌법안 제16조는 턱없이 뒤처진 내용입니다. 그 후퇴를 목격했으니, 많은 의원은 제1독회에서부터 무수한 질의와 질타를 쏟아 냅니다. 제1독회 서면질의에서 목사 출신 박순석 의원과 교사 출신 장면 의원은 우선 '의무교육 기간'을 문제 삼습니다. 왜 고작 초등교육까지만 의무교육으로 한정한 것이냐고 묻습니다. 대답에 나선 유진오 전문위원 얼굴에 난처함이 역력합니다. 하는 수 없이 현실론을 앞세워 설득해 보려고 애씁니다. 마땅히 중등교육까지도 의무교육을 해야 한다고 자락을 깝니다. 다만, 나라 상황이 어려우니 가능한 초등교육만이라도 반드시 의무교육을 하자는 취지라고 설명합니다. 의무교육은 국가가 모든 것을 지원해야 하는 무상교육인데, 중등교육까지 모두 무상으로 할 만큼 나라 살림살이가 녹록지 않다고 말하는 유진오 전문위원 목소리에 힘이 없습니다.

의무교육 시기 말고 무상 범위도 시빗거리입니다. 황호현 의원이 묻습니다. 무상 범위가 어디까지며, 수업료 이외에 내는 후원회비도 무상에 포함되냐고 꼬치꼬치 캐묻습니다. 유진오 전문위원은 즉답을 피합니다. 어떤 대답을 해도 궁색하기는 마찬가지입니다. 무상 범위의 기준을 밝히는 대신 무상인 것과 무상이 아닌 것이 무엇인지 사례만 제시합니다. 무상교육은 수업료 면제만을 의미한다고 밝힙니다. 학용품비나 후원회비는 무상이 아니어서 학부모가 부담해야 한다는 것입니다. 그가 이렇게 말한 이유는 원칙이라기보다는 현실 때문입니다. 외국은 학용품도 무상으로 지급한다는 사실을 인정하면서, 우리도 앞으로 경제가 나아지면 학용품이나 후원회비도 모두 무상으로 해야 한다고 합니다. 원칙적으로는 국가 재정이 허락하는 만큼 의무교육에 드는 필수적인 비용은 국가가 부담해야 한다며 말끝을 흐립니다.

유진오 전문위원은 후원회비를 무상의 범위에서 제외합니다. 그가 말한 후원회비는 〈검정고무신〉에서 기영이가 못 내서 쩔쩔매던 사친회비와 같습니다. 후원회비는 사친회비, 기성회비, 육성회비 같은 이름을 붙여 학교가 학부모에게 자발적 협찬 형식으로 거둔 돈입니다. 기형이가 사친회비를 못 내 벌서야 하는 걸 보면 '자진 협찬'이라는 말이 무색합니다. 나라 살림이 어렵다는 이유로 의무교육 부담을 학부모에게 반강제적으로 떠넘긴 것입니다. 물론 막 해방된 터에 나라 살림이 어렵다니 이해가 안 되는 일도 아닙니다. 그렇다면 나라 상황이 좀 나아졌을 때 후원회비는 폐지되었을까요?

후원회비는 이름만 학교운영지원비로 바뀌었을 뿐, 아주 오랫동안 거뒀습니다. 초등학교 학교운영지원비는 1997년에야 없어집니다. 2002년에 중학교 과정도 의무교육 기간에 포함되었지만, 학교운영지원비는 계속 걷습니다. 결국 2012년 헌법재판소가 헌법을 어겼다고 판결하고서야 사라집니다. 당시 헌법재판소는 무상 범위를 "모든 학생이 경제적인 차별 없이 공부하는 데 꼭 필요한 비용"이라고 정하고, 국가가 줘야 할 선생님 월급까지 학교운영지원비에서 충당하는 것은 무상 원칙에 어긋난다고 밝혔습니다. 헌법의 순간, 유진오 전문위원은 학교가 아니라 후원회가 거두니 상관없다는 듯이 말했지만, 헌법재판소 판단은 다릅니다. 학교운영지원비가 학부모 자율성 없이, 꼭 내야 하는 돈으로 자리 잡은 것도 무상의무교육에 어긋난다고 지적합니다.

유진오 전문위원이 내놓은 궁색한 설명은 오히려 논란을 더 부채질합니다. 황호현 의원은 의무교육과 무상교육을 초등교육에 한정하면 균등한 교육이 이루어지기 어렵다고 다시 반박합니다. 장면 의원도 무상의무교육을 초등교육에 한정하는 조항에 반대합니다. 그는 요새 말로 하자면 국제적 표준을 제시하면서, 초등교육까지만 무상의무교육을 시행하는 것은 부끄러운 일이라고 비판합니다.

현재의 초등교육이라고 하는 것은 대개 만 12세로 끝이 납니다. 지금 문명국에서는 모두 다 만 15세까지를 국민 의무교육 기간으로 정했습니다. 우리는 모처럼 새로운 국가로서, 다른 어느 나라와 어깨를 비교하며 나가자고 하는 이때, 국민의 의무교육이라고 하는 것을 초등교육에다가 붙들어 매어놓는 것이 매우 부당하다고 나는 주장하는 바이올시다. 이 조항만은 꼭 수정할 필요가 있다고 생각합니다.

– 장면, 「제헌국회 회의록」 제1회 21호

장면 의원 말처럼 당시에도 많은 나라가 중등교육 과정 혹은 15세나 18세까지 의무교육을 실시하고 있었지요. 가령 헌법안을 만들 때 참조한 외국 헌법 중 하나인 독일 바이마르공화국 헌법을 볼까요? 의무교육은 18세까지고 의무교육을 할 때 수업료는 면제되며 학용품은 무상으로 제공합니다. 안타깝게도 장면 의원 걱정은 공연한 것이 아니라 현실이 되고 맙니다. 그가 이 발언을 한 지 56년이 지나서야 겨우 중학교

전면 의무교육을 실시합니다.

장면 의원 발언을 끝으로 의무교육 관련 질의와 토론은 그칩니다. 그게 끝은 아닙니다. 제헌의원들이 헌법안 제16조에 얼마나 큰 불만과 관심이 있는지가 곧 드러납니다. 제2독회에 들어서자마자 제16조를 바꾸려는 수정안들이 쏟아집니다. 주기용 의원 외 49인, 최태규 의원 외 11인, 김경도 의원 외 16인, 홍순옥 의원 외 12인, 조국현 의원 외 10인이 수정안을 냅니다. 통틀어 과반수 의원이 수정안 발의에 참여한 셈입니다. 이 문제에 관심이 얼마나 높았는지 상상할 수 있겠지요? 의무교육 시기와 무상 범위를 두고 다시 격론이 벌어집니다.

여러 수정안이 쏟아지자 회의장이 술렁입니다. 사회자의 당황한 기색이 역력합니다. 토론 시간이 길어질까 걱정이 이만저만이 아닙니다. 시간을 아낄 방법을 두고 한동안 갑론을박이 이어집니다. 수정안 토론 없이 가부만 묻자거나, 원안부터 가부를 물어 원안이 통과되면 수정안은 논의 없이 폐기하자는 의견도 나옵니다. 왈가왈부하느라 보내는 시간이 더 아까울 정도입니다.

바쁘다고 토론을 생략하자고 하니, 바늘허리 매어 쓰자는 것이냐고 반발합니다. 토론과 논쟁이 없는 독회가 무슨 의미가 있냐는 불만이 터집니다. 일제강점기에 오랫동안 교사생활을 한 김봉조 의원이 나섭니다. 의견의 자유를 해칠 셈이냐고 따집니다. 아무리 바빠도 일에는 순서가 있다며, 수정안을 하나씩 논의하자고 요구합니다. 그 의견에 중학교 교장을 지낸 주기용 의원도 동조합니다. 제헌의원 절반이 넘는 114인이 유사한 수정안을 냈는데도 토론하지 않는 건 여론을 무시하는 비민주적 태도라고 딱 잘라 말합니다.

입씨름 끝에 서로 양보합니다. 토론은 하지 않는 대신, 수정안 제안 설명은 듣자고 타협합니다. 수정안들 취지가 유사하고, 수정안을 낸 의원 숫자가 절반이 넘기 때문에 요령껏 하면 제16조가 수정될 수 있는 상황이어서 조금은 양보한 듯합니다. 먼저 주기용 의원이 수정안 설명에 나섭니다. 그는 조항 전체를 수정하는 대신 의무교육 시기를 상황에 따라 융통성 있게 정할 수 있는 기발한 방법을 제안합니다. 초등교육 앞에 **적어도** 석 자를 넣자고 합니다. '적어도'는 최저기준을 제시하는 부사어입니다. 초등교육을 의무교육 최저기준으로 삼자는 것입니다. 이 세 글자를 넣으면, 헌법을 개정하지 않아도 언제든지 의무교육을 중·고등교육까지 연장할 수 있는 탄력적 조항으로 바뀝니다.

> 의무교육을 초등교육에 한정하면 헌법을 수정하기 전에는 의무교육을 연장할 수 없기 때문에, 신축성과 융통성이 있도록 이것을 개정하자는 것이올시다. (…) 제16조에서 융통성 있도록 하자면 초등교육에 한할 것이 아니라 '적어도' 그 석 자를 넣으면 될 것이올시다. 장래 우리의 국력과 우리의 민도가 향상될 그때에는 (헌법에 '적어도'가 있으니) 법률로서 간단하게 의무교육을 연장할 수 있을 것이올시다.
>
> — 주기용, 「제헌국회 회의록」 제1회 23호

주기용 의원은 의무교육을 초등교육으로만 할 때 생기는 중요한 현실적 문제도 지적합니다. 1947년부터 시행되고 있던 '미성년자노동보호법'은 만 12세 미만 아동의 노동은 완전히 금지하고, 18세 미만 아동이 할 수 있는 노동도 극히 일부로 제한합니다. 의무교육을 초등교육 12세까지만 보장하면 중학교를 진학하지 못한 아이들은 일터와 학교 어디에도 가지 못하게 됩니다. 주기용 의원은 일자리에서 밀려난 아이들에게 대책으로 교육의 기회를 주자고 합니다. 아동노동 금지와 무상 의무교육을 연계해서 생각해야 한다는 것입니다. 이렇게 저렇게 생각해봐도 상황이 되면 헌법을 바꾸지 않고도 의무교육을 즉각 확대할 수 있게 **적어도**를 넣는 것이 가장 좋은 방안이라고 다시 강조합니다.

> 지금 의무교육이 6년에 그친다면 만 12세에 마치게 되는데, 만 15세까지는 미성년자노동보호법 적용을 받게 되어, 중등학교에 취학 못 하는 15세 미만의 사람은 일도 못 하는데 어디로 가겠습니까? 아무쪼록 여기에는 직업을 가르칠 만한 기회를 국가에서 주지 않으면 안 될 것입니다. '적어도' 석 자를 넣는 것은 헌법을 빨리 통과시키기 위한, 그러한 지극한 애국정신에서 나온 것입니다. 간단한 석 자만 넣어 장래 의무교육을 6년 이상으로 할 수 있는 신축성을 보여주면 매우 좋을까 하여 최소한의 수정안을 제출한 것입니다.
>
> — 주기용, 「제헌국회 회의록」 제1회 23호

주기용 의원이 내놓은 기발한 제안에 의원들 귀가 번쩍 뜨입니다. 여기저기에서 "옳거니!" 하며 고개를 끄덕이는 이가 많습니다. 고조되는 분위기에도 사회를 보던 김동원 부의장은 인상을 찌푸립니다. 설명이 너무 길어서인가 봅니다. 단어 하나 넣자는 설명이 뭐 그리 기냐며 간단히 하자고 타박합니다. 부의장 말이 끝나자 또 다른 수정안을 설명하려고 이종근 의원이 발언대에 섭니다. 이종근 의원은 무상 범위를 확대해야 한다고 주장합니다. 수업료만 면제하지 말고 교과서와 학용품까지 무상으로 하자고 합니다. 그래야 빈부격차 때문에 생기는 교육격차를 줄일 수 있을 것 아니냐고 강조합니다.

> 요전 전문위원(유진오)은 월사금(수업료)을 면제하고자 하는 정도가 무상의 의미라고 말씀하셨습니다. 부유한 가정의 아이라면 교과서나 학용품과 같은 것을 그다지 힘들지 않고 구비할 수 있을지 모르지만 대다수 빈한한 집 아이는 대단히 괴롭게 느끼고 있는 것이 사실입니다. 무시할 수 없는 현실이올시다. 저는 이 무상교육을 월사금을 면제하는 수준을 넘어 교과서나 학용품까지도 나라에서 책임을 지고 어려운 가정에 있는 아이도 받을 수 있게 규정했으면 합니다.
>
> — 이종근, 「제헌국회 회의록」 제1회 23호

최태규 의원 외 11인이 제안한 수정안은 다른 수정안과 큰 차이가 없습니다. 마지막으로 김경도 의원 외 16인이 제안한 수정안을 설명할 차례입니다. 김경도 의원은 도시와 지방 간 교육격차가 큰 현실을 지적합니다. 도시에 살든, 지방에 살든 교육받을 균등한 기회를 누릴 수 있게 하자고 합니다. 지방에도 좋은 교육 시설을 갖추자는 말 같습니다. 그런 문제의식을 담아 제16조에 "중등 및 고등교육기관은 각 지역의 수요에 응하여 시설의 균형을 기하여야 한다."라는 문구를 달아 수정안을 제출합니다. 김경도 의원의 수정안이 가결되었더라면 지금처럼 지역 간 교육격차가 크지 않았을지도 모릅니다. 아쉬운 순간입니다.

이 조항을 넣어야만 도시로만 몰리고 농촌을 이탈하는 폐단을 막을 수가 있습니다. (…) 이 교육 시설 면을 제16조에 넣지 아니하면, 농촌 사람이나 지방 사람은 도저히 교육 혜택을 받을 기회가 없다는 것을 나는 이 자리에서 여러분에게 다시 역설하는 바입니다. 그런 까닭에 서울 부근이나 부산에 계시는 의원은 물론이고 지방 출신 의원도 이 조항을 넣어주시는 데에 동참하시기를 간절히 바랍니다.

– 김경도, 「제헌국회 회의록」 제1회 23호

조국현 의원은 중등교육까지 의무적이며 무상으로 한다는 수정안을 제출하지만 '적어도'를 넣자는 주기용 의원 수정안에 동의해 자신이 낸 수정안은 철회합니다. 수정안 표결 결과 주기용 의원 수정안만 재석의원 169인 중 87인이 찬성하여 통과합니다. 결국 헌법 제16조는 제3독회를 거쳐 "모든 국민은 균등하게 교육을 받을 권리가 있다. 적어도 초등교육은 의무적이며 무상으로 한다. 모든 교육기관은 국가의 감독을 받으며 교육제도는 법률로써 정한다."라고 확정됩니다.

헌법 제16조는 통과했지만, 조봉암 의원 걱정은 끝나지 않습니다. 의무교육과 무상교육을 담은 헌법 정신을 깊이 새겨 두고 싶은 모양입니다. 속기록에 잘 담아두라는 듯 속기사를 쳐다보고는 발언을 시작합니다. 무상이란 의무교육을 국가가 완전히 책임진다는 의미라는 점과 경제 상황이 호전된다면 의무교육을 전면 무상으로 실시하자는 약속이 있었다는 사실을 반드시 기억해야 한다고 호소합니다. 그가 기억하자고 했던 약속은 속기록에 고스란히 남겨집니다. 일부러 속기록에 남기기까지 했는데도 그 약속은 오랫동안 잠들고 맙니다. 때가 되면 없애기로 한 후원회비를 그 후로도 아주 오랫동안 납부한 걸 보면, 조봉암 의원 걱정이 단지 노파심만은 아니었나 봅니다.

> 시방 소학교 학생이 내는 후원회비가 월사금의 수십 배, 수백 배가 됩니다. 무상으로 한다는 의미가 거의 없습니다. 그래서 "국가가 그 의무를 진다."라는 조항은, 국가가 완전히 의무를 지는 것이라고 해석하지 않으면 안 된다고 저는 믿고 있습니다. 이 헌법을 제정하는 정신이 어디에 있는 것인지가 기록에 남아야 한다는 의미에서 특별히 이 말씀을 드린 것입니다.
>
> — 조봉암, 「제헌국회 회의록」 제1회 27회

헌법의 순간, 제16조에 **적어도**라는 세 글자는 이렇게 탄생합니다. 그 단어 하나가 헌법 정신을 고스란히 담고 있지요. 최소한 초등교육 6년간은 무상의무교육을 실현하고 나라 경제가 나아지면 점차 중등교육으로 무상교육의 범위를 확대하자는 약속입니다. '적어도'라는 단어 하나로 헌법을 고치지 않고도 의무교육과 무상교육 범위를 확대하자는 약속을 언제든 지킬 수 있게 한 것입니다.

그 정신을 망각한 걸까요? 아니면 '적어도'가 마음에 걸렸던 걸까요? 박정희가 군사정변으로 정권을 잡은 후 개정한 1963년 헌법은 '적어도'를 아예 삭제해 버립니다. 그 후로 10년 뒤에야 '적어도'는 헌법에 다시 등장합니다. 그러면서 무상의무교육 확대 실시는 자꾸 늦춰집니다. 2005년에야 무상의무교육을 중학교까지 늘립니다. 그나마 '적어도' 석 자가 있어서 헌법을 바꾸지 않고도 늘릴 수 있었지요. 세 글자를 삽입한 제헌의원들의 지혜가 빛나던 순간입니다. 그렇더라도 자신들의 약속이 이토록 늦게 이루어질 줄은 몰랐겠지요?

조봉암 의원이 잊지 말라고 했듯이, 확대될 의무교육은 '완전한 무상'을 의미했습니다. 그 약속에도 불구하고 헌법의 순간으로부터 70년이 지난 지금도 여전히 무상 범위는 논란입니다. 현재 초·중등교육법은 입학금, 수업료, 학교운영지원비, 교과서비만을 무상으로 정하고 있습니다. 급식, 교복, 학용품, 교재, 통학비, 체험학습비 등도 완전히 무상으로 하자는 주장은 여전히 논란에 시달립니다.

글쎄요. 70년 전 헌법의 순간, 다른 나라는 학용품도 무상으로 지급하고 있는 상황을 부러워하던 유진오 전문위원의 마음이 느껴집니다. 나라가 못 살아 그럴 수 없는 상황을 안타까워하던 슬픈 표정도 눈에 선합니다. 1인당 국민소득이 70달러에도 못 미쳐 아이들이 제대로 교육을 못 받는 가난한 나라 현실이 얼마나 아팠을까요?

그로부터 70년이 지난 지금, 대한민국은 1인당 국민소득이 3만 달러가 넘는 선진국의 반열에 올랐습니다. 그런데도 무상교육을 하는 범위와 질은 국제적 수준에 한참 못 미칩니다. 대학까지 무상으로 가르치는 유럽 국가들이 부럽기만 합니다. 선진국 대한민국은 어떤 이유로 70년 전 약속, "나라가 잘살게 되면 의무교육을 확대하고 의무교육은 완전히 무상으로 하자."라던 그 다짐을 지키지 못하고 있는 걸까요? 교육 균등을 누구보다 간절히 바랐던 조소앙의 외침은 왜 아직도 먼 나라 이야기처럼만 들리는 걸까요?

아이마다 대학을 졸업하게 하오리다!
우유 한 병씩 먹고 집 한 채씩 가지고 살게 하오리다!

제7장

민족의 양심으로

친일파 청산 의지가 담긴 제101조

유구한 역사와 전통에 빛나는 우리들 대한국민은 **기미 삼일운동**으로 **대한민국**을 건립하여 세계에 선포한 위대한 독립정신을 계승하여 이제 민주독립국가를 재건함에 있어서 정의인도와 동포애로써 **민족의 단결**을 공고히 하며 모든 사회적 폐습을 타파하고 민주주의제제도를 수립하여 정치, 경제, 사회, 문화의 모든 영역에 있어서 각인의 **기회를 균등**히 하고 능력을 최고도로 발휘케 하며 각인의 책임과 의무를 완수케하여 안으로는 **국민생활의 균등한 향상**을 기하고 밖으로는 항구적인 국제평화의 유지에 노력하여 우리들과 우리들의 자손의 **안전과 자유**와 행복을 영원히 확보할 것을 결의하고 우리들의 정당 또 자유로히 **선거**된 대표로써 구성된 **국회**에서 단기 4281년 7월 12일 이 **헌법**을 제정한다.

제헌헌법 제101조

이 헌법을 제정한 국회는 단기 4278년 8월 15일 이전의 악질적인 반민족행위를 처벌하는 특별법을 제정할 수 있다.

1945년 8월 15일. 광복입니다. 빼앗긴 들녘에 봄이 다시 찾아왔습니다. 영원할 것 같았던 식민지배가 마침내 끝납니다. 그 순간, 한국이 되찾은 빛을 두려워하는 이들이 있습니다. 광복이 찾아왔는데도, 그들은 빛이 들지 않은 어둠 속으로 숨어듭니다. 영락없이 동굴에 갇혀 살아야 했던 박쥐 신세를 알고 있었기 때문일까요?

이솝 우화는 박쥐가 어둡고 축축한 동굴 속에서만 살게 된 내력을 알려줍니다. 길짐승과 날짐승이 대판 싸움을 벌입니다. 날짐승과 함께 살던 박쥐는 승기를 잡은 길짐승에게 달려갑니다. 자신은 원래 길짐승이라며 길짐승 편이 되어 싸웁니다. 그러는 사이 전세가 기울어 날짐승이 승리합니다. 이제 박쥐의 운명은 어떻게 될까요?

날짐승들은 박쥐가 한 짓을 똑똑히 기억합니다. 고난의 시기에 동족을 버렸습니다. 그 변절과 배신으로 겪은 아픔은 뼈에 사무쳤습니다. 배신자를 향한 원성이 하늘을 찌릅니다. 어떻게 해야 다시 서로를 믿고 화합할 수 있을까요? 무엇을 해야 다시 질서를 바로잡을 수 있을까요? 날짐승들은 박쥐에게 형벌을 내립니다. 동굴 깊은 어둠 속에서만 평생을 살게 합니다. 공동체를 배반한 책임이 실로 무겁습니다.

일제강점기에도 박쥐 같은 이들이 활개를 칩니다. 일제에 빌붙어 주권을 넘겨주고, 나라를 팔아먹으며, 동족을 수탈한 친일파가 바로 그들입니다. 누구는 징용으로 끌려가 골병들고, 누구는 일본군 '위안부'로 끌려가 짓밟히고, 누구는 감옥에 끌려가 고문받고, 누구는 독립군이 되어서 생사를 넘나들 때, 그들은 일제 앞잡이 노릇을 합니다. 일제의 군인이 되어서 독립군을 소탕하고, 순사가 되어서 애국자를 잡아 가둡니다. 높은 관료가 되어서 부귀영화를 누리고, 악독한 관리가 되어서 동족의 피눈물을 짜냅니다. 그들은 왜 그랬을까요? 영화 〈암살〉에 그들이 입에 달고 산 변명이 잘 나옵니다. 이정재 배우가 연기한 염석진은 왜 일제 앞잡이가 되었냐고 묻자 이렇게 답합니다.

몰랐으니까, 해방될지 몰랐으니까!

박쥐도 날짐승이 이길 줄 몰랐습니다. 그래서 배신했지요. 승패를 모를 싸움이라고 다 박쥐처럼 살지 않습니다. 승리를 확신할 수 없는 싸움일 망정 목숨까지 바쳐가며 동료와 공동체를 지킨 날짐승의 귀에는 박쥐의 변명이 너무나 초라하게 들립니다.

땅을 되찾은 봄의 들녘, 빛을 되찾은 광복의 나라는 아주 부산합니다. 아무리 바빠도 일에는 선후가 있는 법이지요. 씨를 뿌리기 전에 밭을 갈아야 합니다. 정치·사회·경제 모든 분야에서 새로운 틀을 짜야 하지만, 먼저 민족과 나라를 배신한 친일파들에게 책임을 물어야 합니다. 그들을 합당하게 처벌해야 대한민국이 대일항쟁 정신으로 설립된 대한민국 임시정부를 계승한 나라라고 당당히 내세울 수 있습니다. 헌법의 순간, 그 유명한 제헌헌법 제101조, 반민족행위자 처벌조항이 만들어진 이유입니다.

이 헌법을 제정한 국회는 단기 4278년(1945년) 8월 15일 이전의 악질적인 반민족행위를 처벌하는 특별법을 제정할 수 있다.

놀랍게도 헌법기초위원회가 헌법초안(헌법안)을 만들 때 원안으로 삼은 유진오 전문위원과 행정연구회 공동안에는 반민족행위자 처벌조항이 없습니다. 반면, 권승렬 전문위원이 제출한 참고안에는 "헌법 실시 전 반역행위는 법률로써, 그 행위 당시에 소급하여 처벌할 수 있다."라는 조항이 있습니다. 헌법기초위원회는 권승렬 위원의 참고안에 있는 이 조항을 헌법안 제100조에 넣습니다. 그 과정에서 적지 않은 논란이 있었던 모양입니다. 언론 보도로 그 사실을 알 수 있습니다. 헌법기초위원회가 반민족행위자 처벌조항을 논의하던 날, 이 조항이 삽입되었다고 보도한 기사, 유보되었다는 기사가 혼재했습니다. 무엇인가 논란이 있기는 있었던 모양입니다.

궁금합니다. 광복과 함께 분출한 친일파 청산 요구가 왜 논란거리가 되었을까요? 왜 애초에 행정연구회와 유진오 공동안에는 친일청산 조항이 아예 빠졌을까요? 헌법안에는 어떻게 반민족행위자 처벌조항이 들어갈 수 있었을까요? 헌법의 순간, 이 조항을 두고 어떤 논란이 일었을까요?

해방 직후, 친일파 청산 요구는 그야말로 봇물 터지듯 터집니다. 친일파와 민족 반역자들이 처벌될 것이라는 국민 기대도 아주 높습니다. 이런 민심에 발맞춰 정당들은 자체적으로 친일 행위자를 파악하고 명부를 작성하면서 반민족행위자 숙청 운동에 앞장섭니다. 그렇게 친일파 청산 분위기는 한껏 끓어오르지만, 미군정은 딴 길을 갑니다. 친일 경찰과 조선총독부 관리들을 불러 모아 군정에서 함께 일합니다. 반면, 독립군 출신들은 찬밥 취급을 받았습니다. 미군정은 현직 경찰 중 경위 이상 고위급 82%를 일제 경찰 출신들로 채웁니다. 경찰뿐만이 아닙니다. 군부, 경제계, 학계, 법조계도 마찬가집니다. 울화통이 터질 일입니다. 제 민족에 망나니짓을 하던 일제 부역자와 친일파들이 해방된 나라에서도 옷만 갈아입고 떵떵거리는 꼴을 봐야 하니, 왜 그렇지 않겠어요?

제 버릇 개 못 준다고, 해방된 나라에서도 일자리를 구한 친일파와 반민족행위자들은 몹쓸 짓을 계속합니다. 1946년 10월 1일 대구에서는 식량이 부족해 연명하기도 힘들어 먹고 살게 해달라는 민중 시위가 벌어지고, 이를 친일 경찰들이 무자비하게 진압합니다. 국민 분노가 커질 대로 커지자 남조선 과도 입법의원은 바삐 '민족반역자 부일협력자 간상배에 대한 특별조례', 이른바 '친일파 숙청법'을 제정합니다. 남조선 과도 입법의원은 미군정에 참여하기 위해 한국인 대표들로 구성한 입법자문기구이지요. 미군정은 남조선 과도 입법의원이 제출한 친일파 숙청법 인준을 거부해 끝내 무산시켜 버립니다. 남조선 과도 입법의원이 정식으로 한국민을 대표하는 기관이 아니라는 이유를 들먹이면서요. 정부가 수립된 뒤에 다시 논의하라며 이 문제를 일단락 짓습니다.

해방과 함께 찾아올 줄 알았던 친일파 청산은 이렇게 늦춰집니다. 한참이나 지연된 친일파 청산은 이제 국민이 직접 선출한 제헌의원들이 풀어야 할 숙제입니다. 그들은 선거유세를 다니며 들었던 외침을 똑똑히 기억합니다. "친일파 청산!" 그 소리가 헌법의 순간, 국회 회의장 안에서 울려 퍼지리라 국민은 학수고대합니다.

그런데 이게 웬일입니까? 헌법기초위원회에서 헌법안을 마련하려고 펼쳐 든 유진오 전문위원과 행정연구회 공동안에는 친일파 청산조항이 안 보입니다. 놀라 나자빠질 일입니다. 왜 친일파 처벌조항을 넣지 않은 걸까요? 짐작 가는 바가 없는 건 아닙니다. 행정연구회는 제헌의회 부의장을 맡은 신익희가 해방 직후인 1945년 12월에 만든 조직입니다. 그는 해방된 나라를 한시라도 빨리 안정시키고 정부를 수립하려면 친일 관료들이 가진 지식과 경험이 필요하다고 생각합니다. 행정연구회에 친일 관료 출신 인사를 대거 참여시켜 각종 제도와 헌법초안까지도 준비합니다.

헌법초안 작성에 참여했던 친일파가 과연 자신을 처벌하는 조항을 넣으려고 했을까요? 그럴 리가 만무합니다. 오히려 그들은 친일파 청산 작업을 방해하는 데 앞장섭니다. 일제강점기 때 법조계 관료를 일했고 행정연구회에서 헌법초안 마련에 주도적인 역할을 한 장경근이라는 인물이 대표적입니다. 그는 일제강점기에 판사로 근무합니다. 미군정 때에도 판사로 활동합니다. 제헌헌법에 따라 '반민족행위처벌법(반민법)'이 제정되면서 자신의 친일 행적이 문제 되자 판사직을 사임합니다. 이승만은 1949년 그를 다시 내무부 차관에 앉힙니다. 내무부 차관이 된 그는 '반민족행위자 특별조사위원회(반민특위)'를 해체하는 데 혁혁한 공을 세웁니다.

헌법기초위원회는 권승렬 전문위원 참고안에 있던 친일 행위 처벌조항을 헌법안 제100조에 담습니다. 당시 헌법기초위원회 분위기를 유진오 전문위원은 회고록에서 이렇게 전합니다.

누가 그것을 먼저 주장하고 나섰던지는 지금 기억이 없으나 그때의 정세로는 누구든지 그것을 주장하기만 하면 아무도 반대할 수 없었다.

그렇습니다. 친일·반민족행위자의 처벌은 누구도 반대할 수 없는, 국민 여망에 부응하는 시대정신입니다. 본회의에서도 그 분위기는 그대로 이어집니다. 반민족행위자 처벌조항이 반드시 있어야 한다는 주장에 반대하는 이는 드뭅니다. 그렇다면 친일파 처리를 두고 제헌의회에서는 어떤 말이 오갔을까요? 왜 반민족행위자를 처벌할 수 있는 특별법을 만드는 대신 꼭 헌법에 친일파 처벌조항을 넣으려 했을까요?

제1독회에서 제100조와 관련한 질의는 크게 두 가지입니다. 윤석구 의원, 황현호 의원 등 5인은 헌법이 아니라도 국회가 특별법을 만들어 처벌할 수 있지 않냐고 묻습니다. 또 왜 해방 이전 악질적 행위만을 처벌하고 해방 뒤에 민생을 도탄에 빠트린 간상배 범죄를 처벌한다는 내용이 없는지도 따집니다. 간상배는 부당한 방법으로 사리사욕만 채워 민생을 파탄시키고 경제를 망가뜨린 자를 이르는 말입니다. 국민은 먹고살기조차 힘들고, 나라 경제는 파탄지경인데, 비열하게 자기 잇속만 챙기는 자들이 얼마나 미웠겠습니까?

답변에 나선 권승렬 전문위원은 제100조를 둔 이유를 법리적으로 설명합니다. 지금 법을 만들어 과거 범죄를 처벌하면 헌법안 제22조가 정한 소급입법 금지의 원칙, 즉 "모든 국민은 행위 시의 법률에 의하여 범죄를 구성하지 아니하는 행위에 대하여 소추를 받지 아니한다."라는 원칙을 어기게 된다는 점을 우선 지적합니다. 나중에 특별법을 만들더라도 헌법에 특별한 예외 규정을 만들어 두어야 소급입법 금지의 원칙을 어겼다는 논란을 피할 수 있다고 알려줍니다. 아울러 해방 이전으로 한정한 이유는 해방 이후에 저지른 범죄는 현행 법령에 따라 얼마든지 처벌할 수 있기 때문이라고 합니다. 법률가 권승렬 전문위원 말을 한 번 들어볼까요?

법률 원칙상, 과거에는 적법했던 행위를 새로 제정된 법으로 소급 적용해 처벌할 수는 없습니다. 이 문제 하나를 해결하려고 이 조문이 들어있습니다. 즉 일제시대에는 당시 법령으로 범죄가 아니라는 것을 그 뒤에 소급해 범죄라고 할 수가 있는가, 없는가? 그것은 법리상으로는 안 된다고 합니다. 그러나 우리는 그것을 그대로 볼 수가 없습니다. 또 다른 나라의 선례를 보더라도 민족정기에 위반하는 일, 자기 나라를 파멸에 인도하는 사람들을 그대로 내버려 두지를 않았습니다. 그것을 어떻게 하느냐? 그것을 규정한 것입니다. (…) 그리고 해방 이후의 모리배나 악질적 행위라 하는 그 이후에 대해서는 지금 현행법이 있습니다. 탐관오리에 대해서는 거기에 대한 처벌 법령이 있고, 모리배에 대해서는 거기에 대한 처벌하는 규정이 있습니다. 일본 사람들이 조선 사람을 강제한 그 당시에 그 사람들이 한 행동에 대해서는 법이 없었으니까, 지금 만들어서 올라가면 소급이 됩니다. 여기에 있어서는 특별법이 없으면 안 된다는 의미에서 제 100조가 필요가 있을 것입니다.

– 권승렬, 「제헌국회 회의록」 제1회 19호

권승렬 전문위원이 지나가듯 언급했지만, 실제로 제2차 세계대전 이후 해방된 국가 대부분은 민족 반역자를 처벌합니다. 4년간 나치독일에 점령당한 프랑스가 대표적입니다. 드골 정부는 1944년 파리 해방 이후 전국에 나치 협력자 재판소를 설치해 나치 협력자를 처벌합니다. 사형만 767건이 집행되고, 징역형을 선고받은 협력자도 2만 명이 넘습니다. 형사 처분에만 그치지 않습니다. 시민권을 박탈당하거나 직장에서 파면당한 사람도 수만 명에 이릅니다. 이를 알고 있는 권승렬 전문위원은 해방 뒤 곧바로 처벌하지 못한 반민족행위자들을 그대로 두어서는 안 된다는 속마음을 내비친 것입니다.

서면질의 대답이 끝나자 노일환 의원이 질의에 나섭니다. 그는 제헌의회에서 친일파 청산에 앞장선 소장파 기수입니다. 헌법안 제100조가 의무 조항이 아니라는 점이 마음에 걸린 모양입니다. "악질적인 반민족 행위를 처벌하는 특별법을 제정할 수 있다."라는 문구가 재량 조항이라서, 즉 의무가 아니라 선택사항처럼 읽히니 대단히 소극적으로 보였

헌법의 순간

나 봅니다. 실제로 법조문에서 '할 수 있다'는 문구는 해도 좋고, 안 해도 그만으로 읽힙니다. 그 점이 못내 마음에 걸려 노일환 의원은 전 민족이 가장 주시하고 있는 문제이니만큼 '하여야 한다'처럼 의무 조항으로 확정하자고 요구합니다. 권승렬 전문위원은 질문 취지와는 달리 엉뚱한 답변을 합니다. 법률불소급 원칙을 벗어나려고 이 조항을 두었다는 말만 반복합니다. 헌법의 순간, 그들이 한 물음과 대답은 서로 엇나갔지만, 나중에 그들이 다시 만났을 때는 의기투합 합니다. 반민족행위자 특별조사위원회가 구성되자 권승렬 전문위원은 특별검찰부 부장으로, 노일환 의원은 차장으로 함께 일하게 되지요.

제2독회에서도 반민족행위자 처벌조항에는 큰 이견이 없습니다. 제1독회에서는 8·15 광복 이전 범죄만 처벌할 것인지, 아니면 8·15 광복 이후 범죄도 처벌할 것인지가 쟁점이 됩니다. 이에 두 가지 수정안이 제출됩니다. 제1수정안은 "이 헌법을 제정한 국회는 이 헌법 제정 이전에 악질적인 반민족적 행위를 처벌할 특별법을 제정한다."입니다. 제2수정안은 "이 헌법을 제정한 국회는 단기 4278년 8월 15일 이전에 악질적인 반민족적 행위자와 단기 4278년 8월 15일 이후의 악질적인 간상배를 처벌하는 특별법을 제정할 수 있다."입니다. 제1수정안은 시점을 헌법 제정 이전으로, '할 수 있다'를 '한다'로 바꿨습니다. 제2수정안은 광복 이전 반민족행위자와 광복 이후 간상배를 모두 처벌하자고 합니다. 먼저 조규갑 의원이 제2수정안 찬성을 독려합니다.

8·15 이전의 반민족행위자는 물론 8·15 이후의 악질적인 간상배도

삼천만 대중이 공동으로 다 미워합니다. 그런즉 건국을 좀먹은 악질적 간상배는 전 민족이 미워하는 것입니다. (…) 그들을 처벌해서 민족적 정기를 바로잡자는 의미에서, 여러분이 일치 협력하여 찬동해 주시기 바랍니다.

— 조규갑, 「제헌국회 회의록」 제1회 26호

의문이 생깁니다. 해방 이전 친일파 청산도 어려운 판에 해방 이후 간상배까지 처벌하자는 이유가 뭘까요? 해방 이후, 간상배와 모리배가 친일파와 손잡아 부정부패와 부조리한 악행을 일삼았기 때문입니다. 일리 있는 주장이지만 우려도 있습니다. 조규갑 의원의 설명에서도 우려스러운 대목이 보입니다. 해방 뒤에 혼란을 일으킨 자들까지 처벌하자고 나서면 반민족행위자 문제를 자칫 이념대결로 몰아가 물타기 할 가능성이 큽니다. 어쩌면 친일파 청산을 못마땅하게 여기는 의원들은 이런 상황을 바랄지도 모릅니다. 이어서 수정안 찬성 발언에 나선 조옥현 의원 발언도 그런 우려를 낳기에 충분합니다. 그는 8월 15일 이전 이후를 가릴 것 없이 모든 반민족행위를 처벌할 수 있는 조항을 두자고 합니다. 8월 15일 이전 반민족행위는 분명하지만, 8월 15일 이후 반민족행위는 모호합니다. 정부 수립을 방해한 좌익세력을 반민족행위자로 몰지 말란 보장이 없습니다.

분위기는 한껏 달아오릅니다. 반민족행위자를 청산하자는 수정안을 힘차게 설명하자 여기저기서 옳다며 소리칩니다. 그 순간, 분위기가 뒤집힙니다. 신현돈 의원과 이정래 의원이 수정안에 반대하고 나섰기 때

헌법의 순간

문입니다. 반민족행위 처벌 자체가 떫은 듯합니다. 이유가 뭘까요? 그들이 반대하는 논리는 이렇습니다. 우선 그 유명한 망민법閻民法 논리입니다. 그물이 넓고 촘촘하면 아무나 걸려들 수 있습니다. 반민족행위자를 처벌하는 조항 및 법안을 그런 그물로 치부합니다. 그런 법이라면 안 걸려들 사람이 없어 다수가 공포심을 갖게 된다는 것이죠. 아울러 이념문제로 물타기도 합니다. 친일파 처벌이 민족 분열을 초래한다는 논리도 등장합니다. 모두를 포용해 혼란을 막아야 한다고 합니다.

> 법이라는 것은 너무 많이 만들어 놓으면 소위 망민 제도라 했습니다. 그물에 많이 걸릴 수 있으면 민중에 공포심이 일어나는 것입니다. 민족 진영에 있는 사람은 좌익 진영을 반역자라고 규정하는가 하면, 좌익 진영에 있는 사람은 민족 진영에 있는 사람을 반역자라고 합니다. 반민족행동이라는 규정은, 주관적 관념에 따라서 다른 것입니다. 장차 우리가 정부를 조직하고 모든 잘못을 처벌하려고 할 때는 관대하게 포용하는 정치적 아량이 없어서는 안 됩니다. 또 이러한 문구를 시행한다고 하면 정부가 조직된 후 무한한 혼란을 일으키겠다는 것을 생각해야 할 줄 압니다.
>
> — 신현돈, 「제헌국회 회의록」 제1회 26호

신현돈 의원 주장은 귀담아들을 필요가 있습니다. 반민족행위자 처벌을 반대하는 주요 논리를 모두 담고 있기 때문입니다. 먼저 반민족행위자를 처벌하는 법은 망민법이 될 것이라는 주장을 검토해봅시다. 반민족행위처벌법이 제정되면 "면장이고 구장이고 동장이고 반장이고 모두를 잡아넣을 수 있게 되어있어 온 국민을 그물로 옭아맨다."라며 공포를 유발합니다. 둘째, 친일파 청산 문제를 이념대립의 쟁점으로 몰아갑니다. "친일파 청산을 주장하는 국회의원들은 빨갱이"라는 선동이 횡행합니다. 끝내 선동에 그치지 않습니다. 헌법에 따라 반민법 제정을 주도했던 소장파 의원들을 간첩으로 몹니다. 북한 지원과 지령을 받고 움직였다는 거짓말로 국회 프락치 사건*을 조작해 감옥살이를 시킵니다. 셋째, 정부를 수립한 후 친일파를 청산하자고 주장합니다. 인적 자원이 부족한 상황에서 친일파를 모두 처벌하면 나라를 운영할 사람이 없다는 논리입니다. 넷째, 빈대 잡으려다 초가삼간 다 태우는 격으로 나라를 혼란에 빠뜨린다는 주장입니다. 이젠 과거를 잊고 모두 멀쩡히 살고 있는데 왜 긁어 부스럼을 내느냐는 투정입니다. 다섯째, 민생우선론입니다. 먹고 살기도 힘든 마당에 왜 한가하게 친일파 청산을 운운하냐고 합니다. 거리에 나가면 배고파 못 살겠다며 밥 달라 옷 달라 하는 사람은 있어도, 친일파 때문에 못 살겠으니 친일파를 청산하자고 말하는 사람은 없다고 합니다. 이 논리들이 그때부터 시작해 지금까지 친일파들을 지켜주는 든든한 방파제가 되었습니다.

가라앉은 분위기를 뚫고 김병회 의원이 "8·15 광복 이후 반민족행위자도 처벌하자."라는 제2수정안 동의에 나섭니다. 해방 전까지 변호

---

* 1949년 5월부터 1950년 3월까지 남조선노동당의 프락치 활동을 했다는 혐의로 현역 국회의원 10여 명이 검거되고 기소된 사건이다. 재판 과정에서 피고인 모두는 혐의사실을 부인했으나, 재판부는 고문으로 인한 허위증언과 검증되지 않은 암호문서를 근거로 1950년 3월 14일에 국회의원 13명에게 유죄를 선고했다.

헌법의 순간

사로 활동한 그는 8·15 광복 이후 반민족행위를 헌법이 아닌 현행법으로 처벌할 수 있다는 주장이 현실을 모르는 소리라고 주장합니다. 미군정 법률에는 민족 양심에 입각해서 반민족행위를 처단할 법률이 없었다고 합니다. 더 나아가 8·15 광복 이전보다 8·15 광복 이후의 반민족행위가 더 나쁘다는 주장도 덧붙입니다. 경주 출신 이석 의원은 해방된 나라에서 매국적 행위를 한 것은 더 엄히 다스려야 한다고 말합니다. 그러려면 원안에서 "단기 4278년 8월 15일 이전"이라는 문구를 없애 시기를 제한하지 말자고 합니다. 기자 생활하다 무소속으로 제헌의원이 된 이구수 의원도 거들고 나섭니다. 8·15 광복 뒤에도 진정한 독립을 방해하는 행위가 비일비재하다고 고발하면서 이를 절대로 그대로 두어서는 안 된다고 북받친 감정을 숨기지 않습니다. 이런 분위기에서도 반민족행위자 처벌조항에 뜨악한 표정을 거두지 않는 이들이 있습니다. 대동청년단 소속으로 해남에서 당선된 이성학 의원은 노골적으로 친일파 청산에 반대하고 나섭니다. 반민족행위자 처벌조항 자체를 없애자고 합니다. '선 통일, 후 친일파 청산'이라는 논리를 내세웁니다. 이 조항이 필요하기는 하지만, 통일 뒤에 다시 법률로 만들면 된다며, 제헌헌법에는 이 조항을 넣지 말자고 합니다. 북한에서 애국자라고 하는 이들도 남한에서는 매국노가 되는 상황이니만큼 통일 정부를 수립하고 나서 친일파를 숙청하자고 합니다.

어수선한 분위기 속에서 토론은 거의 마무리가 됩니다. 사회를 보던 신익희 부의장이 수정안 표결을 진행합니다. 분위기는 팽팽합니다. 수정안 두 개를 각각 표결한 결과 찬반 모두 과반수에 못 미칩니다. 다시 수정안 토론을 하려는 신익희 부의장에게 조헌영 의원이 의사 진행 절차를 문제 삼아 따집니다. 수정안이 미결되었으니 먼저 원안을 표결에 부쳐 미결이나 부결될 때 다시 수정안 토론에 들어가야 한다고 알려줍니다. 이에 신익희 부의장이 자신이 착각했다며 조헌영 의원 지적대로 원안을 표결에 부칩니다. 표결 결과 재석의원 154인 중에 찬성 85인, 반대 34인으로 제100조는 원안 그대로 통과됩니다.

통과는 되었지만, 표결 결과는 좀 충격적입니다. 압도적인 찬성표로 통과될 줄 알았는데, 찬성표가 간신히 과반수입니다. 물론 수정안을 통과시키려고 원안에 반대나 기권을 했을 수도 있습니다. 그러나 수정안 표결에서도 반대가 많았던 것을 보면, 가타부타 말은 없었지만 내심 친일파 청산에 반대하는 국회의원이 적지 않았던 것 같습니다. 친일파 청산 과업에 드리워진 먹구름을 암시라도 하는 듯합니다.

원안대로 통과된 제100조는 이후 제20조가 신설되어 제101조로 옮겨져 제3독회에 제출됩니다. "제101조 이 헌법을 제정한 국회는 단기 4278년 8월 15일 이전의 악질적인 반민족행위를 처벌하는 특별법을 제정할 수 있다." 제3독회에서 이종근 의원이 "할 수 있다"를 "한다"로 고치자고 다시 요구합니다. 이에 서상일 의원은 "할 수 있다"라고 해야 법리상 옳다고 맞섭니다. 이종근 의원도 물러서지 않습니다.

"할 수 있다"라고 하면 해도 그만 안 해도 그만입니다. 악질적인 반민족행위를 처벌하는 특별법은 절대로 제정해야 할 것입니다. 일반 국민이 이 특별법을 얼마나 기다리고 있는지 아십니까? 그러므로

"제정한다"로 바꿀 것을 동의합니다.

– 이종근, 「제헌국회 회의록」 제1회 28호

서상일 의원도 법리상 맞지 않다는 입장을 고수합니다. 우선 '한다'로 고치는 것은 이미 제2독회에서 부결된 사안이라며, 회의 규칙을 제대로 좀 알라고 질책합니다. 부결되었으면 다시 동의할 수 없다는 것이지요. 또 불소급원칙의 예외 조항을 두는 것이기 때문에 '할 수 있다'로 해도 괜찮다는 논리를 내세웁니다.

> 이것은 법리적으로 불소급의 원칙으로 규정된 특별법입니다. 그런 까닭에 '할 수 있다'로 해도 괜찮은 것이에요. '한다'를 안 붙이더라도 상관없어요. 그렇게 법률상에 위반되는 것을 기어이 고칠 필요가 무엇이 있습니까? (…) 제2독회에 부결된 문제예요. 부결된 것을 다시 여기서 말하면 어떻게 합니까? 정신들 차리고 잘 생각해서 말해 주세요. 제2독회에서 부결되었어요.

– 서상일, 「제헌국회 회의록」 제1회 28호

정신들 차리라는 말이 좀 지나쳤나 봅니다. 흥분한 의원들이 낭자하게 소리칩니다. 와글와글하는 소리에 누가 누군지 분간할 수 없어 속기사도 '장내 소란'이라고만 씁니다. 그 와중에 김명동 의원이 발언대에 나서, 왜 못 고친다는 것이냐며 따집니다. 이때 사회를 보던 이승만 의장이 나서 제2독회에서 부결된 것이니 문제 삼지 말고 다음으로 넘어가자고 상황을 정리하려 합니다. 이종근 의원이 재청, 삼청에도 불구하고 그냥 넘어가는 것은 위법이라고 항의하지만 이승만 의장은 부결된 것을 더는 문제 삼지 말라며 논의를 끝냅니다.

헌법의 순간은 새로운 시작의 순간입니다. 제헌의원들은 새로운 시작을 위한 선결 과제가 일제강점기에 저지른 반민족행위 청산이라고 여깁니다. 국민 요구와 기대도 한없이 높습니다. 원한과 분노가 컸고 나라 상황이 혼란스러웠지만, 친일파 처벌을 사법적 절차에 따라 신속하고 질서 있게 하려는 노력이 제101조를 만들어 냅니다. 제101조가 정해지고 친일파 청산을 향한 열망이 높아지자 사람들은 흥분합니다

조국과 동족을 좀먹었던 친일파, 민족반역자에 대한 불타는 원한과 울분을, 이제 태극기가 날리는 하늘 아래 우리 소리쳐 푸는 날이 돌아왔다. (…) 이 땅 모든 산천초목이, 또한 말없이 흐르는 구름마저 반민족행위자들에 대한 원한으로 밤이나 낮이나 불타고 있다.

－『서울신문』「민족의 이름으로 반역자는 처단된다!!」(1949.01.11.)

친일파들은 어떤 처벌을 받았을까요? 제101조는 사법적 절차에 따라 잘 실현되었을까요? 헌법의 순간이 지나자 상황은 급변합니다. 헌법의 순간에는 숨죽이고 있던 친일파들이 속내를 감추지 않습니다. 헌법 제101조에 근거해 만들려던 반민족행위처벌법에 온갖 딴죽을 겁니다. 이승만 대통령까지 반민법을 반대합니다. "이런 문제로 민심을 이산시킬 때가 아니오." 지금까지 이어지는 '친일파 청산은 국론분열'이라는

선동의 뿌리가 바로 이승만 대통령이었다니, 놀랍습니다. 국회에서 반민법을 제정하려고 본회의를 진행하던 날, 2층 방청석에서는 누군가 "반민족행위자 처벌을 주장하는 놈은 공산당의 주구(走狗, 사냥개)다!"라고 쓰인 협박 전단을 뿌립니다. 욱일기를 반공 깃발로 바꿔 든 친일파들이 활개를 치기 시작한 것입니다. 이제 친일파들은 반공 깃발을 난공불락의 요새로 삼습니다.

진통을 뚫고 반민법은 헌법의 순간으로부터 약 두 달이 지난 1948년 9월 7일 국회를 통과합니다. 103인이 찬성하고 6인이 반대합니다. 이게 끝이 아닙니다. 이번에는 이승만 대통령이 법안 거부권을 행사하려고 합니다. 상황은 이승만의 뜻대로 돌아가지 않습니다. 거부권을 행사해 법안을 국회로 돌려보내도 국회가 재의결하여 통과할 것이 뻔합니다. 이승만은 울며 겨자 먹기로 법안에 서명합니다. 제헌헌법이 만들어진 후 국회에서 세 번째 법률이 탄생하는 순간입니다.

반민법은 망민법이 될 것이라는 우려와 달리 친일파 범위를 최소화합니다. 사회적 안정을 염두에 둔 것이지요. 국권침탈에 주도적으로 협력했거나 일제 고등경찰로서 독립운동자나 그 가족을 체포, 고문, 학살한 자, 일제의 민족말살정책을 나서서 도운 자만을 처벌 대상으로 삼습니다. 이런 자들을 철저히 조사하고 밝혀내 처벌하려고 반민족행위 특별조사위원회(반민특위)도 설치합니다. 반민특위가 만들어지자 언론들은 "반민족행위자 처벌의 날이 박두하게 되었다."라며 흥분을 감추지 못합니다. 사람들 기대는 이루 말할 수 없이 큽니다.

반민특위가 활동하기 시작했으나 친일파들의 저항은 상상 그 이상이었습니다. 친일파 소굴이던 경찰은 더 강력하게 저항합니다. 반민특위 위원들을 암살하려는 짓도 서슴지 않습니다. 심지어 반민법을 만드는 데 앞장서거나, 반민특위에서 일한 제헌의원을 납치해 북한과 결탁한 것으로 조작하는 짓도 벌입니다. 급기야 무장경찰이 반민특위 사무실을 쳐들어가는 사건까지 일어납니다. 우여곡절 끝에 반민특위는 활동에 들어간 지 1년여 만에 해체되고 맙니다. 반민법도 전쟁 와중이던 1951년 끝내 폐지됩니다.

이제 팔다리가 다 잘린 헌법 제101조는 제헌헌법 속 유물로만 남게 됩니다. 그마저도 일제강점기 때 만주군관학교를 나온 박정희가 쿠데타로 권력을 잡자마자 조항 자체를 삭제해 버립니다. 일본 식민지배에 협력해 독립운동을 방해했던 친일파들이, 해방된 나라에서 반민특위를 해체하고, 반민법을 폐지하고, 마침내 제헌헌법 제101조까지 지워 버립니다. 가슴을 치고 땅을 칠 노릇입니다.

이렇게 제101조는 헌법의 순간 잠깐 나타났다 사라집니다. 반민법 폐지와 반민특위 해체로 제101조가 좌초하면서 결국 반민족행위자 처벌은 무산됩니다. 반민특위가 실형을 선고한 자는 불과 열 명이었고, 이들도 반민법이 폐지되면서 모두 풀려납니다. 이런 현실이 역사적 비극을 낳았습니다. 친일 세력은 면벌부라도 받은 양 활개를 치며 대한민국을 장악합니다. 급기야 그들은 친일파 청산 시도 자체를 비난합니다. 국가를 혼란에 빠뜨리고 국민을 분열한 바보짓으로 조롱합니다. 그 조롱은 지금까지도 이어지고 있습니다. 최근에도 한 유력한 정치인이 "해방 뒤 반민특위로 인해 국민이 분열했다."라고 말할 정도입니다.

민족정기와 정의를 바로 세우려고 만든 제헌헌법 제101조를 두고 국민 분열을 운운하니 참 안타깝습니다. 그런 조롱 속에서도 제헌헌법 제101조의 정신은 면면히 이어집니다. 친일반민족행위 진상을 밝히려는 노력은 끊이지 않습니다. 노무현 정부는 2004년 '일제강점하 반민족행위 진상규명에 관한 특별법'을 만들고 친일반민족행위 진상규명위원회를 구성합니다. 진상규명위원회가 조사를 벌여 1,006명의 이름이 등록된 친일파 명단도 발표합니다. 궁금합니다. 지금에 와서 친일청산 노력이 무슨 의미가 있을까요? 여러분은 그 의미가 무엇이라고 생각하나요?

헌법의 순간 만들어진 제101조에 담긴 정신을 떠올려 봅니다. 그 정신은 무엇일까요? 동료들과 공동체를 괴롭히고 망가뜨리면서 자기 이익만을 좇은 박쥐가 동굴 속 어둠에 갇힌다는 이야기를 우화가 아닌 역사적 사실로 만드는 것, 그래서 잘못된 역사를 되풀이하지 말자는 결심, 그것이 헌법의 순간 새겨진 제101조의 정신이 아닐까요?

제8장

사람을 사람으로 대우하라

신체의 자유, 고문받지 않을 권리

유구한 역사와 전통에 빛나는 우리들 대한국민은 **기미 삼일운동**으로 **대한민국**을 건립하여 세계에 선포한 위대한 독립정신을 계승하여 이제 민주독립국가를 재건함에 있어서 정의인도와 동포애로써 **민족의 단결**을 공고히 하며 모든 사회적 폐습을 타파하고 민주주의제제도를 수립하여 정치, 경제, 사회, 문화의 모든 영역에 있어서 각인의 **기회를 균등**히 하고 능력을 최고도로 발휘케 하며 각인의 책임과 의무를 완수케하여 안으로는 **국민생활의 균등한 향상**을 기하고 밖으로는 항구적인 국제평화의 유지에 노력하여 우리들과 우리들의 자손의 **안전과 자유**와 행복을 영원히 확보할 것을 결의하고 우리들의 정당 또 자유로히 **선거**된 대표로써 구성된 **국회**에서 단기 4281년 7월 12일 이 **헌법**을 제정한다.

제헌헌법 제9조

**모든 국민은 신체의 자유를 가진다.
법률에 의하지 아니하고는 체포, 구금, 수색, 심문,
처벌과 강제노역을 받지 아니한다. 체포, 구금, 수색에는
법관의 영장이 있어야 한다. 단, 범죄의 현행 범인의
도피 또는 증거인멸의 염려가 있을 때에는 수사기관은
법률의 정하는 바에 의하여 사후에 영장의 교부를
청구할 수 있다. 누구든지 체포, 구금을 받은 때에는
즉시 변호인의 조력을 받을 권리와 그 당부의 심사를
법원에 청구할 권리가 보장된다.**

2002년 독일 프랑크푸르트에서는 세계를 깜짝 놀라게 한 사건이 벌어집니다. 경찰청장이 부하에게 범인을 고문하라는 명령을 내렸다는 사실이 알려집니다. 독일 사회는 큰 충격에 빠졌고, 격렬한 논쟁이 일어납니다. 어떤 일이 있었던 걸까요?

범인은 11세 아이를 유괴한 뒤 곧바로 죽입니다. 시체를 숨겨 둔 채 뻔뻔하게도 아이 부모에게 약 12억 원(100만 유로)을 받아냅니다. 경찰은 돈을 받는 현장에서 범인을 체포하지 않고, 아이를 숨겨 둔 곳을 알아내려고 범인을 뒤따릅니다. 범인은 아이를 숨겨 둔 곳이 아니라 공항으로 향합니다. 외국으로 도망가려는 속셈입니다. 하는 수 없이 경찰은 범인을 붙잡아 아이가 있는 장소를 말하라고 합니다. 범인이 말한 몇 군데를 찾아보지만, 거기에 아이는 없습니다. 계속 추궁하자 범인은 아예 입을 닫아 버립니다. 아이가 이미 죽은 줄 모르는 경찰 속은 타들어

갑니다. 한시라도 빨리 아이가 있는 곳을 알아내야 했습니다. 결국, 경찰청장은 고문해서라도 아이가 있는 곳을 알아내라는 지시를 합니다. 지시를 받은 경찰관은 자백하지 않으면 약물을 사용해 괴롭게 할 수 있다고 범인에게 겁을 줍니다. 겁에 질린 범인은 그제야 아이가 죽었다는 사실과 시신이 있는 장소를 털어놓습니다.

범인은 살인죄로 종신형을 선고받습니다. 문제는 그다음부터입니다. 수사 과정에서 고문 위협이 있었다는 사실이 언론에 폭로됩니다. 담당 경찰관들은 "아이를 구하기 위한 정당한 행위"라고 주장했으나 범인의 변호사는 고문 위협은 명백한 인권침해라고 맞섭니다. 나아가 고문 협박으로 자백한 것이니 범인이 무죄라고 주장합니다. 상황이 이렇게 되자 독일인의 의견도 갈립니다. 고문 위협은 위급한 상황에 놓여있는 아이를 구하기 위한 정당한 조치였다는 의견과 어떤 때에도 고문 위협은 허용될 수 없다는 주장이 팽팽히 맞섭니다. 독일 법원은 어떤 결론을 내렸을까요? 여러분은 어떤 쪽에 손을 들어주고 싶은가요?

참 어려운 문제입니다. 이런 일이 어쩌다 우연히 생긴 문제가 아니라는 사실을 고려하면 더욱 난감합니다. 국가가 제 역할을 할 때 언제든지 발생할 수 있는 문제입니다. 국가는 국가 안전과 사회 질서를 지켜야 하는 동시에 개인의 자유와 인권도 보장해야 합니다. 그 일을 하라고 국민은 국가에 큰 권한과 힘을 맡깁니다. 그 권한과 힘으로 나라도 지키고 질서도 유지합니다. 개인 간 폭력을 막고 법을 어긴 사람은 처벌합니다. 문제는 그 막강한 힘이 언제든 자유와 인권을 해칠 수 있다는 점입니다. 국가 안전이나 다수 이익을 보호한다는 명목으로 개인의 신체적, 정신적, 물질적 자유가 손상될 수 있습니다.

안전이냐 자유냐, 그것이 문제입니다. 둘 사이 충돌을 막기는 무척 어렵습니다. 자유를 내세우면 안전과 질서가 위험해지고, 안전에 치중하면 자유가 위협받습니다. 화해 불가능해 보이는 그 둘을 조화시킬 수 있을까요? 국가의 보호와 국가로부터의 자유가 동시에 가능할까요? 그 둘은 화해할 수 있을까요?

개인의 자유에 한계가 있듯 국가의 권한에도 한계를 두어야 합니다. 공공 질서와 안전을 지키려면 자유를 제한할 수 있듯이 자유를 지키려면 국가 권한도 제한해야 합니다. 바로 헌법이 그 한계를 결정합니다. 헌법은 국가 권한도 정해 두지만, 국가가 침해해서는 안 되는 기본권도 분명히 규정합니다. 국가가 그 경계를 무너뜨리고 기본권을 해칠 때, 그것을 '국가폭력'이라고 부릅니다.

정부에 반대하거나 권력자에 저항한다고 컴컴한 지하실로 끌고 가 피투성이를 만들었을 때, 불량스럽다는 이유로 시민들을 잡아다 강제로 노역을 시켰을 때, 사회 혼란을 미리 막겠다고 야간통행을 금지했을 때, 근거도 없이 의심된다는 이유만으로 마구잡이로 가방을 뒤지고 잡아갔을 때, 국가는 늘 국가 안전과 질서를 명분으로 내세웠습니다. 이제 보면 모든 것이 헌법이 보장한 신체의 자유를 훼손한 국가폭력입니다.

신체의 자유란 무엇일까요? 간단히 말하자면 신체의 자유로운 활동을 보장한다는 의미입니다. 동시에 국가가 한 개인 신체에 어떤 이유로든 제재를 가해서는 안 된다는 원리입니다. 신체의 자유가 왜 중요할까요? 신체의 자유가 인권의 근원이자 출발이기 때문입니다. 신체의 자유가 없는 인권이란 말장난에 불과합니다. 마치 표현할 자유를 주지 않으면서 생각할 자유는 주겠다는 것만큼이나 공허하고 부질없습니다. 거대한 폭력에 짓눌려 공포에 휩싸인 한 개인을 상상해 보세요. 공포에 짓눌린 사람한테 어떤 자유나 권리가 주어진다 한들 무슨 소용이겠습니까? 헌법이 다른 기본권에 앞서 신체의 자유를 상세히 정하고 있는 까닭입니다.

헌법의 순간, 신체의 자유는 특별히 중요하게 여겨집니다. 충분한 이유가 있습니다. 일제강점기 때 경험한 핍박이 몸과 마음에 지워지지 않은 상처로 남아 있습니다. 옛날이야기 속 우는 아이는 "호랑이 온다!"라고 말하면 울음을 그치지요. 일제강점기 때는 호랑이보다 더 무서운 존재가 있습니다. 바로 순사! 우는 아이도 "순사 온다!"라는 말에는 울음을 딱 그쳤답니다. 일본 순사는 법원 영장 없이도 조선인을 잡아다 길게는 10일까지 가두고 수사할 수 있습니다. 그렇게 가두고, 남녀를 맞바꾸는 일 빼고는 뭐든 다 할 수 있을 정도라는 가혹한 고문을 서슴없이 자행합니다. 한국인들은 그 일상적인 폭력에 맞섰습니다. 그 저항에는 "우리도 사람이다."라는, 인권 회복을 향한 외침이 담겨 있었습니다. 폭력에서 해방되었으니 얼마나 기뻤을까요? 헌법의 순간에도 사람이 사람답게 대접받는 나라를 만들자는 열기로 가득합니다.

헌법기초위원회는 헌법초안(헌법안) 제9조에 신체의 자유를 담습니다. 신체의 자유는 국민이 누려야 할 기본권 중 으뜸입니다. 국가는 정당한 공권력을 쓸 때도 반드시 원칙과 절차를 지켜야 합니다.

헌법의 순간

모든 국민은 신체의 자유를 가진다. 법률에 의하지 아니하고는 체포, 구금, 수색, 심문, 처벌과 강제노역을 받지 아니한다. 체포, 구금, 수색에는 법관의 영장이 있어야 한다. 단, 범죄의 현행 범인의 도피 또는 증거인멸의 염려가 있을 때에는 수사기관은 법률의 정하는 바에 의하여 사후에 영장의 교부를 청구할 수 있다. 누구든지 체포, 구금을 받은 때에는 즉시 변호인의 조력을 받을 권리와 그 당부의 심사를 법원에 청구할 권리가 보장된다.

우선 **죄형법정주의**를 지켜야 합니다. 말은 어렵지만 원리는 간단합니다. 법이 없으면 범죄도 없고 처벌도 없습니다. 그 법은 하늘이 내린 계율이 아닙니다. 국민 스스로의 약속입니다. 국민을 대신해 국회가 먼저 법을 만들어야 합니다. 법은 무엇이 범죄이고 어떤 처벌을 받는지 정해야 합니다. 법이 하지 말라고 정한 것을 어겨야 죄가 됩니다. 국가가 자의로 죄를 정하거나 처벌해서는 안 됩니다.

사전영장주의 절차도 지켜야 합니다. 수사기관은 직접 수사를 담당하기 때문에 수사를 용이하게 하려고 체포나 구금을 마구잡이로 할 수 있습니다. 죄가 없는데 체포나 구금을 당하면 얼마나 억울하겠어요. 범인 백 명을 놓치더라도 억울한 사람 한 명이 고통받지 않아야 합니다. 한 명이라도 억울한 일을 당하지 않게 체포나 구금을 할 때는 꼭 법원이 사전에 충분히 살핀 뒤에 영장을 내줄지 판단해야 합니다. 여기에는 단서가 붙습니다. 현행범 또는 도피나 증거인멸이 우려되는 범인은 우선 체포하고 나중에 영장을 받을 수 있게 예외를 둡니다. **구속적부심사**

제도도 있습니다. 체포나 구속되었더라도 억울하다고 생각하면 법관에게 한 번 더 신체를 구속할 필요가 있는지 판단을 구할 수 있습니다.

이 신체 자유 조항을 두고 어떤 논쟁이 오갔을까요? 우선 세 의원이 서면질의서를 제출합니다. 조항 형식을 문제 삼습니다. "너무 세세한 절차까지 구체적으로 정해 두어서 헌법이 아니라 형사소송법 같다."라고 지적합니다. 헌법이란 추상성을 특징으로 하는 만큼 헌법에 이래라저래라 구체적이고 많은 규정을 두는 건 문제가 있다고 지적합니다. 사실 헌법기초위원회에서도 이 조항을 두고 형사소송법 사항이라며 반대하는 사람이 많았지만 몇몇 의원이 설득해 헌법안에 넣었습니다.

변호사 출신의 법률 전문가인 권승렬 전문위원은 어떻게 답변했을까요? 먼저 형사소송법에 가깝다는 지적엔 수긍합니다. 그런데도 이 조항을 둔 이유가 있다며 조곤조곤 설명합니다. 인권보호가 헌법이 추구해야 할 가장 중요한 가치라고 새삼 강조하면서, 인권을 해치지 못하게 절차까지 정해 두었다고 합니다. 즉 절차는 법률로 정해도 되지만 일제강점기 때 신체의 자유를 유린당한 역사적 경험이나 신체 자유의 중요성을 따져볼 때, 헌법이 절차까지 정해 둘 필요성이 크다고 주장합니다. 나중에 제정될 형사법의 방향성을 아예 헌법에 정해 둔 것이지요. 조항 형식 문제는 이렇게 쉽게 마무리됩니다.

곧바로 심각한 논쟁이 이어집니다. 먼저 **고문받지 않을 권리**가 헌법에 없다는 점이 불거집니다. 고문은 범죄 자백을 받아내려고 정신과 신체를 괴롭혀 신문하는 행위입니다. 포문을 연 이는 일제강점기 때 신흥

무관학교*에서 토론부장을 지낸 배헌 의원입니다. 그는 일제강점기에도 가장 큰 인권 문제였던 고문 관련 조항이 왜 헌법에 없냐고 따집니다. 신체의 자유 조항에 고문받지 않을 권리는 반드시 들어가야 한다고 목소리를 높입니다. 지금도 고문이 뻔히 자행되고 있는데 왜 고문 문제를 소홀히 하냐는 것입니다. 실제로 미군정 시절에도 경찰 폭행과 고문으로 눈 뜨고 볼 수 없는 참상이 계속 일어나 적잖이 문제가 되었지요. 언론이 고문 피해 사실을 보도하면 경찰은 "고문을 받았다는 증거를 내놓아라." 따위의 적반하장으로 대응하거나, 악질분자를 고문하는 것은 어쩔 수 없다는 궤변을 늘어놓습니다. 이런 상황에 눈감기라도 하듯 헌법에 고문 금지 조항까지 빼다니, 답답해 미칠 노릇입니다.

> 제9조에 있는 심문 관련 조항에는 고문도 포함이 되는가? 만일 고문하고 연관이 있는 것이라면 고문이라는 문자를 왜 뺐는가? 실지 현실로 보아서 고문이라는 것이 사실 없지 않은데 (…)
>
> — 배헌, 「제헌국회 회의록」 제1회 18호

신체의 자유 조항에 고문받지 않을 권리는 왜 언급되지 않은 걸까요? 권승렬 전문위원은 고문은 위법한 범죄행위이니 법에 따라 처벌하면 된다고 대수롭지 않게 넘깁니다. 고문으로 어떤 피해를 입히면 상해

---

* 1919년 5월 3일 만주에 설립되었던 독립군 양성학교로, 만주와 중국에서의 항일투쟁을 이끈 지도자를 많이 배출했다.

죄이건 상해치사죄이건 법적 처벌을 받게 된다는 것이죠. 이런 답변은 옹색합니다. "고문이 위법행위이기 때문에 형법으로 처벌하면 된다." 라는 말은, 형사소송법에 두어도 될 형사절차 조항을 인권을 보호하려고 헌법에 넣어 두었다는 설명과는 앞뒤가 맞지 않습니다. 그뿐 아닙니다. 그가 헌법기초위원회에 제출한 참고안 제24조에는 "공무원의 고문과 잔학한 행위는 금지한다."라는 조항이 있습니다. 유진오 전문위원과 행정연구회가 제출한 공동안 제23조에도 "고문과 잔혹한 형벌은 금한다."라고 되어 있습니다. 고문 금지를 헌법에 넣으려고 했던 것입니다. 더욱이 일제강점기에 고문을 서슴지 않았던 일본도 제2차 세계대전 패전 이후 개정한 헌법에 고문 금지 조항을 넣습니다. 1946년에 공포된 일본국 헌법에는 "제36조 공무원에 의한 고문과 잔인한 형벌을 금지한다."라는 조항이 있습니다. 이 고문 금지 조항은 권승렬 전문위원의 참고안에 있는 내용과 같습니다.

이쯤 되면 해명해야 할 것 같습니다. 왜 헌법기초위원회는 헌법안에 고문을 금지한다는 내용을 넣지 않았을까요? 권승렬 전문위원은 말하지 못했으나 고문 금지 조항을 넣지 않은 진짜 이유가 있지 않을까요? 고문 금지 문제가 헌법기초위원회에서 분란의 씨앗이었다는 소문은 이미 파다합니다. 고문 금지를 헌법에 담지 못한 데는 분명 어떤 이유가 있는 듯합니다.

김준연 의원을 중심으로 한민당계 기초위원들은 고문 금지 조항을 극렬히 반대합니다. 어느 때보다 치안이 중요한 때에 고문을 금지하면 범죄 수사가 어려워질 거라 주장합니다. 고문이 필요하다는 말을 대놓고 하다니 무서울 따름입니다. 이 무서운 주장을, "인권보다는 한국이 처한 특수한 상황"을 근거로 들먹이며 정당화합니다. 물론 이 주장이 그대로 받아들여진 것은 아닙니다. 격렬하게 맞선 이들도 있습니다. 조봉암 의원도 그중 한 명입니다. 고문은 문명국이라면 마땅히 금지해야 한다며, 부끄러운 줄 알라고 질타합니다. 헌법이 그런 반문명적인 고문을 막아야 한다면서 한 치도 물러서지 않습니다.

헌법기초위원 간 팽팽한 논쟁은 표결로 마무리됩니다. 결과는 11 대 10입니다. 고문 금지 조항을 따로 넣지 말자는 쪽이 1명 더 많습니다. 그렇게 헌법안 제9조에 '고문 금지' 관련 문구는 빠집니다. 표결에 분을 삭이지 못한 조봉암 의원은 고문 금지 조항을 반대한 김준연 의원에게 이렇게 쏘아붙입니다.

고문과 잔혹한 형벌은 당연히 금지해야 할 것이다. (…) 이 천하가 언제나 너의 천하가 될 줄 아느냐?

그 길로 회의장을 박차고 나간 조봉암 의원은 헌법기초위원회 회의에 다시는 얼굴을 보이지 않습니다. 하늘을 쓰고 하는 도리질도 끝이 있는 법입니다. 영원히 아무 거리낌 없이 자기 세상인 듯 교만하게 굴수는 없습니다. 조봉암 의원 말대로 세상이 뒤집혀, 박정희 쿠데타 세력이 천하를 온통 쥐고 흔듭니다. 뒤집힌 세상에서 김준연 의원은 야당 의원 신세가 됩니다. 대통령 말을 듣지 않으면 여당의원들도 잡아다가 코털을 뽑고 몽둥이찜질을 했으니, 야당의원은 두말할 것도 없습니다.

그깟 신체의 자유는 개나 주라던 그런 시절이었습니다. 1964년 김준연 의원은 집권 여당인 공화당이 한일협상 과정에서 1억 3,000만 달러를 받아서 정치자금으로 썼다고 폭로합니다. 공화당은 허위사실 유포와 명예훼손 혐의로 그를 고소하고, 검찰은 곧바로 구속동의안을 국회에 제출합니다. 이때 야당의원이던 김대중이 김준연을 구합니다. 한국 국회 역사에서 가장 유명한 5시간 19분 필리버스터* 사건이었습니다. 김대중 의원은 "도주와 증거인멸의 우려도 없고 증거도 충분치 않은 상황에서 구속하려는 것은 헌법 위반"이라며, 신체의 자유를 보장하라는 말을 해가 저물도록 그치지 않습니다. 김준연 의원도 그때쯤엔 신체의 자유가 얼마나 중요한지 새삼 느끼지 않았을까요?

어쨌든 조봉암 의원이 고문 금지에 온 힘을 쏟는 장면은 숙연하기까지 합니다. 그가 고문 금지를 호소하며 허공을 향해 손을 내지를 때마다 잘린 손가락이 눈에 밟힙니다. 그는 누구보다 고문의 야만성을 잘 알고 있습니다. 1932년, 조봉암은 일제 경찰에 체포되어 신의주 형무소에서 모진 고문을 당합니다. 그 고문에 손가락 7개가 잘려나갑니다. 손가락은 잘려나갔지만, 꺾이지 않는 마음으로 광복을 맞이했습니다. 광복된 나라가 인간 존엄을 가장 빛나는 가치로 여기기를 누구보다 간절히 바랐을 것입니다.

헌법의 순간, 제9조에 고문받지 않을 권리는 결국 들어가지 못합

---

* 의회 안에서 합법적인 수단을 활용하여 의사 진행을 고의로 저지하는 행위를 의미한다. 장시간에 걸친 연설이나 출석 거부, 동의안이나 수정안의 연속 제의, 형식적인 절차의 철저한 이행 등이 있다.

니다. 하지만 끝이 아닙니다. 형사 피고인의 권리를 규정한 헌법안 제23조 토론에서, 고문받지 않을 권리 문제가 다시 불거집니다. 충북 단양 출신의 무소속 의원, 조종승은 제9조 대신 제23조에 "고문과 잔혹한 형벌을 금한다."라는 항목을 넣자는 수정안을 제출합니다. 그가 한 수정안 설명을 들어볼까요?

> 과거 36년간 너무나 억울한 일이 많았습니다. 대다수 선량한 사람 중 고문받은 이가 많았고, 또 해방 뒤에도 고통을 받은 사람이 많은 것이 사실입니다. 이런 내용을 헌법에 넣는 것이 정당치 못하다고 생각할는지 모르지마는 우리가 현실을 볼 때 이것을 넣어야 일반 민중의 미혹을 없애고, 이후 경찰관과 형사의 고문 집행을 제재하는 것이 좋다고 생각해서 이것을 넣었습니다.
>
> — 조종승, 「제헌국회 회의록」 제1회 25호

고문 금지를 제9조에 넣는 데에 실패한 배헌 의원 얼굴이 다시 환해집니다. 가물에 단비를 만난 듯 조종승 의원 수정안을 반깁니다. 내친 김에 몇 마디 덧붙여 제안까지 합니다. 조종승 의원 수정안이 고문 금지를 사법 측면에서만 한정하고 있는 것 같아 아쉽다며, 고문이 행정하는 공무원들에게서도 벌어지니 고문 금지를 행정 영역까지 확대하자고 합니다. 이 제안이 새로운 것은 아닙니다. 헌법기초위원회에 제출된 권승렬 전문위원의 참고안 제24조에 이미 담겨 있습니다.

이 제안에 대해서 찬동하는 한 사람이올시다. 여기에는 사법 면만 표시했지만 지금 현실을 보면 행정 면에서도 고문을 발견할 수가 있습니다. 그런 고로 '고문과 잔혹'이라 적힌 부분 아래에다 '공무원' 석 자를 넣는 것이 가장 타당하지 않을까 생각하고 있습니다. 제안자가 허락한다면 이 제안에다가 공무원 석 자와 함께 '참혹한 형벌을 절대로'라는 문구를, '절대로'라는 단어를 거기다가 넣기를 바랍니다.

— 배헌, 「제헌국회 회의록」 제1회 25호

'절대로'를 반복하여 강조하는 배헌 의원 말에서 간절함이 느껴집니다. 그 간절한 호소는 달걀로 바위를 치듯이 무위로 끝납니다. 제23조에 고문 금지 조항을 넣자는 수정안은 재석의원 166인 중 고작 41인의 찬성표만 받습니다. 이 결정으로 헌법의 순간, 고문 금지 조항은 헌법 어디에도 쓰이지 못합니다.

세상일은 요지경입니다. 제헌헌법에 담지 못한 고문 금지 조항은 고문의 황금기였던 박정희 독재정권에서 헌법 조항으로 부활합니다. 1962년 5차개헌 이후 제정된 제6호 헌법에서는 "제10조 2항 모든 국민은 고문을 받지 아니하며, 형사상 자기에게 불리한 진술을 강요당하지 아니한다."라고 규정합니다. 이 헌법 조항이 생긴 지 고작 2년이 지난 1964년, 슬픈 사건이 벌어집니다. 박정희 정권은 창자가 튀어나올 정도의 가혹한 고문으로 간첩을 만들어 8명을 사형합니다. 바로 인민혁명당 사건입니다. 굴욕적인 한일회담에 반대하는 학생 시위를 북한 지령을 받은 인혁당이라는 지하조직이 뒤에서 부추겼다는 누명을 씌웁니다. 이 사건에 연루된 피고인 26명 대부분은 발가벗긴 채 물과 전기로 참을 수 없는 심한 고문을 당합니다. 그 모습이 얼마나 처참했는지 지켜본 교도관은 이런 고백을 합니다. "공산당은 저렇게 수사를 받아야 하는가? 확실히 공산주의자라는 사전탐지가 있었다면 저렇게 가혹한 고문을 가할 필요는 없지 않은가?" 헌법이 그렇게 장식품이 될 수 있다는 사실이 참 슬픕니다.

다시 헌법의 순간으로 돌아가 볼까요? 헌법안 제9조에서 고문 금지 조항 추가 여부보다 더 큰 쟁점은 따로 있습니다. 바로 사전영장제도에 있는 단서 조항입니다. 경찰이 사람을 체포하거나 가두려면 법관에게 사전에 영장을 받아야 합니다. 그것을 사전영장제도라고 합니다. 여기에는 예외가 있습니다. 때에 따라 우선 체포하고 나중에 영장을 받을 수 있습니다.

> 단, 범죄의 현행 범인의 도피 또는 증거인멸의 염려가 있을 때에는 수사기관은 법률의 정하는 바에 의하여 사후에 영장의 교부를 청구할 수 있다.

이번에도 배헌 의원이 먼저 나섭니다. 그는 단서 규정이 너무 막연하고, 더욱이 **사후**라는 말이 모호해 인권을 쉽게 침해할 것이라고 비판합니다. 먼저 체포했다면 언제까지 영장을 받아야 하는지, 얼마 동안 가두어 둘 수 있는지를 확실히 해야 한다고 주장합니다. 권승렬 전문위원은 사후라는 말이 막연하기는 하지만 그 한계를 법률에 정한다고 했으니 그리하면 될 것이라고 답합니다. 법률에다가 사후에 영장을 청구해야 하는 기한을 짧게 해 두면 인권침해 소지를 줄일 수 있다는 말이겠지요. 두 사람의 대화를 보겠습니다.

> "단 범죄의 현행 범인의 도피 또는 증거인멸의 염려가 있을 때에는 수사기관은 법률의 정하는 바에 의하여 사후에 영장의 교부를 청구할 수 있다." 여기서 '사후'라는 것은 막연하다는 말입니다. 한계를 좀 명백히 말씀해 주시기를 바랍니다.
>
> – 배헌, 「제헌국회 회의록」 제1회 18호

> '사후'라고 한 것은 퍽 막연한 것 같이 말씀하셨는데 역시 퍽 모호한 것 같습니다. 그러나 그 위에 "법률의 정하는 바에 의하여"라고 하였으므로 분명히 명시된 법률이 나올 것입니다. 법률이 나오면 명료하게 될 것입니다.
>
> – 권승렬, 「제헌국회 회의록」 제1회 18호

권승렬 전문위원 말처럼 나중에 제정된 형사소송법은 그 '사후'의 기간을 분명히 합니다. 체포했으면 그때부터 48시간 안에 법원에 구속영장을 청구해야 합니다. 그 시간 내에 영장을 발부받지 못하면 즉시 석방해야 합니다.

사후라는 단어 말고도 모호한 것은 또 있습니다. 이번에는 사후에 영장을 받아도 되는 '상황'이 문제가 됩니다. 헌법안에서 제시하는 "현행 범인 경우, 범인의 도피가 염려되는 경우, 증거인멸이 염려되는 경우"라는 조건이 너무 막연합니다. 어떤 죄인지, 얼마나 중한 죄인지 묻지도 따지지도 않고 도피나 증거인멸이 염려된다는 이유만으로 체포나 구금이 가능하다면, 너무 자의적으로 잡아 가둘 수 있는 것 아닐까요?

차경모 의원이 자리에서 일어납니다. 〈모란이 피기까지는〉으로 유명한 시인 김영랑(김윤식) 후보를 이기고 전남 강진에서 당선된 인물입니다. 단상에 오른 그는 아니나 다를까, 단서 조항을 문제 삼습니다. 아예 단서 조항을 없애자고 합니다. "모든 국민은 신체의 자유를 가진다. 법률에 의하지 아니하고는 체포, 구금, 수색, 심문, 처벌과 강제노역을 받지 아니한다. 체포, 구금, 수색에는 법관의 영장이 있어야 한다."로 족하다는 겁니다. 단서 조항은 악용될 소지가 크다며, 일제강점기 때 인권을 유린당한 기억을 다시 불러내 이렇게 호소합니다.

> 단서라 하는 것을 빼자고 주장하고 싶습니다. 이조 말엽(조선 말기)부터 오늘날에 이르기까지 민중들은 거의 이 문제에서 희생되었고, 여러 가지 폐단이 생겨 민중의 공포는 늘고 있는 도중에 있습니다. 이것을 조문에 넣어서 실행하면, 잠깐이라 할지라도 수천만의 희생자가 생길 것이 사실입니다. 위험천만하다고 아니할 수가 없습니다.
>
> – 차경모, 「제헌국회 회의록」 제1회 20호

법률이라는 건 문자로 쓰여 있지만 해석하기 나름입니다. 단서를 두면 상황에 따라 마음대로 해석할 여지가 커진다는 우려를 강조합니다. 뒤이어 조봉암 의원이 나섭니다. 헌법기초위원회 회의장을 박차고 나가 두문불출하던 그는 어쩌면 이 시간만을 기다렸는지도 모릅니다. 헌법안 제9조의 문제를 조목조목 지적합니다. 그렇지 않아도 경찰이 활개를 치고 있는 판에 사후영장을 폭넓게 인정한 단서 조항은 경찰에게 날개를 달아 주는 격이라고 분노합니다. 해석에 따라 경찰이 체포와 구금을 자의적으로 할 수 있다는 것이지요. '녹피에 가로왈'이라는 속담까지 들이댑니다. 사슴 가죽에 쓰인 왈曰자는 가죽을 이리저리 당기면 일日자도 되고 왈曰자도 된다는 뜻입니다. 그는 차경모 의원의 주장과는 달리 사후영장을 두되 현행범에만 한정하자고 주장합니다.

> 우리 인민 대표가 인민의 권리를 결정할 때는 어디까지나 솔직하고 정확하고 구체적으로 표시해야 하지만, '녹피에 가로왈'처럼 해석되고 저리도 해석될, 모호하고 불분명한 문구의 표시는 절대 금물입니다. 가령 제9조의 (…) 사족은 현행 경찰 행정의 비민주성을 승인하려는 노력일 뿐입니다. 지금 남조선에 있어서는 경찰이 하고자 하면 어떤 구실로든지 양민(국민)을 하루 이틀쯤은 유치장 속에 넣을 수 있어서, 신체의 자유라는 안정감은 전혀 없는 형편입니다. 그런즉 이 단서는 오직 현행범에 국한하여야 할 것으로 봅니다.
>
> — 조봉암, 「제헌국회 회의록」 제1회 21호

논란 중에 제9조를 고치자는 수정안 세 건이 제출됩니다. 조병한 의원 외 10인이 제1수정안, 백형남 의원 외 10인이 제2수정안, 박해정 의원 외 19인이 제3수정안을 제출합니다. 사회를 보는 김동원 부의장은 걱정이 태산입니다. 시간을 줄이려고 야박하게 굽니다. 수정안 하나당 세 사람에게만 발언권을 줍니다.

먼저 조병한 의원이 제1수정안 설명에 나섭니다. 사후영장 청구 조건이 너무 넓고 모호하다고 합니다. 더욱이 "염려가 있을 때"라고 하면 귀에 걸면 귀걸이, 코에 걸면 코걸이가 되는 것 아니냐는 우려가 큽니다. 조봉암 의원 말로 하자면 '녹피에 가로왈'이라는 뜻이지요. 염려라는 말이 수사기관의 무분별한 인권침해를 방조할 수 있다는 점을 강조합니다. 단서 조항에 있는 "범죄의 현행, 범인의 도피 또는 증거인멸의 염려가 있을 때"라는 문구를 "현행범을 발견했을 때, 범인의 도피 또는 증거를 인멸할 증거가 충분할 때"로 바꾸자고 합니다. 수사기관 뜻이나 판단에 맡기지 말고 객관적인 증거가 있을 때로 한정하자고 주장합니다.

이 조문의 단서는 엄격한 해석이 안 되는 것인데, 수사기관의 주권에만 맡긴다고 할 것 같으면 헌법의 의미가 없다고 생각합니다. 인권이 퍽 위험하게 됩니다. 그런 고로 제안자로서는 '증거가 충분할 때'라는 말을 넣었으면 합니다. 이렇게 분명한 문구를 넣음으로써 인권을 보장할 수 있으리라고 생각합니다.

– 조병한, 「제헌국회 회의록」, 제1회 23호

제2수정안을 이야기하려고 백형남 의원이 준비합니다. 연단에 서자 인권보장이 중요하다는 점을 역설합니다. 치안과 인권보장이 양손의 떡이지만, 인권유린이 비일비재한 현실에서 인권보장이 더 급선무라고 합니다. 그가 낸 수정안은 조봉암 의원이 주장했듯이 현행범에게만 사후영장을 인정하자는 내용을 담고 있습니다. 그 이유를 이렇게 설명합니다.

> 지금 제9조는 진정으로 모든 인민의 자유와 인권을 보장하기 위하여 제정된 줄 압니다. 그러나 후단에 "범죄의 범인 또는 도피 또는 증거 인멸의 염려가 있을 때"라는 단서가 있어서 인권보장이라는 말이 무색해졌다고 볼 수 있습니다. 실제 운용에서 그 단서를 아무 때나 적용할 수 있으니, 결국 제9조는 하나의 공(空)문서에 지나지 않습니다. (…) 과도기의 치안을 확보하려면 강력한 경찰이 필요하지만 반면에 인권유린이 많이 있다는 것을 여러분이 잘 아실 줄 압니다.
>
> — 백형남, 「제헌국회 회의록」 제1회 23호

제3수정안을 설명할 차례입니다. 설명에 나선 이는 해방 직후 경상북도 경찰국 총무과장으로 일했던 박해정 의원입니다. 경찰 출신이어서 아마도 경찰이 인권침해를 일삼는다는 소리에 기분이 언짢았을 것도 같습니다. 그래서였을까요? 그는 자신이 낸 수정안을 철회하고 원안에 동의합니다.

수정안 설명이 끝나자 이제나저제나 하던 토론자들이 나섭니다. 먼저 제주도 세 개 선거구 가운데 유일하게 선거가 시행된 남제주군 선거구에서 무소속으로 당선된 오용국 의원이 발언대에 섭니다. 그는 수정안들이 마음에 안 드는 모양입니다. 우선 안정이 있어야 인권도 있다고 합니다. 불안정한 사회와 이념과 체제가 혼란한 상황을 안정시키지 않고 인권을 말하는 것은 어불성설이라고 합니다. 인권을 내세워 범죄자까지 보호해서는 안 된다는 주장도 합니다. 피해자 인권과 범죄자 인권 중 무엇이 더 중요하냐는 낯익은 질문을 던집니다. 범죄자 인권을 보호한답시고 현행범도 체포하지 말라는 게 말이 되냐고 역정을 냅니다. 일제강점기 때 기억에 사로잡혀 현실을 외면하지 말라는 충고까지 덧붙입니다. 좀 길지만 중요한 반론이니 한 번 들어볼까요?

항상 말하기를 일제시대에 인권을 유린당했다고 합니다. 그와 같은 감정에서 좀 더 민주주의 경찰을 확립해야겠다고 하는 말씀을 자주 들었습니다. 그렇다고 해서 우리가 가혹한 일제시대 법률을 그대로 쓰자는 것이 아니고, 우리는 우리에게 적당한 법률을 만들어서 쓰자는 것입니다. 일본시대를 감정적으로 되풀이해서 그와 같은 말을 다시 할 필요가 없는 것을 우리가 알아야 하겠습니다. 그리고 우리가 인권을 보호하기 위하여 항상 범인의 인권만 보호해야 할 것입니까? 피해자의 인권을 보호해야 하는 것이올시다. 법률이라는 것은 국민의 인권을 보장하고 범인의 인권은 제재해야 할 것입니다. 범인을 체포하자고 말하는데, 악질적인 자의 인권을 옹호해야 한다는 이유가 어디 있는지 알지 못하겠습니다.

— 오용국, 「제헌국회 회의록」 제1회 23호

오용국 의원의 논리가 꽤 설득력이 있었나 봅니다. 범죄자 인권과 피해자 인권 중 무엇이 중요하냐는 질문에 의원들 눈빛이 흔들립니다. 봇물 터지듯 수정안 반대 의견이 쏟아집니다. 치안 유지가 중요하다는 발언이 이어집니다. 분위기가 치안 강화 쪽으로 기웁니다. 이런 분위기를 감지한 조봉암 의원이 발언대에 바삐 오릅니다. 신체의 자유 문제에 궁극스러운 그가 무슨 말로 흔들리는 의원들을 붙잡을지 무척 궁금합니다.

우선 일제강점기 기억에 사로잡혀 현실을 못 보니 인권만 내세운다는 오용국 의원 주장이 표적입니다. 그 표적을 향해 퍼붓는 공세가 대단합니다. 오용국 의원에게 현실을 직시하라고 되레 꾸짖습니다. 곳곳에서 일어나는 인권유린의 실상을 정녕 모르느냐고 묻습니다. 사후영장의 대상을 현행범으로만 제한하자는 수정안의 취지도 다시 명확히 설명합니다. 조봉암 의원은 장내를 둘러보며 아주 절절하게 제2수정안 찬성을 호소합니다.

지금 여러분께서도 많이 보시는 바입니다마는 우리가 신체의 자유라는 안전감을 가지지 않은 것이 현실입니다. 어떠한 방법과 어떠한 수단을 쓰든 우리의 인권을 옹호할 수 있는 최대의 노력을 해야겠습니다. 그래서 수정안을 찬성합니다. 제2수정안은 현행범에 한해서 체포, 구금을 한다든지 해놓고 나중에 영장을 교부할 수 있다는 것을 목표로 만들어졌습니다.

— 조봉암, 「제헌국회 회의록」 제1회 23호

헌법의 순간

발언이 끝나고 여운이 가시기도 전에 박해극 의원이 단상으로 뛰어듭니다. 그는 현행범에 한해서만 사후영장을 청구하는 것은 말이 안 된다고 합니다. 현행범만 체포하면 나타날 문제 사례를 열거하며 조봉암 의원 주장에 반박합니다. 현행범이 아니라도 도주나 증거인멸 우려가 있는 중대 범죄인을 먼저 체포하고 사후에 영장을 받는 것이 아무 문제가 없다고 한껏 목소리를 높입니다.

범인이 다 달아나면 범인을 어떻게 잡을 것입니까? (…) 비현행범이라도 중대한 범인일 때, 증거인멸의 우려가 있을 때, 수사기관에서 먼저 체포하고 나중에 영장을 받아야 합니다. 자유다, 자유다 하여 내버려 두면 우리의 자유를 어떻게 보호하겠습니까? 원안을 지지합니다.

— 박해극, 「제헌국회 회의록」 제1회 23호

표결에 앞서 헌법기초위원이었던 조헌영 의원이 마지막 발언을 합니다. 헌법기초위원회에서 이 조항을 만들 당시 일제강점기 때의 기억이 아니라 현장 실무를 최우선으로 고려했다고 강조합니다. 과거에 사로잡혀 반일 감정만 내세워서는 현실적인 치안 문제를 해결할 수 없다는 것이지요. 그의 발언은 인권 보호와 현실적인 사법 실무 사이에서 고민하던 의원들을 파고듭니다.

과거에 독립운동하던 사람이 일제의 수사에 고생했던 것을 생각하고 헌법을 쓸 때 그것을 상상하고 하는 감이 없지 않으므로 분명히 지적하고자 합니다. 일반 국민으로 하여금 안전감을 가지고 일상생활을 하게 하자는 취지에서, 나쁜 사람이나 일반 민중의 복리를 해하는 사람을 잡는다는 취지에서 이 법률을 냈다는 것을 여러분이 아셔서 표결해 주시기 바랍니다.

– 조헌영, 「제헌국회 회의록」 제1회 23호

표결에 들어갑니다. 두 수정안은 모두 부결되고 원안에 재석의원 177인 중 130인이 찬성해 통과됩니다. 많은 의원이 강력한 방법을 동원해서라도 치안을 유지해야 한다는 생각으로 기운 결과입니다.

일제강점기를 견뎌낸 사람들에게 광복은 무슨 의미일까요? 광복은 사람이 사람으로 대접받을 수 있다는 희망을 상징합니다. 제헌의원들도 같은 생각을 했습니다. 그들은 광복된 나라 헌법은 국민 기본권과 인권을 무엇보다 중시해야 한다고 믿었습니다. 실제로 헌법의 순간 이루어진 헌법안 회의록을 보면 전체 발언 내용에서 약 3분의 1이 국민 기본권 조항입니다. 헌법안 조항순서도 그 점을 잘 보여줍니다. 국민 기본권 조항은 제1장 총강 바로 다음 제2장에 나옵니다. 그만큼 국민 기본권을 중시했다는 사실을 알 수 있습니다.

국민 기본권을 보장하는 것이 헌법에 주어진 가장 중요한 사명이라는 데에 선뜻 동의하지 않는 이들도 있습니다. 행정연구회가 만들어 두었던 헌법안 조문 순서를 보면 국가권력 구조나 권력 행사절차가 국민 기본권 앞에 배치되어 있습니다. 국민 기본권을 지키는 것보다 국가조직을 설계하는 것이 더 중요한 헌법 임무라고 보았기 때문입니다. 행정연구회에서 헌법 초안 작성에 깊이 개입했던 일제 사법 관료 출신 최하영 씨와 나눈 당시 회고담을 들어볼까요?

> 헌법은 역시 국가의 구성요소, 국가권력의 구조, 국가권력 행사절차를 규정하는 것이죠. 그런데 불란서(프랑스)나 영국은 인권이 소중하여 인권 관련 규정을 헌법 머리말에 내놓고 있죠. 이러한 나라들은 역사적으로 국민이 민권 옹호 투쟁을 하여 입헌민주국가가 출범한 것이므로, 그러한 헌법 체제에 의미가 있는 것입니다. 그러나 우리는 그런 인권 투쟁의 정치적 의의, 역사적 의의는 희소하고 오히려 상실하였던 국가를 찾는다는 점, 즉 광복한다는 점에 우리 대한민국 건국의 특수성이 있죠. 민권투쟁에 의한, 즉 민주혁명에 의한 건국이 아닙니다. 민권옹호도 물론 소중하지만 우리나라의 경우에는 인권규정 자체를 헌법 초두에 내놓을 역사적 또는 정치적 가치가 없는 것입니다.
>
> – 최하영, 『국회보 제20호』 「헌법기초당시의 회고담」(1958.07.)

독립과 광복이 민주주의를 염원한 민중 의지로 얻어진 것이 아니어서 인권 문제가 덜 중요하다는 논리는 좀 기괴합니다. 온 민중이 자유와 독립을 갈망해 일제와 맞선 3·1혁명은 어디에 내팽개치고 하는 말인지 놀라울 뿐입니다. 다행히 이런 논리를 제치고 헌법기초위원회는 헌법안 조문 순서를 바꿉니다. 국민 기본권을 제2장에 배치합니다. 그렇지만 고문 금지 등 철저한 인권 보호가 필요하다는 주장은 나라 질서를 세우고 혼란을 막으려면 치안 유지가 더 우선이라는 현실론에 부딪혀 좌절됩니다. 일제강점기 때 벌어진 인권유린을 끝내고 사람을 사람답게 대접하는 나라를 만들자는 호소가 이념갈등과 남북 대립이라는 현실에 짓눌리고 맙니다.

헌법의 순간, 제헌의원들이 우려한 부분은 나중에 개정 헌법에서 보완됩니다. 고문 금지는 1962년 개헌에서 헌법 조항에 수록됩니다. 사후영장 대상도 더 축소해 구체화합니다. 사후영장 청구 조건을 "현행범인인 경우와 장기 3년 이상의 형에 해당하는 죄를 범하고 도피 또는 증거인멸의 염려가 있을 때"로 좀 더 구체화합니다.

헌법의 순간 불거진 '인권이냐, 치안이냐'는 갈등은 사실 화해하기 쉽지 않은 문제입니다. 공동체를 유지하며 개인이 자유롭게 살려면 안전이 확보되어야 합니다. 그 사실을 모르는 이가 어디 있겠어요? 헌법의 순간, 불안을 떨칠 수 없었던 이유는 치안을 내세워 인권을 탄압하는 일이 비일비재했기 때문입니다. 게다가 경찰 관리들의 패악질은 해방 전이나 해방 후나 매한가지입니다. 일제강점기 때 독립운동가를 악랄하게 다루었던 고문왕 노덕술이 치안기술자랍시고 다시 활개를 치는 당시 현실이 얼마나 참담했겠어요?

역사를 보면 독재는 늘 안전을 빌미로 자유를, 치안을 빌미로 인권을 억누르며 득세합니다. 자유나 인권이 밥 먹여 주냐고 윽박지릅니다. 자유와 인권도 강력한 안전과 안보를 바탕으로 가능하다고 협박합니다. 그러면서 자유와 인권을 뒷전으로 밀어냅니다. 한국에서도 그런 야만적인 독재의 논리가 오랫동안 힘을 떨쳤습니다. 그 논리 앞에서, 헌법의 순간 마련된 신체의 자유는 무력하기 이를 데 없습니다.

온 국민이 힘을 모아 이뤄 온 한국 사회의 민주화란, 헌법 안에서 박제된 채 웅크리고 있던 자유와 인권을 살아서 펄펄 뛰게 해 온 과정입니다. 그 과정에서 시민들은 자유와 인권도 안전 못지않게 중요하다는 사회적 합의를 이룹니다.

지금은 어떤가요? 인권 보호와 치안 유지는 조화롭게 이루어지고 있을까요? 여전히 인권이 치안에 희생되고 있지는 않은가요? 수사기관은 인권을 최우선으로 해, 인권을 충분히 존중하며 수사를 하고 있을까요? 신체의 자유를 지키기 위한 무죄추정 원칙, 불구속수사 원칙 등은 잘 지켜지고 있을까요? 헌법의 순간에 많은 의원이 우려한 긴급체포가 남발되고 있지는 않은가요? 2008년부터 2018년까지의 통계를 보면, 경찰이 사전영장 없이 긴급체포한 사람 10명 중 4명이 사후영장이 발부되지 않아 그냥 석방됩니다. 그야말로 우선 잡고 보는 마구잡이식으로 긴급체포가 시행되고 있다는 증거 아닐까요? 이것이 제헌의원들이 '녹피에 가로왈'이라며 우려했던 현실 아닐까요?

헌법의 순간을 기억해야겠습니다. 제헌의원들이 제9조 신체의 자유 조항에 담고자 했던 정신은 치안과 수사 편의만을 내세워 인신구속을 남발하는 건 민주공화국의 길이 아니라는 메시지입니다. 예외적 상황을 더 엄격히 해석해 신체의 자유를 철저히 보장하자는 것이 헌법의 순간이 빚어낸 정신입니다. 그 정신이 사람을 사람답게 대접하는 나라, 사람이 사람답게 사는 세상을 만드는 밑거름입니다.

잊을 뻔했네요. 납치범 사건에서 독일 법원은 어떤 판결을 내렸는지 궁금하지 않나요? 독일 법원은 어쩔 수 없이 고문 위협을 했다는 경찰의 주장을 받아들이지 않습니다. 경찰의 행위는 누가 봐도 납치범 인권을 침해한 것이라고 단호하게 말합니다. 독일 기본법(독일 헌법)이 정한 신체의 자유와 인간 존엄 원칙을 따른 판결입니다. 그러면서도 어린아이 생명을 구하려는 목적이 분명하다는 점을 고려해 경찰들에게 벌금형을 선고합니다. 독일 법원이 나치의 만행이라는 과거의 죄악에 지나치게 사로잡혀 가해자의 인권을 과하게 보호한 것일까요? 어쨌든 공권력 남용이나 위법에는 어떤 자의적 해석이나 예외를 두지 않고 인간 존엄 원칙을 엄격히 지키려는 풍경이 좀 멋져 보이지 않나요?

제9장

정치는 정치, 종교는 종교

국교 금지와 정교분리

유구한 역사와 전통에 빛나는 우리들 대한국민은 **기미 삼일운동**으로 대한민국을 건립하여 세계에 선포한 위대한 독립정신을 계승하여 이제 민주독립국가를 재건함에 있어서 정의인도와 동포애로써 **민족의 단결**을 공고히 하며 모든 사회적 폐습을 타파하고 민주주의제도를 수립하여 정치, 경제, 사회, 문화의 모든 영역에 있어서 각인의 **기회를 균등**히 하고 능력을 최고도로 발휘케 하며 각인의 책임과 의무를 완수케하여 안으로는 **국민생활의 균등한 향상**을 기하고 밖으로는 항구적인 국제평화의 유지에 노력하여 우리들과 우리들의 자손의 **안전과 자유**와 행복을 영원히 확보할 것을 결의하고 우리들의 정당 또 자유로히 **선거**된 대표로써 구성된 **국회**에서 단기 4281년 7월 12일 이 **헌법**을 제정한다.

제헌헌법 제12조

모든 국민은 신앙과 양심의 자유를 가진다.
국교는 존재하지 아니하며 종교는 정치로부터 분리된다.

축구 국가대표 선수가 월드컵에서 골을 넣습니다. 얼마나 기쁠까요? 달려오는 동료 선수들을 뒤로 한 채 무릎을 꿇고 기도합니다. 신께 가장 먼저 감사하고 싶은 모양입니다. 이런 장면을 대문짝만하게 실은 신문 기사에 비난 댓글이 줄줄이 달립니다. 개인이 아닌 국가대표로 참가한 경기에서 사적인 신념을 드러내는 것이 옳으냐고 흥분합니다. 종교의 자유가 엄연히 보장된 나라에서 뭐가 문제라는 걸까요?

어떤 지역에서 유서 깊은 산신제가 매년 열립니다. 그 지역 조례대로라면 도지사가 제례를 주관해야 합니다. 그런데 도지사가 산신제 주관을 거부합니다. 산신제 업무가 자신의 종교적 신념과 맞지 않기 때문이라고 해명합니다. 이 도지사는 한 인간으로서 마땅히 누릴 권리인 종교의 자유를 행사한 것일까요? 아니면 특정 종교에 치우쳐 공무를 방기한 것일까요?

한 종교단체가 정당을 만들자고 거리 홍보를 합니다. 선거에도 후보를 낼 모양입니다. 정당은 권력을 획득해 국가 운영에 영향을 미치려는 조직입니다. 엄연히 참정권이 보장된 나라에서 종교 단체가 정당을 만들어 정치에 참여하는 것이 무슨 문제가 될까요?

어떤 군부대 지휘관이 병사들에게 의무적으로 종교행사에 참여하게 합니다. 개신교, 불교, 천주교, 원불교 중에서 자유롭게 선택하면 됩니다. 어떤 한 종교를 강요하지 않고 각자 마음에 드는 종교를 선택할 수 있게 하니 괜찮지 않을까요? 종교행사가 군인 인성을 기르는 데 나쁠 것 없으니 오히려 좋지 않을까요?

어떤 것이 진짜 종교의 자유인지 알쏭달쏭합니다. 종교의 자유는 보편적 인권으로 자리 잡은 지 오래입니다. 한국에서도 사람들은 종교의 자유를 공기처럼 만끽하는 듯합니다. 그런데도 왜 이처럼 종교의 자유와 관련해 갈등과 논란이 많은 걸까요? 똑같은 말을 쓰면서도 서로 다른 생각을 하는 건 아닐까요?

"모든 국민은 종교의 자유를 가진다. 국교는 인정되지 아니하며, 종교는 정치로부터 분리된다." 현행헌법 제20조는 종교의 자유를 보장합니다. 동시에 국교 금지와 정교분리를 규정합니다. 현행헌법 제20조에 담긴 종교의 자유란 어떤 의미일까요? 국교를 금지하고 정교를 분리한다는 것은 종교의 자유와 무슨 관계가 있을까요? 헌법의 순간, 종교의 자유가 어떻게 다루어졌는지 궁금하네요.

헌법의 순간, 헌법기초위원회가 제출한 헌법초안(헌법안)에는 **종교의 자유**라는 말은 없습니다. 어찌된 일일까요? 종교의 자유 대신 **신앙의 자유**라는 표현이 등장합니다. 헌법안 제12조는 이렇습니다.

모든 국민은 신앙과 양심의 자유를 가진다. 국교는 존재하지 아니하며 종교는 정치로부터 분리된다.

신앙의 자유와 종교의 자유라는 말의 차이는 뭘까요? 왜 제헌의원들은 신앙의 자유라는 말을 썼을까요? 신앙의 자유는 보통 개인이 갖는 내적이고 정신적인 자유에 한해서 하는 말입니다. 자기 믿음을 누구에게 강요받거나 강제로 드러내지 않는 것, 그 믿음 때문에 차별받지 않는 것이 신앙의 자유입니다. 반면 종교의 자유는 좀 더 넓은 의미입니다. 내면의 믿음뿐만 아니라 그 믿음을 밖으로 드러내는 모든 행위, 즉 신앙대로 행동하고 전도하며 믿음을 밖으로 표현할 자유를 포괄합니다.

헌법의 순간에는 신앙의 자유와 종교의 자유를 구분하지 않습니다. 신앙의 자유라는 말이 마음속 믿음뿐만 아니라 밖으로 드러내는 종교 의식과 행위를 포괄합니다. 유진오 전문위원과 권승렬 전문위원 설명을 들어보면 그 점이 잘 드러납니다.

헌법에서 신앙의 자유란 다만 마음속에 있는 신앙 자유뿐만 아니라 예배의 자유 혹은 신앙을 전도하는 자유까지 포함한다고 할 수가 있습니다.

— 유진오, 「제헌국회 회의록」 제1회 18호

단적으로 말하면, 신앙이라는 것은 심적 자유일 것입니다. 자기가 무엇을 생각하고 무엇을 신앙하든지 다른 사람이 알 길이 없을 것입니다. 그러나 헌법에 나타난 신앙의 자유는 신앙을 외부에 나타나도록 하는 그 의식을 말하는 것입니다.

— 권승렬, 「제헌국회 회의록」 제1회 18호

1962년 개헌에서야 신앙의 자유는 종교의 자유로 바뀝니다. 그 의미도 더 분명해지지요. 헌법의 순간, 신앙의 자유가 무엇을 의미하는지, 신앙의 자유를 보장할 것인지는 쟁점 사항이 아니었습니다. 신앙의 자유는 마땅한 권리로 이미 자리 잡은 상황입니다. 헌법의 순간 이전에 만들어진 거의 모든 법전에도 신앙의 자유는 기본권에 속합니다.

그러나 **국교 금지**와 **정교분리**는 그렇지 않습니다. 우선 말 자체부터 낯설고 어렵습니다. 낯설어서인지 헌법기초위원회에서부터 논란이 발발합니다. 헌법기초위원회 부위원장을 맡았던 목사 출신 이윤영 의원은 헌법안 심의 과정에서 국교 금지와 정교분리 조항을 삭제하자고 강력하게 요구했다고 합니다. 뜻을 이루지는 못합니다. 불씨를 남긴 터라 본회의에서 이 문제가 다시 불붙을 것이 불 보듯 뻔합니다.

아니나 다를까, 헌법의 순간이 열리자마자 평양신학교를 나온 목사 출신 오택관 의원이 이 문제를 들고나옵니다. 화가 잔뜩 난 격앙된 소리로 "국교 금지와 정교분리가 도대체 뭘 뜻하냐!"라고 묻습니다. 큰 소리에 주눅이라도 든 걸까요? 권승렬 전문위원은 달래기라도 하듯 곰살맞게 답합니다. "이 조항은 그다지 중요하지 않은 군더더기 같은 것입니다. 그러니만큼 의견이 모이면 삭제하거나 수정해도 무방합니다." 있어도 그만 없어도 그만이라니, 제헌의원들 생각도 그럴까요? 그렇지 않다는 사실은 금세 드러납니다. 군더더기에 지나지 않는다던 조항을 두고 오전부터 벌어진 논쟁이 오후까지 이어집니다.

국교 금지와 정교분리는 권승렬 전문위원 말처럼 군더더기일까요? 우선 의미부터 살피겠습니다. 한 나라에서 특별한 법적 지위를 갖고 다른 종교보다 특별한 보호를 받는 종교가 있다면 그 종교를 국교라 부릅니다. 국교 금지는 그런 종교를 두지 않는다는 뜻입니다. 그것은 국가가 특정 종교를 우대하지 않고 종교적 중립을 지키는 형태로 드러납니다. 정교분리는 정치가 종교에 감 놓아라 배 놓아라 하지 않는다는 뜻입니다. 마찬가지로 종교도 특정 정치세력과 편을 먹고 권력을 휘두르지 못합니다. 국가 운영에 영향을 미치는 활동에 종교가 개입하지 않아야 하고, 국가도 종교를 이용하거나 간섭하지 않아야 합니다.

어떤가요? 국교 금지와 정교분리에 반대할 이유가 별로 없어 보이지 않나요? 문제를 복잡하게 만든 것은 정교분리에서 '분리'라는 단어의 해석입니다. 헌법의 순간, 이 분리라는 단어가 논쟁에 기름을 붓습니다. 논쟁을 이끈 이는 독실한 가톨릭 신자인 장면 의원입니다. 그는 종교인으로서 정교분리라는 말이 도무지 마음에 들지 않는 모양입니다. 우선 그가 한 주장을 들어볼까요?

헌법을 기초하신 여러분께서 종교에 관심이 너무나 적으신 것을 대단히 유감으로 생각합니다. (…) 국민은 종교를 믿거나 말거나 마음대로 하고 국가는 상관 안 한다, 그뿐이올시다. 종교라고 하는 것이 국가에 얼마나 중대한 사명을 가지고 역할을 하는지 인식한다면 이같이 무관심하고 냉정하고 소극적인 법률을 제정하지 않았다고 생각합니다.

– 장면, 「제헌국회 회의록」 제1회 21호

장면 의원은 정교분리에 반대합니다. 분리를 단절, 배제, 방치로 해석합니다. 국가가 종교에 관심 두지 않고 배제하거나 버려둔다면, 종교가 할 수 있는 긍정적인 역할까지 없어진다고 우려합니다. 국가가 종교를 적극적으로 보호하고 관심을 가져서 사회에 더 좋은 영향을 미치게 해야 한다는 말 같습니다.

장면 의원의 주장에는 중요한 전제가 깔려 있습니다. 종교는 보편적인 도덕 규범을 담고 있다는 인식입니다. 종교의 도덕 규범이 국가에 긍정적인 역할을 한다고 주장하는 것이지요. 장면 의원이 주장한 종교 기여론 혹은 종교 역할론은 이후 제기될 제12조 수정안들이 내세우는 핵심 근거가 됩니다.

제12조 수정안은 네 개가 제출됩니다. 사상의 자유를 추가해 넣자는 서용길 의원의 수정안을 제외한 나머지 세 개는 유사합니다. 먼저 장로교 목사 출신 이남규 의원은 "신앙의 자유를 법률과 공공질서에 위배 되지 않는 한에서 보장한다."라는 내용을 추가합니다. 대신, 국교 금지와 정교분리를 담고 있는 2항은 없애자고 합니다. 그도 분리를 방치나 방임으로 이해하는데, 정교분리라는 미명 때문에 국가가 종교 문제를 외면하면 사이비종교가 판칠 것을 우려합니다. 인간 존엄과 공공질서를 해치는 사이비종교는 엄히 다스리고, 반대로 일반 종교는 더 적극적으로 장려하고 보장해야 진정한 신앙의 자유가 이루어진다는 것입니다.

예를 들어 조선에서 백백교와 같은 그러한 것이 생각되는 것이올시다. 그때는 종교 압박이 심함에도 불구하고 이러한 것이 생겨나 우리에게 큰 손해를 끼쳤습니다. 만일 법적으로 종교의 자유를 인정한다면 또다시 국가와 국민의 생활에 큰 해독을 끼칠 종교가 안 일어나도록 보장할 수 없다는 말씀이올시다. (…) 종교 자유를 인정하지 않으면 모르거니와 인정하는 이상에는 국가에서 반드시 법률로서 종교의 자유를 보장해 주지 않으면 안 된다는 이러한 견지에서 지금이 수정안을 제출한 것이올시다.

— 이남규, 「제헌국회 회의록」 제1회 23호

이남규 의원이 예로 든 백백교白白敎는 일제강점기에 나타나 세상을 떠들썩하게 한 사이비 종교입니다. 신도들 재산을 빼앗고, 여신도를 성폭행했으며, 300명이 넘는 신도를 살해하는 등 흉악무도한 짓을 저질렀지요. 영국 로이터통신이 1937년 세계 10대 뉴스로 선정할 정도로 충격적인 사건이었습니다. 그때 충격이 뇌리에 박혀 있어서, 정교분리 조항이 혹여 그런 사이비종교의 활동도 보장하는 식으로 악용되는 건 아닌지 걱정하는 것 같습니다. 그런 걱정 때문에 정교분리는 빼고 법률과 공공질서에 위배 되지 않을 때만 신앙의 자유를 보장하자고 주장합니다.

두 번째 수정안 설명자는 조항마다 열성을 다하는 강욱중 의원입니다. 이번에 그가 낸 수정안은 정교분리를 담고 있는 2항을 삭제하는 것입니다. 종교는 공공질서를 해치지만 않으면 국가가 크게 관계할 일이 없는데, 구태여 정교분리를 헌법에 넣을 필요가 있냐고 반문합니다. 정교분리 조항을 헌법에 넣어 쓸데없이 종교에 소홀하다는 인상을 줄 필요가 없다고 합니다. 협성신학교를 졸업해 목회 활동을 했던 원용한 의원의 세 번째 수정안도 이남규 의원 안과 유사합니다.

수정안 설명이 끝났습니다. 수정안에 반대하며 원안대로 통과하자는 의원들이 속속 발언대에 오릅니다. 대부분 국교 금지와 정교분리 원칙을 반드시 헌법에 담아야 한다는 주장입니다. 이유는 간단합니다. 특정 종교를 우대해서도 안 되고 종교를 정치에 이용해서도 안 된다는 것입니다. 그래야 어떤 종교를 믿든지 차별받지 않고 여러 종교가 평화롭게 공존할 수 있기 때문입니다. 수정안에 반대하는 포문은 무소속 이호석 의원이 엽니다. 그는 역사 속에서 특정 종교를 우대하거나 특정 종교를 정치에 이용했을 때 벌어진 비극들을 거론합니다.

역사를 볼 때 어떤 나라는 기독교를 국교로 만들고 어떤 나라는 불교를 국교로 만들고 어떤 나라는 유교를 국교로 만들어서, 그 국교를 가지고 정치에 이용해 자유 인민에게 피해를 준 일이 많이 있었습니다. 그래서 전쟁이 일어났다는 건 역사가 증명하는 바이올시다. 종교를 개인의 신앙으로 보장하더라도 어떤 종교를 국교로 만들지 말자는 이 원안대로 통과해 주시기 바랍니다.

— 이호석, 「제헌국회 회의록」 제1회 23호

이원홍 의원도 수정안 반대에 힘을 보탭니다. 논리는 단순명료합니다. 모든 자유는 공공질서를 어길 때는 제재를 받기 때문에 신앙의 자유에도 한계를 별도로 정할 필요가 없다고 합니다. 그가 한 말처럼 헌법안 제27조에는 질서유지와 공공복리를 위해 필요할 때는 개인 자유와 권리를 법률로 제한한다는 규정이 있습니다. 신앙의 자유도 그 조항에 따르는 것이니 별도의 규정이 필요 없다는 타당한 지적입니다.

그는 정교분리의 의미도 명료하게 설명합니다. 이 단어의 의미를 두고 자꾸 딴소리하는 게 답답했나 봅니다. 종교를 등한시하자는 것이 아니라, 오히려 정치가 종교를 탄압할 위험을 미리 막자는 의도라고 설득합니다. 종교 입장에서도 정교분리가 낫다는 말입니다. 종교가 국가로부터 보호를 받거나 혜택을 바라는 것도 좋을 게 없다는 충고도 합니다. 국가는 종교에 혜택을 주는 대신 반드시 종교를 이용하려 든다는 것입니다. 이원홍 의원 발언은 그럴 만한 근거도 있습니다. 일제가 종교를 탄압하고 이용한 기억이 생생합니다. 조선총독부는 각지에 신사를 세워 참배를 강요하고, 이를 거스르는 종교단체나 개인은 무자비하게 탄압합니다. 종교활동을 인정해 주는 대신 전시체제에 동원해 국방헌금을 걷고 징병을 독려하게 했지요. 정치 권력은 종교를 떡 주무르듯이 했고, 종교는 받아먹은 떡고물에 대가를 치러야 했던 것입니다.

독실한 불교 신자인 정도영 의원도 수정안에 반대합니다. 그는 아주 색다른 의미로 국교 금지 조항을 해석합니다. 종교는 보편적이고 국경이 따로 없으니 국교라는 말 자체가 어불성설이라고 주장합니다. 나라는 국경이 있지만, 종교는 국경이 없으니 종교를 국경에 가두지 말아야 한다는 의미입니다. 만인을 거느리는 종교를 일개 국가에 국한해서는 안 된다고 합니다. 정도영 의원 말을 달리 해석해 보면, 종교가 세속권력을 갖는 것은 오히려 보편성을 지닌 종교 권위를 위태롭게 할 수 있다는 의미 같습니다.

계속해서 윤병구 의원, 류성갑 의원이 나서 국교 금지에 힘을 보탭니다. 그들은 국교를 두었을 때 종교 간 분쟁이 일어날 것을 크게 우려합니다. 류성갑 의원은 일제강점기에 출가해 승려로 활동한 적이 있습니다. 그는 다양한 종교가 있는 한국에서 특정 종교를 국교로 두면 어떤 일이 발생할지는 안 봐도 그림이라고 딱 잘라 말합니다. 성직자였던 그가 국교 금지를 말하니 더 설득력이 큽니다. 게다가 요샛말로 '셀프 디스'까지 합니다. 불교가 국교였을 때 불교가 자행한 잘못을 조목조목 비판합니다. 국교를 두면 불교뿐만 아니라 어떤 종교라도 그럴 수 있다고 합니다. 게다가 다종교 국가라는 한국의 특수성을 강조하면서, 다양한 종교가 공존하려면 정교분리를 헌법에 두어 국가가 종교적 중립성을 잘 지켜야 한다고 주장합니다.

어떤 의원은 신라, 고려시대에는 불교가 국교로 존재하였기 때문에 찬연한 문화를 이루었다고 합니다. 저는 불교도로서 불교를 생명과 같이 사랑하는 사람이로되 자아비판이라는 입장에서 견해를 달리합니다. 고려 말에 불교가 지나치게 국정에 침투하였기 때문에 수많은 폐해가 발생해서 고려가 망하고 말았습니다. 이조(조선)에서도 유교가 너무 국가정치에 개입했기 때문에 모든 폐단이 났습니다. 예를 들면 불교도 박해, 천주교도 학살 사건 등이 그것입니다. 현재(1948년) 한국에 6대 종교가 있는데, 국교를 두지 않는다는 조항이 없으면 서로

헌법의 순간

국교 혹은 준 국교로 대우받으려고 갖은 상쟁이 있지나 않을까 합니다. 또는 보호한다고 하면 6대 종교 중 어떤 종교만을 더 보호한다, 어떤 종교는 덜 보호한다고 할 것이니, 국가로서도 입장이 곤란할 것입니다.

— 류성갑, 「제헌국회 회의록」 제1회 23호

수정안을 통과시키려는 의원들도 잠자코만 있지 않습니다. 먼저 헌법기초위원회에서도 국교 금지와 정교분리 조항 삭제를 강력히 요구했던 이윤영 의원이 나섭니다. 정치와 종교가 서로 간섭했던 과거는 지나간 역사일 뿐이라며, 역사적 경험을 언급하며 정교분리를 주장한 이호석 의원 주장을 반박합니다. 그러면서 권승렬 전문위원의 말을 상기시킵니다. 전문위원 말대로 정교분리 조항은 쓸데없는 군더더기 문장에 지나지 않으니 삭제하자고 여러 의원을 둘러보며 호소합니다.

말꼬투리를 잡으려는 것은 아니지만, 민주주의 국가에서 국교가 없다는 말은 사실과는 다릅니다. 당장 유구한 민주주의 역사를 자랑하는 영국이 국교를 둔 나라입니다. 성공회를 국교로 삼고 있지요. 영국 국왕이 성공회의 최고 지도자입니다. 그가 대주교나 주교를 임명합니다. 성공회가 제정한 교회법이 실행되려면 영국 의회가 승인해야 합니다. 주교와 대주교가 상원 26석을 차지합니다.

국교 금지는 민주국가의 보편적 원리이니 헌법에는 넣을 필요가 없다는 말도 이치에 맞지 않습니다. 헌법을 구성하는 조항 대부분이 민주국가가 지닌 보편적 원리를 담고 있기 때문입니다. 류성갑 의원이 그

점을 예리하게 지적합니다.

> 국교를 두지 않는 것, 종교와 정치를 분리한 것은 다 민주국가에 있
> 어서는 통례로 되어있는 것이라 합니다. 이를 우리 헌법에 정하면
> 스스로 유치성을 폭로한 것이니 둘 필요 없다고도 합니다. 만일 그
> 러한 논법으로 한다면 헌법에 담긴 권리 · 의무 등은 모두 민주국가
> 에서 으레 있는 것이니 전부 삭제하고 불문법으로 두어야 한다는 결
> 론이 나올 것입니다. 이론이 맞지 않는 것은 말하지 않아도 알 수 있
> 을 것입니다.
>
> — 류성갑, 「제헌국회 회의록」 제1회 23호

평양신학교와 한국신학교를 나온 정준 의원도 수정안에 찬성합니다. 국교 금지와 정교분리를 헌법에 두어서는 안 된다고 주장합니다. 다른 나라 사례를 거론합니다. 소련과 패망한 일본을 제외한 어느 나라 헌법도 국교 금지와 정교분리를 규정하지 않는다고 주장합니다. 심지어 국교를 금지하는 건 종교를 허용하지 않는 것이나 진배없다고 단정합니다. 그러면서 종교가 사회에 얼마든지 좋은 영향을 끼칠 수 있으니 오히려 건전한 종교는 국가가 장려해야 한다고 주장합니다.

> 민주국가에서 국교 금지와 정교분리가 있는 헌법은 볼 수가 없고,
> 다만 있다고 하면 오직 소련에서만 국교를 반대한다는 말이 있고 또
> 패전 국가인 일본에서만 이러한 헌법이 있는 것을 발견할 수가 있습

니다.

– 정준, 「제헌국회 회의록」 제1회 23호

정준 의원이 가져온 다른 나라 사례도 사실과는 좀 다릅니다. 가령 미국도 헌법으로 국교를 금지하는 나라입니다. 이미 1791년 채택된 수정헌법 제1조에서 "연방의회는 국교를 설립하거나 종교의 자유로운 행위를 금지하는 법률을 제정할 수 없다."라고 해 국교 금지를 종교의 자유를 보장하기 위한 아주 중요한 원리로 삼고 있지요.

계속해서 수정안 찬성 발언이 이어집니다. 경주 출신인 이석 의원도 정교분리를 문제 삼습니다. 정교분리는 국가와 종교 간 상호 협조를 무시하는 조항이라고 주장합니다. 제헌헌법의 근본 정신이 '유물사상'이 아니라 '유심사상'이라고 주장하면서, "미신이 아닌 종교라면 이것을 정식으로 해서 보장하는 것"이 나라에 도움이 된다고 주장합니다. 황호현 의원도 비슷한 주장을 합니다. 종교가 적극적인 역할을 해야 국가 위기를 극복하고 비틀린 도덕성을 바로잡을 수 있다고 역설합니다. 혼란하고 도탄에 빠진 사회현실을 바로잡고 민심을 수습하는 데 종교생활이 충분히 도움이 된다는 것입니다. 종교 역할이 큰 만큼 국가가 나서 종교를 적극적으로 보호하자는 말이지요.

수정안 찬성과 원안 찬성이 팽팽합니다. 토론이 진행될수록 수정안 찬성파가 밀리는 분위기를 느꼈던 걸까요? 가톨릭 신자인 장면 의원이 한발 물러서서 새로운 대안을 제시합니다. 국교 금지와 정교분리 조항은 삭제하되 제12조 2항을 "국가는 종교상 모든 행위를 보호한다."로 수정하자고 제안합니다. 위에서 이원홍 의원이 이미 지적했듯이 모든 자유처럼 신앙의 자유도 공공질서나 법을 어기면 제재를 받습니다. 한계가 있는 것입니다. 신앙의 자유만 그런 한계를 따로 정할 필요가 없다는 것을 장면 의원도 알고 있는 듯합니다. 장면 의원이 급히 새로운 수정안 제안을 한 이유는 아마도 필요 없는 논란을 없애 수정안 부결을 막으려는 의도 같습니다. 국교 금지와 정교분리를 삭제하는 것이 중요했기 때문입니다. 수정안을 제출한 이남규 의원도 장면 의원 의도를 간파했는지 재빨리 동의를 표해 이 수정안이 제1수정안이 됩니다.

쎄 긴 시간 동안 논쟁이 이어집니다. 한석범 의원이 도대체 조항 하나를 가지고 몇 시간을 끄는 것이냐며 불만을 토로합니다. 한석범 의원만 그렇게 느낀 게 아닙니다. 여기저기에서 토론을 끝내자고 웅성거립니다. 소란이 일자 김동원 부의장이 황급히 일어납니다. 어찌 된 영문인지 이참에는 시간 타령 대신 한 없는 여유를 보입니다. 종교 문제는 종교인 수백만 명이 가슴을 졸이면서 지켜보는 중대한 사안이니 충분히 토론하자고 합니다. 교회의 장로이니 그럴 만도 합니다. 그런 부의장과는 달리 의원들은 많이 지친 모양입니다. 사방에서 다른 조항으로 넘어가자는 갈라진 목소리가 계속 들립니다. 결국 토론 종결을 표결에 부칩니다. 대부분 의원이 토론을 끝내자고 하여 수정안과 원안 표결이 진행됩니다.

수정안에 반대하는 손이 우후죽순 올라옵니다. 수정안이 죄다 부결입니다. 길었던 토론치고는 싱거운 결말입니다. 이남규 의원과 장면 의원이 제출한 제1수정안이 찬성표를 가장 많이 얻긴 했지만, 재석의원

169인 중 82인이 반대하고 겨우 37인만 찬성합니다. 마침내 원안이 찬성 115인, 반대 65인으로 통과됩니다. 이렇게 제12조는 국교 금지, 정교분리를 담은 원안대로 확정됩니다.

종교의 자유를 다룬 제12조 토론에서 눈여겨볼 대목이 있습니다. 국교 금지와 정교분리 조항 삭제를 주장한 이들은 누구였을까요? 놀랍게도 대부분이 기독교인입니다. 제헌의원 중 기독교인이 몇 명인지는 정확히 알 수 없습니다. 대략 40명 안팎이었을 것으로 추정됩니다. 이들은 다른 조항에 비해 종교조항에 특별한 관심을 보이고 논쟁에도 활발하게 참여합니다. 제1수정안이 찬성 37표를 받은 걸 보면 기독교인들 대부분이 찬성표를 던졌다는 생각이 듭니다.

왜 다른 종교인들은 기독교인 주장에 동조하지 않은 걸까요? 왜 국교 금지와 정교분리를 담은 원안에 찬성표가 많았을까요? 그럴 만한 이유가 있습니다. 적지 않은 의원이 미군정 아래서 기독교가 우대받았다고 생각합니다. 그런 종교 편향이 종교 간 큰 분란을 초래할 수 있다는 우려가 큽니다. 기독교를 반대해서라기보다는 종교 편향적 낌새가 불안했던 것입니다.

불안과 우려가 공연한 것은 아닙니다. 그들을 불안하게 한 몇 가지 장면이 있습니다. 이승만 의장과 부의장인 김동원 의원은 기독교인입니다. 헌법기초위원 30명 중 8명이 기독교도입니다. 상황이 이렇다 보니 호남 유림을 대표했던 조국현 의원은 헌법기초위원회 구성에서 6대 종단이 고르지 않다고 항의하는 일까지 벌어집니다. 괜한 트집이 아닙니다. 자라 보고 놀란 가슴 솥뚜껑 보고 놀라기 마련입니다. 이미 국회 개원식에서 놀라운 사건을 목격했고, 비슷한 낌새를 다시 맡으니 항의할 수밖에 없습니다. 국회 개회식에서 나이가 가장 많아 임시의장으로 추대된 이승만은 목사 출신 이윤영 의원에게 하나님께 감사 기도를 드려달라고, 순서에도 없던 제안을 불쑥 던집니다. 부탁을 받은 이윤영 의원은 얼떨결에 이렇게 기도합니다.

이 우주와 만물을 창조하시고 인간의 역사를 섭리하시는 하나님이시여. 이 민족을 돌아보시고 이 땅에 축복하셔서 감사에 넘치는 오늘이 있게 하심을 주님께 저희는 성심으로 감사하나이다. (⋯) 역사의 첫걸음을 걷는 오늘 우리의 환희와 우리의 감격에 넘치는 민족적 기쁨을, 다 하나님에게 영광과 감사로 올리나이다. 이 모든 말씀을 주 예수 그리스도 이름 받들어 기도하나이다. 아멘.

이 사건으로 비기독교계 제헌의원들은 크게 동요합니다. 뒷말도 무성합니다. 팔이 안으로 굽어도 유분수라며 이승만의 종교 편향적인 태도에 불만이 이만저만이 아니었습니다. 당시 그 기도 사건이 제헌의원들을 얼마나 불편하게 했는지는 제2독회 들어 이재학 의원이 내뱉은 가시 돋친 말에서 잘 드러납니다.

말하기 거북합니다마는 개회식 때 의장께서 하느님 앞에 맹세한다고 하셨습니다. 기도의 지시를 받으신 의원이 올라와 예수님께 맹세한다고 하셨습니다. (⋯) 오늘날 세계 대부분 나라는 신앙문제나 신의 문제를 각 국민의 수양문제나 종교생활로 간주해 자유로이 방임하고 그 신앙생활을 존중하는 정도로 그치지, 신앙생활을 받도록 강요하는 일은 패망한 일본의 과거 헌법 속에나 있습니다.

- 이재학, 「제헌국회 회의록」 제1회 22호

더 큰 문제는 국회 개원식 기도사건만으로 사태가 일단락된 게 아니라는 점입니다. 개원식 기도사건은 헌법이 제정되기 전이라 위헌시비까지는 일어나지 않았습니다. 헌법이 공포된 지 7일 뒤에 치러진 대통령 취임식에서 결국 사달이 납니다. 이는 국회 개원식 기도 사건과는 차원이 다릅니다. 국교 금지와 정교분리를 정한 헌법이 버젓이 있는 상황에서 심각한 일이 벌어집니다. 무슨 일이 있었던 것일까요?

1948년 7월 24일, 대통령 취임식이 중앙청 앞 광장에서 열립니다. 이승만은 제헌헌법 제54조에 따라 대통령 취임선서를 합니다.

나 이승만은 국헌을 준수하며 국민의 복리를 증진하며 국가를 보호하여 대통령의 직책을 성실히 수행할 것을 국민에게 엄숙히 선언합니다.

이승만이 낭독한 선서는 제헌헌법 제54조에 나온 선서문과 다릅니다. 헌법에 담긴 선서문은 다음과 같습니다.

나는 국헌을 준수하며 국민의 복리를 증진하며 국가를 보위하여 대통령의 직무를 성실히 수행할 것을 국민에게 엄숙히 선서한다.

이승만은 헌법에 없는 '나 이승만'이라는 문구를 넣어 읽은 것입니다. 대통령 취임식이 끝나고 2주 정도 지나 열린 국회 본회의에서, 대통령 취임선서를 두고 성토가 이어집니다. 몇몇 의원은 이승만 대통령이 취임선서를 할 때 헌법을 어겼다며 강력히 반발합니다. 이승만의 취임 선서는 헌법 제54조에 있는 대통령 선서를 어겼을 뿐만 아니라 국교를 금지한 제12조를 위반했다고 합니다. 헌법에 없는 '나, 이승만'을 넣은 것이 문제라는 점은 이해가 되는데, 헌법 제12조 국교 금지 조항을 위반했다는 이유는 뭘까요?

의원들 말을 들어보니, 이승만이 선서에서 '나, 이승만'만 더 넣은 것이 아니라, '하나님 앞에서'라는 말도 했다고 합니다. 조헌영 의원이 처음 이 문제를 제기하는데, 대통령 취임식 선서문에 '하나님'을 넣은 것은 큰 문제라며 "나중에 불교 신자가 대통령이 되면 부처님이라고 할 것이냐?"라고 따집니다. 헌법이 정한 선서문을 공문화空文化한 것이라고 강력히 항의합니다. 서우석 의원은 더 나아가 위헌이라며 이렇게 비판합니다.

대통령 선서에서 '나 이승만은', 그 밑에 가서 '하나님과 국민에게'라고 하여 헌법 규정 이외의 말을 쓴 것은 명백히 위헌이라고 생각합니다. (…) 대통령의 신앙 여하에 의지해서 헌법의 선서문이 변경될 우려가 있는 까닭으로, 우리 국회는 마땅히 (…) 대통령 선서 가운데

헌법의 순간

에 '하나님' 운운을 넣는 것을 명백한 위헌이라고 하는 것을 지적하고 정부에 통고하는 것이 좋다고 생각합니다.

— 서우석, 「제헌국회 회의록」 제1회 40호

당시 대통령 취임선서에서 이승만이 헌법에 없는 '나 이승만'이라는 말을 한 사실은 분명합니다. 그런데 이상합니다. 녹음 기록을 아무리 들어봐도 '하나님'이라는 말은 들리지 않습니다. 의원들은 왜 '하나님'이라는 말을 했다며 정교분리 문제를 들고 나선 것일까요? 1948년 9월 1일, 처음 발행된 정부 관보에 실린 대통령 취임선서에도 '나 이승만'은 있지만 '하나님'은 들어있지 않습니다. 의원들이 잘못 들은 것이 분명합니다. 왜 그들은 확신하듯 이승만 대통령이 하나님을 운운했다고, 위헌 행위를 저질렀다고 주장했을까요? 이유는 알 수 없습니다. 정황으로 보아 착각한 것 같습니다. 대통령 선서가 끝나고 곧바로 이어진 취임사에서 이승만은 "대통령 선서하는 이 자리에서 하나님과 동포 앞에서 나의 직무를 충실히 하겠다."라고 맹세합니다. 이 발언이 대통령 선서와 뒤섞여 혼동을 일으켰을 수 있습니다. 아무튼, 의원들 반응은 다소 과도했지만, 이해는 됩니다. 이승만 대통령의 취임사에서도 나타나듯 종교 편향적 태도가 그치지 않고 이어지자 큰 불만이 쌓여 있었던 것입니다.

'나 이승만'이라고만 했다고 해도 헌법이 정한 취임선서문을 마음대로 고치거나 달리 읽은 것은 잘못입니다. 미국에서 이런 일이 있었습니다. 미국 헌법 제2조에는 취임선서문이 이렇게 명시되어 있습니다.

나는 합중국 대통령의 직무를 성실히 수행하며, 나의 능력의 최선을 다하여 합중국 헌법을 보전하고, 보호하고, 수호할 것을 엄숙히 선서한다.

I do solemnly swear (or affirm) that I will **faithfully** execute the Office of President of the United States, and will to the best of my ability, preserve, protect and defend the Constitution of the United States.

2009년 미국 의회의사당에서 오바마 대통령 취임식이 열립니다. 1월이어서 추웠던 걸까요? 어이없는 실수가 벌어집니다. 취임선서는 대법원장이 선창하고 대통령이 따라 하는데, 이날 대법원장은 문구 순서(faithfully)를 틀리게 선창합니다.

(…) that I will execute the Office of President of the United States **faithfully** (…)

이 선창을 오바마 대통령은 그대로 따라 하고 맙니다. 곧바로 헌법을 어겼다는 비판이 거세집니다. 한바탕 소동은 오바마 대통령이 백악관에서 취임선서를 다시 하고서야 그칩니다. 그렇게 다시 취임선서를 해 위헌시비를 없애고 헌법을 지키는 대통령 모습을 보여줍니다.

다소 오해가 있었지만, 이승만 대통령 취임선서 논란은 시비를 분명히 가리지 않고 흐지부지됩니다. 그래서였을까요? 이승만은 1952년 대통령 취임선서 때도 당당하게 "나 이승만"이라고 말합니다. 대통령이 한 발언으로 종교 편향 논란도 끊이지 않고 일어납니다. 최근에도 현직 대통령이 교회 부활절 예배에서 이렇게 발언해 시끄러운 적이 있습니다.

> 저는 늘 자유민주주의라는 우리 헌법 정신, 그리고 우리 사회의 제도와 질서가 다 성경 말씀에 담겨 있고 거기서 나왔다고 생각합니다.

어떤가요? 이 발언을 두고 종교적 중립성을 훼손했다는 지적은 지나친 걸까요? 기독교 기념일에 의례적으로 한 말쯤으로 여겨야 할까요? 헌법의 순간에 새겨진 헌법 정신은 분명합니다. 다양한 종교인은 물론 무신론자까지 모두 차별하지 않고 존중하며 평화롭게 공존하는 민주공화국을 바랍니다. 민주공화국은 다양성을 생명으로 합니다. 국가가 특정 종교를 우대하고 종교는 특정 정치집단에 협력하는, **정치의 종교화**나 **종교의 정치화**는 그 다양성을 파괴합니다.

정치인이 종교인의 표를 얻으려고 특정 종교에 빌붙거나 종교 지도자가 표를 무기로 정치세력을 주무르는 일이 심심찮게 일어납니다. 국가는 종교적 중립성을 철저히 지키고, 종교도 국가권력에 휘둘리거나 결탁해서는 안 됩니다. 그것이 헌법 정신입니다. 정치 지도자들도 공적인 자리에서 특정 종교를 우대하거나 종교 편향적인 발언은 자제해야 합니다. 그런 발언들이 종교 간 갈등을 유발할 수 있기 때문입니다. 정치와 종교가 헌법 정신을 잘 실천해 세계에서 유례가 없는 평화로운 다종교 국가로 발전하기를 바랍니다.

제10장

진정한 광복은 경제민주화

노동자의 경영참여권과 이익균점권

유구한 역사와 전통에 빛나는 우리들 대한국민은 **기미 삼일운동**으로 **대한민국**을 건립하여 세계에 선포한 위대한 독립정신을 계승하여 이제 민주독립국가를 재건함에 있어서 정의인도와 동포애로써 **민족의 단결**을 공고히 하며 모든 사회적 폐습을 타파하고 민주주의제제도를 수립하여 정치, 경제, 사회, 문화의 모든 영역에 있어서 각인의 **기회를 균등**히 하고 능력을 최고도로 발휘케 하며 각인의 책임과 의무를 완수케하여 안으로는 **국민생활의 균등한 향상**을 기하고 밖으로는 항구적인 국제평화의 유지에 노력하여 우리들과 우리들의 자손의 **안전과 자유**와 행복을 영원히 확보할 것을 결의하고 우리들의 정당 또 자유로히 **선거**된 대표로써 구성된 **국회**에서 단기 4281년 7월 12일 이 **헌법**을 제정한다.

제헌헌법 제17조
모든 국민은 근로의 권리와 의무를 가진다.

제헌헌법 제18조
영리를 목적으로 하는 사기업에 있어서는
근로자는 법률의 정하는 바에 의하여
이익의 분배에 균점할 권리가 있다.

불환빈 환불균不患貧 患不均이라는 멋진 말이 있습니다. 가난함을 근심하지 않고 균등하지 않음을 근심한다는 뜻입니다. 가난도 서러운데 차별까지 받는다면 어떨까요? 좌절과 분노가 일기 십상입니다. 풍요로움 이전에 조화로움이 필요합니다. 나라를 조화롭게 만들려면 균등에 힘써야 합니다. 일한 만큼 제대로 몫을 받아야 합니다. 빈부에 상관없이 균등한 기회를 누릴 수 있어야 합니다.

한국은 어떤가요? 모두가 함께 풍요로움을 나누며 조화롭게 살고 있나요? 풍요롭지는 않지만 공평한 사회라서 만족할 만한가요? 한국 사람은 그렇게 느끼지 않는 것 같습니다. 갈등을 일으키는 가장 큰 요인을 물어보면 이구동성으로 빈부격차를 꼽습니다. 빈부격차와 불공평이 심해 분노와 적대감이 커지고 있다고 합니다. 그런 인식은 공연한 것이 아닙니다. 한국은 경제개발협력기구OECD 회원국 중 빈부격차가 가장 빠르게 악화하는 나라라 합니다. 어쩌다 이렇게 되었을까요?

궁금합니다. 헌법의 순간, 대한민국은 어떤 나라를 꿈꾸었을까요? 일제가 자행한 지긋지긋한 착취와 수탈에서 해방된 사람들은 어떤 염원을 가슴에 품었을까요? 분명 지금 모습은 아니었을 것입니다. 그 꿈을 찾으러 헌법의 순간으로 가보아야겠습니다. 그 꿈이 우리에게 지금과는 다른 길을 보여 줄 수도 있지 않을까요?

유진오 전문위원은 헌법초안(헌법안)을 설명하며 헌법의 기본정신이 약자를 돕고 모두가 균등한 삶을 누리자는 것이라 말합니다. 헌법 정신을 실현하는 데 무엇보다 시급한 문제가 경제적 민주주의입니다. 해방 직후 경제적 혼란과 민생고는 이루 말할 수 없습니다. 가난한 이들은 더 괴롭습니다. 1936년과 비교해 1946년 소매 물가는 223배나 뜁니다. 반면 노동자 임금은 겨우 71배밖에 오르지 않습니다. 1946년 실업자 수는 105만 명에 달합니다. 힘들어서 못살겠다는 아우성이 넘쳐납니다.

제헌의원들 어깨가 무겁습니다. 혼란한 나라와 궁핍한 현실이 어깨를 짓누릅니다. 모두가 함께 잘살 수 있는 균등한 경제 기초를 하루바삐 만들어야 합니다. 그런 막중한 책임을 갖고 헌법의 순간을 맞이합니다. 어찌 된 영문인지 헌법안을 펼쳐 든 제헌의원들 낯빛이 어둡습니다. 헌법에서 가장 골자가 될 뼈다귀가 없는 탓입니다. 누구 말대로 바람 빠진 타이어가 따로 없습니다. 나라에 만연한 불균등과 빈부격차를 해결해 만민공생과 균등경제를 이루어야 하거늘, 구체적인 방도가 눈에 띄지 않습니다.

비판이 쏟아집니다. 헌법안을 보자 하니, 관심이 딴 데 있는 것 같다고 합니다. 정치적 민주주의 문제에는 한껏 공을 들였으나 경제적 민주

226   헌법의 순간

주의 문제에는 그렇지 않습니다. 경제적 민주주의를 이루는 것이 헌법 정신이라면서도 다루는 시늉만 했다는 느낌을 지울 수가 없습니다. 일에는 앞뒤 순서가 있는 법입니다. 민생은 도탄에 빠져있고, 나라 살림은 파탄지경입니다. 특히 노동자와 자본가의 갈등이 최고조에 이르러 하루도 조용할 날이 없습니다. 먹고 사는 문제를 당장은 해결하지 못하더라도 앞으로 모두가 잘사는 나라를 어떻게 만들지 희망은 주어야 합니다. 그 희망이 보이지 않았던 것입니다. 그런 느낌을 누구보다 강하게 받은 이가 바로 대한노총* 위원장 출신 전진한 의원입니다. 그는 헌법안을 이렇게 혹평합니다.

> 정치적 민주주의를 위한 세목은 어느 정도 있습니다마는, 실질적인 경제적 민주주의를 위한 세목은 너무 추상적이고 그 규정성에서 매우 결함이 있습니다. 지금 전 세계 인류가 가장 곤란을 느끼고 고심하는 문제는 노동자와 자본가 사이의 문제입니다. 조선에서도 민족을 사상적으로 가장 분열을 시키고 혼란과 상쟁을 일으키는 원인이 이 노자문제에 있는 것입니다. 여기에 대한 특별한 결정안이 없다고 하면 여기에 나열된 모든 정치적 자유, 평등이라는 것은 화병이 되겠다는 말입니다.
>
> – 전진한, 「제헌국회 회의록」 제1회 20호

---

* 대한노총(대한노동총연맹)은 현재 한국노총(한국노동조합총연맹)의 전신이다.

절절한 웅변에 많은 의원이 공감을 표합니다. 박수를 보내는 이들, 고개를 끄덕이는 이들이 눈에 띕니다. 팔짱을 낀 채 무거운 표정을 짓고 있는 이들도 있습니다. 이 문제가 헌법의 순간을 통틀어 가장 격렬한 논쟁이 될 것을 암시라도 하듯 분위기가 침통합니다. 이틀에 걸쳐 10시간 넘는 토론이 벌어지고, 그 결과 헌법 제18조에 새로운 개념을 담은 조항 하나가 신설됩니다. 세계 어느 헌법에서도 유례를 찾을 수 없는 독특한 개념이란 바로 **노동자 이익균점권**입니다.

말이 좀 어렵습니다. 쉽게 말해 임금과 별개로 기업이윤을 노동자에게도 균등하게 분배하자는 의미입니다. 노동자가 불쌍해서가 아니라 그들에게도 이윤을 나누어 가질 권리가 있기 때문이지요. 이익균점권은 왜 그토록 격렬한 논쟁을 몰고 왔을까요? 어떻게 듣도 보도 못한 생소한 조항이 헌법에 담겼을까요? 이를 둘러싸고 어떤 논리들이 부딪혔을까요? 그토록 어렵게 만들어진 이익균점권은 왜 현행헌법에 없는 걸까요? 모든 것이 궁금할 따름입니다.

헌법안 제17조와 제18조에는 노동권이 담겨 있습니다. 제17조는 "모든 국민은 근로의 권리와 의무를 가진다."라고 정합니다. 제18조는 "근로자의 단결, 단체교섭과 단체행동의 자유는 법률의 범위 내에서 보장된다."라고 하여 노동삼권을 보장합니다. 다수 의원은 제18조에 있는 노동삼권으로는 첨예한 노동문제를 풀 수 없다고 주장합니다. 이 조항에 노동자가 일한 만큼 정당한 몫을 요구할 권리도 포함하자고 합니다. 그래야 만민공생과 균등경제를 실현할 수 있다는 것입니다. 그 방안으로 나온 것이 **노동자 경영참여권**과 **노동자 이익균점권**입니다.

헌법의 순간, 경영참여권과 이익균점권을 노동자 권리로 보장하자는 수정안이 7개나 제출됩니다. 수정안에 참여한 의원 수만 해도 80명이 넘습니다. 그뿐만이 아닙니다. 일분일초를 아껴 진행하던 헌법 독회에서 이 사안을 두고 이틀에 걸친 토론이 벌어집니다. 헌법의 순간 통틀어 가장 긴 시간 진행된 논쟁입니다. 찬반 양 진영은 치밀한 전략을 구사합니다. 처음으로 수정안 표결을 무기명투표로 진행했습니다. 자구 수정만 하는 마지막 제3독회에서도 조항 내용이 수정됩니다. 얼마나 불꽃 튀기는 순간이었는지 짐작이 가지요?

국회 안에서만 그런 것이 아닙니다. 장외분위기도 후끈합니다. 이 조항을 두고 벌어진 논의를 언론은 연일 대서특필합니다. 많은 노동단체, 사회단체도 지지와 반대를 위한 탄원서와 의견서를 국회에 보냅니다. 대한노총과 관련된 33개 단체, 대한노총 외 19개 단체, 인천조선섬유회 분회 등 32개 단체는 수정안을 지지하는 탄원서를 냅니다. 기업가 단체인 조선상공회의소 같은 단체는 반대 의견을 피력합니다. 의원들 부담이 이만저만이 아닙니다.

대한노총은 헌법기초위원회가 헌법안을 준비하던 1948년 6월 14일에 「노동헌장」을 국회에 제출합니다. 그 안에 이미 이익균점제 내용이 아주 구체적으로 나와 있습니다.

노동과 기술은 자본으로 간주한다. 관, 공, 사영 일체 기업체에 속한 노동자는 임금 이외에 당해 기업체 이윤 중에서 최저 30% 이상 50% 이내의 이익 배당을 받을 권리가 있다. 각개 기업체에 대한 구체적

이익배당률은 국민경제회의의 결의를 거쳐 법률로써 정한다.

약간 헷갈립니다. 국회 안팎에서 이렇게 큰 관심도 보이고 압력도 넣었는데, 왜 헌법기초위원회는 헌법안을 작성하면서 관련 조항을 안 넣었을까요? 헌법기초위원회에서도 다툼이 없었던 건 아닙니다. 헌법 독해를 하던 중 헌법기초위원이었던 허정 의원이 이런 발언을 합니다.

이 문제(경영참여권과 이익균점권)는 헌법기초위원회에서도 많이 토의했습니다. 또 토의된 그것이 일반에게 전파될 것이라고 해서 이 문제에 대해서는 각 방면으로 충분히 연구해서 통과하자는 반면에 찬반양론이 많은 이론이었습니다.

– 허정, 「제헌국회 회의록」 제1회 25호

헌법기초위원회에서 경영참여권과 이익균점권 조항을 넣자고 강하게 주장한 이는 무소속 윤석구 의원으로 알려져 있습니다. "기업체 운영에 노동자 참여를 보장하고, 기업체 이익을 노동자에게 균등하게 배분하는 조문을 넣자."라고 말했지만, 표결에서 한민당계 기초위원 다수가 반대해 헌법안에 담기지 못합니다.

헌법의 순간, 상황은 변합니다. 헌법안에 담긴 노동권 조항으로는 국민 기대를 충족시킬 수 없다는 데 공감이 형성됩니다. 민심을 외면해서는 안 된다는 분위기도 고조됩니다. 박기운 의원은 "국민이 사느냐, 죽느냐가 이 문제에 달렸다!"라며, 극적인 호소도 합니다. 그가 전하는 당시 민심을 한 번 들어볼까요?

> 지금 국회 내에서 헌법초안 제17조가 수정되느냐 안 되느냐 하고 일
> 대 격론이 일어난 이 순간, 북한 동포나 남한 동포나 시청이 집중되
> 어 가지고 있다는 것을 아십니까? 저 바다 가운데 제주도에서 우리
> 민족끼리 피를 흘리고 싸우고 있는 참혹함 속에서도(제주 4·3사건) 서로
> 총대를 버리고 헌법 제17조가 어찌 되었는가 하고 라디오에 귀를 기
> 울이고 있다는 것을 아십니까? (…) 국회의원 동지 여러분, 민족을 살
> 리겠습니까, 죽이겠습니까? 헌법초안 제17조가 우리 민족을 살리고
> 죽이고 하는 조목입니다.
>
> – 박기운, 「제헌국회 회의록」 제1회 24호

이익균점권을 도입해 민족을 살리고, 국민의 기대에 부응하자고 합
니다. 그 기대에 부응이라도 하려는 듯 다양한 수정안들이 쏟아집니다.
수정안이 많으니 회의 진행이 쉽지 않습니다. 한동안 우왕좌왕합니다.
그 순간, 서우석 의원이 해결책을 내놓습니다. 전문가, 그리고 수정안
을 낸 의원들로 특별위원회를 짜서 수정안들을 다시 검토한 후 의논하
자고 합니다. 때마침 서상일 의원이 반가운 소식을 전합니다. 여러 수
정안을 제안한 의원들이 타협과 절충을 했다고 합니다. 그 결과 수정
안이 두 개로 정리되었다고 하니, 여기저기에서 박수가 들리고, "잘 했
소!"라며 격려하는 이도 있습니다. 문시환 의원 외 18인, 조종승 의원
외 12인, 강욱중 의원 외 11인이 제출한 세 개를 합쳐 제1수정안을 만

들고, 조병한 의원 외 10인이 낸 것을 제2수정안으로 합니다. 이 두 개 수정안을 두고 곧바로 찬반 토론이 진행됩니다.

제1수정안은 노동자들이 기업 운영에 참여하게 하고, 기업이익 일부를 노동자들에게도 균등하게 분배하자는 내용을 담았습니다. 제17조에 "모든 국민은 근로의 권리와 의무가 있으며 근로자는 노자협조와 생산 증가를 위하여 법률의 정하는 범위 내에서 기업 운영에 참여할 권리가 있다."와 "기업주는 기업이익 일부를 법률의 정하는 바에 의하여 임금 이외의 적당한 명목으로 근로자에게 균점시켜야 한다."를 추가하자는 것입니다. 조병한 의원이 낸 제2수정안은 제1수정안과 달리 노동자 경영참여권 내용이 없습니다. 제17조 2항에 노동자가 이익배당의 균점권을 갖는다는 내용만을 추가합니다. 두 개 수정안은 노동자에게도 기업의 이익을 균등하게 배당하자는 내용을 공통으로 담고 있습니다.

문시환 의원이 제1수정안 설명에 나섭니다. 노동 분야에 상당한 식견이 있는 인물입니다. 상해 임시정부가 조직을 개편하려고 1923년 전국 대표를 소집해 국민대표회의를 열었을 때, 경남대표로 참석해 노동 분과위원을 맡기도 했지요. 그는 헌법 정신인 경제적 민주화를 이루려면 제1수정안이 반드시 통과되어야 한다고 주장합니다. 그가 말하는 경제민주화란 무엇일까요? 돈을 지불하는 자본가와 노동력을 제공하는 노동자가 평등하게 기업 운영에 참여해, 양자가 같이 책임과 의무를 지는 것이야말로 경제적 민주화라고 합니다. 일본이 조선인 근로자를 대했듯이 노동자를 임금 노예 취급해서는 안 된다고 호소합니다. 노예 운명은 주인이 결정합니다. 주인 뜻에 고스란히 따라야 합니다. 노동자들이 생계를 유지하려고 노예처럼 일만 해야 한다면, 해방은 누구를 위한 것이고 무슨 의미가 있는 것일까요?

노동자를 노예가 아니라 인간으로 대우하자고 합니다. 노동자가 경영에 참여하고, 그들이 정당한 몫을 받는 것을 두고 공산주의니 사회주의니 다투지 말자고 호소합니다. 이미 세계 각국이 가고 있는 방향이라고 힘주어 말합니다. 노동자 경영참여를 반대하는 이들이 이념문제로 끌고 갈지도 모르니 선수를 친 듯합니다. 그는 경영참여권과 이익균점권을 헌법 조항에 넣어야 하는 이유를 이렇게 설명합니다.

정치적으로만 민주주의를 실행할 것이 아니라 경제적 민주주의를 실행하자는 것이 이 조항입니다. 노동자 인권을 옹호하고, 근로 권리와 의무가 있다는 것만으로는 안 되니까 경영에 대해서도 돈 내는 자본주, 노동력을 내는 노동자가 같이 책임을 지고, 같이 의무를 가지는 동시에 운영에 대한 권한을 주어야 할 것입니다. (…) 기업주가 그 기업에 이익의 일부를 법률이 정하는 범위 내에서 임금 이외에 적당한 명목으로 노동자에게 균점시키자는 것은 지금 새로 정하는 것이 아닙니다. 이미 기업주가 하고 있습니다. 그러나 모든 사정을 이해하지 못해서, 자기 이익을 위해서 안 하는 사람도 있습니다. 그럼으로 이것을 법규로 정해서 하지 않으면 안 된다고 생각합니다.

― 문시환, 「제헌국회 회의록」 제1회 24호

그야말로 열변입니다. 그는 독일이나 이탈리아 헌법이 노동자 경영참여를 보장하고 있다는 사실도 언급합니다. 기업이익을 나누는 것이 자본가가 베푸는 시혜가 아니라 법이 보장하는 노동자의 권리여야 한다는 말도 인상적입니다.

제2수정안은 무소속 조병한 의원이 설명합니다. 그는 대동무역공사라는 기업의 사장 출신입니다. 기업가이면서도 노동자 이익균점권 도입을 주장하는 이유가 궁금합니다. 그는 문시환 의원이 길게 설명한 탓에 조항 취지만 간략하게 말합니다. 이익균점권을 보장하면 노사 간 협조로 기업 생산력이 향상되고 노동자에게도 희망을 줄 것이라고 합니다. 그러면서 '균점'을 기업가와 노동자가 똑같이 나누자는 것이 아니라 법률이 정하는 한계 내에서 얼마간의 이익을 노동자에게 배당하자는 뜻이라고 설명합니다. 토지를 농민에게 분배하기로 했듯이 기업 이익도 노동자에게 분배해야 마땅하다는 논리도 내세웁니다.

수정안 제안 설명이 끝나자 기다렸다는 듯 발언 신청이 쇄도합니다. 파란이 일 모양입니다. 논쟁은 한민당 부당수였던 김준연 의원 발언으로 시작됩니다. 한민당은 지주와 자본가들을 대변하는 보수정당입니다. 그는 단순하면서도 핵심을 담은 문장 하나를 던집니다.

기업이 잘되어야 노동자도 잘된다.

어디서 많이 들어본 말 아닌가요? 맞습니다. 기업이 돈을 벌면 그 이익이 자연히 노동자에게 흘러 들어간다는 낙수효과론입니다. 노동자 경영참여나 이익균점은 기업가를 위축시키고 기업 활동을 제약해 결국 그 피해는 고스란히 노동자가 본다는 것이지요. 그러면서 노동자는 단결권, 단체교섭권, 단체행동권만으로도 충분히 자신들의 이익을 지킬 수 있다는 말도 덧붙입니다. 듣자 하니 위협에 가깝습니다.

회의장이 일순간 소란스러워집니다. 이 문제를 중대한 사안으로 보는 이들은 상투적인 논리로 기업가를 옹호하는 발언에 간이 뒤집힙니다. 부아가 날 대로 난 의원들이 곳곳에서 발언을 신청합니다. 그 바람에 회의 진행이 어려울 지경입니다. 윤재욱 의원, 정해준 의원, 윤석구 의원이 연달아 수정안 찬성 발언을 이어갑니다. 정해준 의원은 무시무시한 예언도 서슴지 않습니다. 제1수정안 지지를 호소하면서 만약 그것이 통과 안 되면 "남한에서 폭동이 일어날 것"이라고 경고합니다. 발언이 끝날 때마다 "의장! 의장!" 소리치며 손을 들거나 기립해 소리치는 이들로 회의장은 북새통입니다.

오전 마지막 발언 기회를 윤석구 의원이 얻습니다. 헌법기초위원회에서도 노동자 경영참여권과 이익균점권 조항을 넣자고 주장했던 인물입니다. 노동도 자본이고 노동자도 자본 소유 주체라는 그의 노동관은 김준연 의원 생각과는 차이가 커 보입니다.

우리의 농민, 노동자가 모두 생산하는 것이 1년에 몇천만 원 나온다면 그것이 자본으로만 가능한 것이 아닙니다. 노동력이 가해져서 이익이 나온 만큼, 그런 자본을 나누어 준다는 것이 무엇이 잘못인지 모르겠습니다.

— 윤석구, 「제헌국회 회의록」 제1회 24호

어느새 오전 회의 시간이 다 흘렀습니다. 금강산도 식후경이라는데 시간 가는 줄 모르고 발언을 이어가려 합니다. 온갖 곳에서 신익희 부의장을 소리쳐 부릅니다. 간절하게 발언을 신청하지만 아랑곳하지 않고 휴회를 선언합니다. "부의장! 부의장!"라고 부르는 소리보다 배꼽시계 소리가 더 큽니다.

오후 2시에 회의가 다시 열립니다. 점심을 먹고 온 뒤라서 그런지 회의장에 다시 활력이 넘칩니다. 논쟁에 불이 붙을 모양입니다. 그 상황을 예감한 신익희 부의장은 부디 짧게 의사 표현을 해 달라 간청합니다. 오후 첫 발언권은 박해극 의원이 얻습니다. 그는 수정안을 반박합니다. 수정안대로 노동자에게 기업운영권과 이익균점권을 주면 오히려 노동자가 기업을 쥐락펴락해 노동자가 기업가를 착취하는 꼴이 되지 않겠냐고 합니다. 만약 기업 운영이 불안정해진다면 생활에 아주 안 좋은 영향을 미칠 것이라며 김준연 의원 논리를 반복합니다.

박해극 의원 발언에 신성균 의원이 쏘아붙입니다. "수정안대로 하면 노동자가 자본가를 착취할 염려가 있다."라는 주장이 황당했나 봅니다. "그럼, 자본가는 노동자를 착취해도 좋은가?"라고 보기 좋게 반박합니다. 그는 진정한 독립은 노동자의 해방이라고 강조합니다. 노동자의 경영참여는 노동자를 해방하는 길이며, 이 문제는 법률로 정할 수 있는 근로 조건 문제와는 다르기에 반드시 헌법으로 정해야 한다고 주장합니다.

수정안 반대파에 김준연 의원이 있다면, 수정안 찬성파에는 전진한 의원이 있습니다. 전진한 의원은 대한노총 위원장으로 이미 헌법기초위원회에 노동자 경영참여권과 이익균점권을 헌법에 담아야 한다는 제안서를 제출한 바 있습니다. 그 요구가 담기지 않은 헌법안을 본 그가 느낀 분노는 이만저만이 아닙니다. 그래서였을까요? 발언 시간을 6~7분 정도로 제한해 달라는 신익희 부의장 당부를 들은 척도 하지 않습니다. 그는 무려 20분 동안 숱한 말을 꺾이지 않고 쏟아냅니다.

전진한 의원 발언에는 노동자 경영참여와 이익균점을 옹호하는 핵심 논리가 담겨 있습니다. 그가 한 주장에서 눈여겨보아야 할 몇 대목만 볼까요? 첫째, 그는 경영참여와 이익균점이 필요한 이유로 적산敵産 문제를 거론합니다. 적산이란 해방 뒤에 일본인이 남기고 떠난 공장이나 사업체들입니다. 해방 직후 미군정이 접수한 적산은 당시 국부의 80%를 차지할 정도로 막대합니다. 그중에서 제조업체는 전체 사업체 70%에 이릅니다. 한마디로 적산은 해방 당시의 산업 근간이자 경제 기반입니다. 자연히 적산 처리 문제가 국가 경제를 좌우하게 될 것입니다. 전진한 의원은 적산이 민족 공동재산이라고 봅니다. 그러니 노동자도 적산 운영에 참여해야 하고, 거기에서 나오는 이익도 균점해야 한다고 주장합니다. 경영참여와 이익균점은 단순히 노동자 생존권 문제가 아니라 정당한 적산 처리 방식이자 새로운 경제 질서라는 것입니다. 그는 이렇게 설명합니다.

일본 사람이 나간 뒤에 오늘날 모든 산업기구, 소위 적산은 앞으로 이 민족적 공유물이 될 것이올시다. 그러면 조선의 산업 근간이요, 조선 산업의 전체라고 볼 수 있는 이 문제를 놓고, 이 이익을 누가 가지겠는가? 소위 자본가라든지 기업가가 이것을 독점해서 노동자는 다시 그 기업가나 자본가 밑에서 예속되어서 일해 나갈 것인가? 이 재산에 대해서 노동자도 발언권과 이익을 점하는 것인가? 이 문제올시다.

— 전진한, 「제헌국회 회의록」 제1회 24호

당시 많은 사람이 일제가 남긴 적산은 민족 공동재산이라고 생각합니다. 민족 공동재산을 기업가에게만 주고 노동자들을 배제한다면 틀림없이 노동자는 큰 불만을 가질 것입니다. 적산 경영에 노동자도 참여하고, 거기에서 나오는 이익도 공유해야 노동자와 기업가가 협조할 수 있다고 봅니다. 여담으로, 문시환 의원이 낸 수정안도 그런 취지를 담았습니다. 문시환 의원은 해방 후에 일본이 남긴 적산을 활용하면 노자(노동자와 자본가)가 잘 협조할 수 있을 것이라 주장합니다.

다시 전진한 의원의 발언으로 돌아가겠습니다. 둘째, 당시 경제 조건을 살펴보면 노동자의 역량 없이는 산업을 운영할 수 없었습니다. 생산성을 향상하려면 전 민족 역량을 결집해야 하고, 역량을 결집하려면 노동자 경영참여와 이익분배가 필요하다는 것입니다. 그는 노동자, 기업가, 국가를 아울러 함께 협력할 수 있게 하는 기관을 만들자는 제안도 합니다. 1998년에 처음 만들어진 '경제사회발전 노사정위원회' 같은 기구를 이미 이때 구상했던 것입니다.

국가와 근로대중의 힘 없이는 조선의 경제부흥을 볼 수 없을 것입니다. (…) 국가는 모든 국가의 것을, 자본가는 자본가의 것을, 노동자는 노동자의 것, 즉 자기 맡은 바 일을 하며 그 지위를 보장하자는 것입니다. 그러하면 서로 협조하는 기관이 필요합니다. 서로의 방면에서 의견을 교환하는 것이 필요하다 그것이올시다. 다시 말하면 어떠한 기관을 세워 노동자의 의견을 들어야 해요.

– 전진한, 「제헌국회 회의록」 제1회 24호

셋째, 경영참여와 이익균점은 전 민족을 살리는 방안이라고 호소합니다. 공산주의나 사회주의를 따르는 것도, 노동자만을 우대하자는 것도 아니라고 합니다. 전 민족이 시행할 수 있는 원칙이라는 점을 강조합니다. 이 말은 수정안을 통과시키려고 괜히 하는 소리가 아닙니다. 반공 우익 성향인 대한노총 위원장을 지낸 이력과도 어울립니다. 계급투쟁과 파괴주의를 극복하려면 반드시 노동자와 자본가의 협력이 필요하다는 것입니다. 그렇지 않으면 노동자들이 남한 정부를 지지하지 않는 상황이 벌어져, 장차 통일이 어려워질 수도 있다고 우려합니다.

우리가 민주주의 노동운동을 전개하지 않을 것 같으면 국내적으로는 근로대중에게 위반이 될 것이고, 국제적으로는 우리가 남북을 통일할 기본을 잃고, 또 일면에서 남조선 정권이 남북을 통일할 수 없는 한 개의 정권이라고 볼 수밖에 없을 것입니다.

– 전진한, 「제헌국회 회의록」 제1회 24호

발언이 길어질수록 신익희 부의장 표정이 일그러집니다. 연신 헛기침을 해대지만 20분이 넘도록 멈추지 않는 발언에 화가 치밀어 오릅니다. 짧게 발언하라는 당부를 반복합니다. 이번에는 노일환 의원이 토론에 나섭니다. 그는 한민당 소속이었지만 소장파로 분류되는 개혁적 인물입니다. 그는 노동자 이익균점에는 찬성하지만 노동자 경영참여에는 반대합니다. 무슨 이윤지 한 번 들어볼까요?

> 생산 증강을 위하여 기업 운영에 참여한다는 노자협조란, 노동자가 주장하는 권리를 자본가에 맡겨놓고 생산 증가라는 명목으로 노동력을 상품화하려는 것이라고 봅니다. (…) 단지 참여시키는 것은 노자협조라는 허울 좋은 문구를 나열시키고 실제로는 오히려 노동자에게 해를 끼칠 우려가 있습니다.
>
> — 노일환, 「제헌국회 회의록」 제1회 24호

노일환 의원이 노동자 경영참여에 반대하는 이유는 수정안 반대파의 핵심 논리와는 결이 다릅니다. 노동자가 경영에 참여하면 노동자가 아니라 기업주가 되기 때문에, 따로 이익을 분배받으면 그것은 논리적으로 맞지 않다고 지적합니다. 더 나아가 노동자 경영참여는 오히려 노동자에게 불리하다고 합니다. 노사협조는 허울 좋은 말일 뿐, 생산 증대를 명목으로 노동자들은 더 많은 통제를 당하거나 더 많은 양보를 해야 할 우려가 크다는 것이지요. 쉽게 말해 노동자가 경영에 참여하면 경영자라는 허울 아래 생산을 증강하려고 노동을 강요당하지만, 경영자가 되었기 때문에 헌법이 보장한 노동권을 제대로 행사할 수 없게 된다는 것입니다.

조국현 의원도 아주 중요한 문제를 지적합니다. 헌법 체계상 경영참여권과 이익균점권을 국민 권리와 의무장에 있는 노동권 조항이 아니라 제6장 경제장에 넣자고 합니다. 경영참여권이나 이익균점권이 단순히 노동자 권리 보장을 넘어 새로운 경제 질서를 형성하는 중요한 문제라는 것이지요. 경제적 민주주의와 관련된 조항이라는 설명도 있어서 조국현 의원 제안에 일리가 있습니다. 더욱이 제2장 기본권장에 이 조항을 넣으면 노동자를 특수계급화할 우려가 있다는 점도 지적합니다.

이것은 국민의 권리·의무에 넣을 일이 아니라고 생각합니다. 왜 그러냐 하면 제8조에 "사회적 특수계급의 제도는 일체 인정되지 아니하여 여하한 형태로도 이를 창설하지 못한다."라고 했기 때문입니다. 국민의 의무에서 "모든 국민은" 할 때의 모든 국민 속에 근로자를 빼서는 안 될 것입니다. 또 모든 국민이 근로자만 한정된 것도 아닙니다. 그렇기에 경제장 제85조, 제86조에 당연히 들어가야 한다고 주장합니다.

– 조국현, 「제헌국회 회의록」 제1회 24호

조국현 의원 의견에 수정안 찬성파도 약간 술렁입니다. 수정안 찬성파 안에서도 의견이 조금씩 엇갈립니다. 기회의 신은 앞머리만 있고 뒤통수는 대머리랍니다. 다가온 기회는 잡아야 하고 지나간 기회는 잡을 수 없습니다. 잠자코 있던 수정안 반대파가 이 술렁임을 놓치지 않고 급히 앞머리를 잡습니다. 한민당 소속 김도연 의원이 나섭니다. 워싱턴 D.C.의 아메리칸대학교에서 경제학 박사학위를 취득한 인물로, 한민당에서 내로라하는 경제통입니다. 당시에 경제를 다루는 상임위원회인 재정경제위원회 위원장도 맡았습니다. 그런 만큼 어떤 논리로 수정안에 반대하는지 모두가 주목하지만 단순한 논리에 그칩니다. 노동자를 노임(임금) 받고 일하는 사람으로 평가하고, 단결권처럼 이미 헌법에 담긴 노동권만으로도 충분히 자기 이익을 주장할 수 있다고 합니다.

이 단순한 말을 하려고 나선 것이 아닙니다. 진짜 속내는 따로 있습니다. 발언 끝에 가서 그는 이미 부결되었던 특별위원회 구성 안건을 다시 요구하고 나섭니다. 전문위원과 의원들로 특별위원회를 구성해 수정안 조문 작업이 끝난 다음에 다시 논의하자고 요청합니다. 제17조 토론 시작 전에 서우석 의원이 제안했다가 두 개 수정안으로 정리되는 바람에 없던 일로 하고 토론이 여기까지 온 것입니다. 김도연 의원의 요구는 자다가 봉창 뚫는, 뜬금없는 제안입니다. 그런데도 잠자코 있던 수정안 반대파가 김도연 의원 제안에 일제히 동의하고 나섭니다. 회의장은 일순간 벌집을 쑤신 듯 혼란에 빠집니다.

앞서 제기되었다가 끝난 문제이고, 다른 찬반 토론이 한창인데 난데없이 특별위원회 구성을 다시 들고나온 의도는 무엇일까요? 김병회 의원도 이 난데없는 제안 의도가 궁금한 모양입니다. "지금 결정할 수 있는데 다시 특별위원회에 넘기자는 이유가 뭐냐?"라고 따집니다. 수정안 찬성파는 토론을 종결하고 수정안을 표결하라고 압박합니다. 윤재욱 의원, 곽상훈 의원이 나서 특별위원회는 불가하며, 이쯤 해서 토론을 마치고 표결하자고 주장합니다. 여기저기서 "의장! 의장!"하며 고래고래 소리 지릅니다.

신익희 부의장은 귀가 먹먹한가 봅니다. 의장을 그만 부르라며 죽는 소리합니다. 소란이 잠잠해지자 느닷없이 김도연 의원의 요청을 받아들이려고 합니다. 다른 조항부터 논의하고 제17조는 수정안 조문 작업을 한 다음 사나흘 뒤에 다시 논의해 가부를 정하자는 것입니다. 의회 간부 말이니 좀 존중해 달라며 은근히 부의장 권위도 내세웁니다. 장내에서는 말도 안 된다며 난리가 났습니다. 신익희 부의장은 시끄럽게 해서 도움 될 게 없다며, 폭풍우를 뚫고 나가듯 태연하고 비장하게 김도연 의원의 요청을 표결에 부칩니다. 결과는 미결입니다.

이유를 알 수 없지만 신익희 부의장이 좀 무리한 진행을 합니다. 김도연 의원의 요청을 다시 토론에 부친 것입니다. 문시환 의원이 화를 참지 못하고 폭발합니다. 편파적으로 회의를 진행하지 말라며 도끼눈을 뜨고 소리를 지릅니다. 그 어조가 좀 심했는지 문시환 의원을 나무라는 이들과 편드는 이들이 뒤섞여 분위기는 갈수록 험악해집니다. 신익희 부의장도 물러서지 않고 응대합니다. 안경 너머로 부릅뜬 눈이 보입니다. 무례한 언사는 삼가라며 불편한 심기를 숨기지 않습니다. 분위기는 그야말로 일촉즉발입니다.

수정안 찬성파가 벌 떼처럼 들고일어난 데는 이유가 있습니다. 특별위원회를 구성하자는 수정안 반대파의 뜬금없는 제안에 꿍꿍이가 있다고 여긴 탓입니다. 지연전술이라고 의심합니다. 일단 최종 표결을 지연

해놓고 회의장 밖에서 의원들을 개별적으로 설득하려는 뻔한 술책이라고 봅니다. 이남규 의원이 나서 다른 데에 목적이 있지 않으니까 좀 여유를 두는 것이 좋겠다며 설득해 보지만, 도둑이 제 발 저리는 말로 들려 오히려 의심만 커집니다. 표결을 늦추려는 의도를 간파한 것일까요? 문시환 의원이 토론 연기는 절대 안 된다며 한쪽으로 치우친 회의 진행을 말라며 신익희 부의장을 강하게 성토합니다.

특별위원회 구성 여부로 국회가 다시 시끄러워졌습니다. 한바탕 소란 끝에 다시 진행된 특별위원회 구성 표결도 찬반이 과반수에 이르지 못해서 미결됩니다. 거듭되는 표결에 숫자를 헤아리는 사무직원들만 죽어납니다. 이번에는 사회자가 표결방식을 거수에서 기립으로 바꿔서 재표결합니다. 찬반을 확실히 표시해 기권을 막으려는 것 같습니다. 어쨌든 의도는 통합니다. 기립표결 결과 과반수가 특별위원회 구성에 반대하여 부결됩니다.

우여곡절 끝에 소란은 정리되고, 다시 수정안 찬반 토론이 진행됩니다. 이종린 의원은 아주 짧은 발언 속에서 중요한 쟁점을 지적합니다. 이윤을 분배하는 기업에 국영이나 공공기업도 포함할지 따져보자고 합니다. 그는 이윤균점권이 적용될 기업을 사적 기업으로만 한정해야 한다는 입장입니다. 그가 한 지적은 제3독회에서 다시 논의되어 최종 수정안을 고치는 단초가 됩니다.

대한노총 출신 이재형 의원은 소란스러운 분위기에서도 꽤 논리정연하게 수정안 찬성 이유를 밝힙니다. "국가가 개인 노동권을 보장해 먹고 살 수 있게 해 주면 족하지 왜 기업 경영에까지 참여해야 하느냐?"

헌법의 순간

라고 자문한 다음 이렇게 반론합니다. 현재 시급한 것은 생산 증강이고 생산 증강을 위해서는 노동자와 기업가 협력이 필수적이며 노동자와 기업가가 협력하려면 노동자 경영참여가 필요하다는 것입니다.

압도적인 찬성 분위기로 보아 수정안 가결은 떼어 놓은 당상입니다. 토론은 거의 막바지에 이릅니다. 회의가 끝날 시점까지 40분 정도 남았습니다. 산신령처럼 길고 흰 턱수염을 점잖게 쓰다듬으며 앉아 있던 오석주 의원이 토론 종결에 동의합니다. 삼청까지 해 토론종결 표결이 가결되면 수정안 표결만 남게 됩니다. 윤석구 의원이 곧바로 재청하자 신현돈 의원이 삼청을 합니다. 회의장에서도 다수가 "재청이요, 삼청이요, 사청이요!"라고 외칩니다. 이제 토론 종결 표결을 하고 수정안 표결로 이어질 모양입니다.

그런데 이게 웬일입니까? 회의 시간이 40분이나 남은 판인데 신익희 부의장은 토론 종결 표결을 월요일로 미룹니다. 아닌 밤중에 홍두깨가 따로 없습니다. 연일 계속되는 토론으로 모두가 피곤하다는 이유를 들먹입니다. 수정안 찬성파는 허를 찔린 듯 우왕좌왕합니다. 곧바로 여기저기서 "반대요"와 "좋습니다" 같은 엇갈린 외침이 뒤섞이고, 회의장은 아수라장이 됩니다. 자리를 박차고 일어나 부의장에게 삿대질하는 이도 보입니다. 신익희 부의장은 한마디도 대거리하지 않고 자기 말만 이어갑니다. 사회자 권리를 한번 행사하겠다며, 산회를 선포하고 곧장 퇴장해 버립니다. 수정안 찬성파가 눈에 쌍심지를 켜고 부의장을 연신 불렀지만 굿이 다 끝난 뒤에 장구를 치는 격입니다. 장단을 맞추려나 싶던 한민당계 의원들은 잠시 눈치를 보더니 슬그머니 회의장을 빠져나갑니다. 수정안 찬성파는 회의를 계속 진행하자고 합니다. 누군가 회의를 속개하자며 전진한 의원을 임시의장으로 추천하지만 하릴없습니다. 마침내 그들도 허망하게 삼삼오오 회의장을 떠납니다. 조금 전까지 그토록 뜨겁던 회의장에 적막이 흐릅니다.

7월 5일 월요일 아침입니다. 일요일 하루를 쉰 제헌의원들이 본회의장에 모여듭니다. 일요일에 무슨 일들이 벌어졌을까요? 서로 눈치를 살피느라 회의장에는 긴장감이 감돕니다. 지난 회의는 토론 종결 동의상태에서 산회한 것이어서 토론 종결을 표결한 다음 수정안 표결에 들어가야 합니다. 맨 먼저 발언대에 오른 이윤영 의원이 토론 종결을 보류하자고 합니다. 중요한 문제이니만큼 더 토론하자는 것입니다. 바로 수정안 표결을 하자는 의원들도 있지만, 토론 종결을 동의했던 오석주 의원이 동의를 취소하겠다고 해 토론 종결 동의안 취소가 표결로 가결됩니다. 이윤영 의원 제안대로 다시 토론이 진행됩니다.

토론은 다람쥐 쳇바퀴 돌 듯합니다. 이런 상황이 지겨운 듯 회의장에 앉아 있던 이승만 의원이 마침내 발언을 신청합니다. 참 긴 일장 연설입니다. 우선 헌법에 이미 동맹파업할 권리가 들어와 있다는 점을 환기합니다. 오히려 미국 등 다른 나라들은 동맹파업할 권리도 헌법에 명시되어 있지 않다고 말합니다. 동맹파업할 권리를 헌법에 둔 것만 해도 노동자를 보호하는 데 족하다는 점을 은근히 내비칩니다. 김도연 의원이 내세운 논리와 진배없습니다. 파업권을 보장한 데다 노동자 경영참여권과 이익균점권까지 넣으면 다른 나라가 우리를 공산국가로 볼 것이라는 경고까지 합니다. 필요하다면 지주와 자본가, 노동자에게 공동

헌법의 순간

의 평균 이익을 법으로 보장하는 선에서 조항을 수정하자는 솔깃한 해법도 제시합니다. 어렵사리 이어진 긴 연설은 토론 종료를 재촉하는 다그침으로 끝납니다. 헌법은 언제라도 고칠 수 있으니 이러쿵저러쿵 이야기 그만하고 한시라도 빨리 통과시키자고 합니다.

> 어느 나라든지 노동권을 보호하고자 헌법에 특별한 조항을 넣은 경우는 없습니다. (…) 의회 밖에서는 우리가 공산 색채를 띠었다거나 국회에 공산당 세력이 다수 있는 것이 아니냐는 우려가 없진 않습니다. (…) 그러므로 여러분에게 경고하는 것은, 지금 이 문제에 대해서는 헌법에 여기 넣은 것으로 충분하니 양해하시고, 이만치 토의가 되었으니까, 가부 묻고 동의 재청하셔서 통과시키고 그것을 결정해 이 헌법을 하루바삐 제정해야 할 것입니다.
>
> — 이승만, 「제헌국회 회의록」 제1회 25호

발언 중에도 간간이 박수가 터지기도 했습니다만 다수 의원은 박수를 칠 기분이 아닌가 봅니다. 국민 생존과 나라 운명을 두고 불꽃 튀는 논쟁을 하는 상황에서 이승만 발언은 좀 태평하게 들립니다. 그래서였을까요? 길고도 긴 연설을 잠자코 듣고 있던 한국광복군 총사령관 출신 이청천(지청천) 의원이 한마디 하려나 봅니다. 서울 성동구에서 전국 최다득표로 당선될 정도로 국민 신망이 두터운 인물입니다. 그는 발언대에서 뼈 있는 말을 합니다. 다른 나라 헌법에도 없는 이익균점제 실시가 공산주의라는 비난을 들을 것이라는 이승만 의장 발언을 겨냥한

게 분명합니다. 남이 뭐라 하여도, 남보다 독특하고 특별한 경제체제를 만들어 세계의 모범국가를 수립해 정치적 민주주의뿐만 아니라 경제적 민주주의도 실현해야 한다고 근엄하게 말합니다. 이념을 내세워 옳다 그르다 하지 말고, 더 좋은 방향으로 조화시켜야 한다는 그의 말은 긴 여운을 남깁니다.

독립하자는 것의 기본이념이 무엇이냐? 잘 살자는 것인데 잘 살자면 자기의 이념을 살려서 이 세계에서 가장 훌륭하게 남보다 특별한 경제체제를 만들어 세계의 모범국가를 수립하지 않으면 안 될 것이에요. (…) 공산주의와 자유주의가 충돌하는 가운데 우리 한국민족이 살고 있습니다. 만대 무궁한 완전 자주독립을 하는데, 이 두 사상의 뜻을 잘 완화하는 것이 헌법 제정의 기본정신이라고 하겠습니다. 시방 정치적 민주주의 원칙을 채용한다면 경제적 민주주의 원칙을 채용할 것을 전제로 해서 큰 곤란 없이 이 장을 속히 넘기시기 바랍니다.

— 이청천, 「제헌국회 회의록」 제1회 25호

요새 자주 쓰는 '세계 모범국가'라는 말이 헌법의 순간부터 우리의 꿈이었다니, 가슴이 벅차지 않은가요? 이청천 의원의 발언을 끝으로 토론 종결 요구가 빗발칩니다. 압도적인 수가 토론종결에 찬성해 이틀 동안이나 이어진 토론은 결국 막을 내립니다. 이제 수정안 표결을 할 차례입니다. 마지막까지 이상한 일이 벌어집니다. 갑자기 오용국 의원이 표결 방법을 바꾸자고 나섭니다. 해오던 거수표결 대신 종이에 찬반만 쓰고 이름은 쓰지 않는 무기명투표로 하자는 요구입니다. 그러면 누가 찬성하고 반대했는지를 알 수 없습니다. 왜 이런 요구를 할까요? 아마도 국민 눈과 귀가 쏠려 있는 큰 관심사이므로 의원들 부담이 이만저만이 아닌 것 같습니다. 눈치 보지 않고 수정안에 반대할 수 있게 해서 수정안 반대표를 늘리려는 의도도 있어 보입니다. 의장 결정으로 무기명투표가 진행됩니다. 차례대로 투표하고, 감표도 하느라 시간이 좀 걸립니다. 투표한 지 20여 분이 지나 결과가 발표됩니다. 문시환 의원의 제1수정안(경영참여권, 이익균점권 보장)은 180인 중 찬성 81인, 반대 91인, 기권 5인, 무효 3인으로 부결됩니다. 조병한 의원의 제2수정안(이익균점권 보장)은 180인 중 찬성 91인, 반대 88인, 기권 1인으로 아슬아슬하게 가결됩니다. 다행이다 싶어 박수하는 이들도 있지만 아쉬워하는 탄식도 들립니다. 아마도 일요일 동안 상당수 의원이 회유를 당했다고 생각하는 것 같습니다.

문시환 의원의 제1수정안 대신 조병한 의원의 제2수정안이 가결되어 노동자 경영참여권은 빠지고 노동자 이익균점권만 헌법에 담기게 됩니다. 이 결과는 어떤 의미일까요? 기업가의 경영권을 자유롭게 보장하되 노동자의 생존권을 보호하는, 일종의 타협책을 선택한 것입니다. 노동자의 경영참여는 공산주의 체제의 사유재산권 침해라고 말하며 이 사안을 이념문제로 몰고 간 수정안 반대파 전략이 성공한 셈입니다.

수정안은 가결되었지만 제3독회에 번안 동의까지 제출됩니다. 번안 동의란 잘못된 내용이 있을 때 의결된 사안이라도 재심사하는 절차입니다. 이익균점 적용대상을 영리를 목적으로 하는 기업에 한정하는 식으로 수정하자고 합니다. 국영사업이나 공영사업은 그 성질상 영리를 도모하지 않기 때문에 이익을 균점한다는 것이 의미가 없기 때문입니다. 다시 토론이 진행됩니다. 장면 의원은 영리 목적 공기업이 많으니 영리 목적 사기업으로 적용대상을 분명히 하자고 합니다. '사'자 하나만 추가하면 됩니다. 이와 달리 조봉암 의원은 사기업이든 공기업이든 노동자가 이익을 균점해야 한다는 의견을 피력합니다. 최종적으로 "영리를 목적으로 하는 **사기업**에 있어서는 근로자는 법률의 정하는 바에 의하여 **이익의 분배에 균점할 권리**가 있다."라는 번안 동의를 표결한 결과, 재석의원 157인 중에서 찬성 87인, 반대 38인으로 번안 동의가 가결됩니다.

참으로 긴 여정입니다. 우여곡절 끝에 노동자 이익균점권이 마침내 헌법에 담깁니다. 유례가 없는 이익균점권을 헌법에 담은 것은 그만큼 경제적 불균등 문제를 절박하게 해결해야 했기 때문입니다. 그렇다면 이익균점권은 사회경제적 불균등을 해결하는 나침반이 되었을까요? 어렵게 헌법에 담긴 이익균점권은 나중에 어떻게 실행되었을까요? 헌법은 법률에 따라서 이익균점이 이루어진다고 했으니 관련법이 만들어졌을까요?

어찌 된 영문인지 노동자 이익균점권을 실현할 법률은 끝내 만들어지지 않습니다. 헌법 밖으로 나와 보지도 못한 것입니다. 결국 1962년 개헌 과정에서 아예 없애버립니다. 개헌 당시 밝힌 삭제 이유가 뭔 줄 아세요? 사문死文이 된 조항이라 없어도 무방하다는 것입니다. 아무것도 하지 않아 사문으로 만들어 놓고서 사문이라는 이유로 조항을 폐지하다니, 기가 찰 노릇입니다.

놀랍게도 애초부터 이익균점권에 드리워진 이런 비극적 운명을 예언한 이가 있습니다. 바로 이승만 의장입니다. 예언 시점은 이익균점권 조항이 통과되던 그 순간입니다. 마지막 제3독회가 진행되고, 이익균점권 조항 표결에서 논란이 좀 일자 어차피 시행하기 어려울 테니 속속들이 따지지 말고 그만 통과시키자고 합니다.

이익분배권이라든지 균점권을 가진다는 것이 과히 큰 문제가 아닌 줄 알아요. 왜 그러냐? 지금 조건에서 이익을 균점한다는 것이 그렇게 잘 될 것이 아니에요. 국회에서 통과되었다고 하더라도 시행하자면 잘 안 되는 것이에요. 그러므로 해서 5개월이나 6개월 안으로 근로대중부터 이것을 교정하자는 얘기를 많이 할 것입니다.

— 이승만, 「제헌국회 회의록」 제1회 27호

이승만의 예언은 현실이 됩니다. 헌법의 순간을 일대 격랑으로 몰고 갔던 태풍의 눈, 노동자 이익균점권은 헌법의 역사 안에 깊이 잠기고 맙니다. 이따금 수면으로 떠오를 뻔한 적이 있었을 뿐입니다. 1980년 헌법을 개정할 당시에 잠깐 떠올랐고 1987년 개헌에서도 야당이 끌어올리려 애쓰다 말았을 뿐이었지요.

이익균점권 정신은 상생과 조화입니다. 기업가의 시혜가 아닌 노동자의 권리를 근거로 기업 활동의 과실을 노동자와 공유하자는 것입니다. 그 정신의 흔적은 여전히 헌법 안에 남아 있습니다. 현행헌법 제119조

'경제의 민주화 조항'이 바로 그것입니다. 현행헌법 제119조에서 말하는 경제 민주화의 핵심은 "경제주체 간 조화"입니다. 불평등을 줄여 자본가와 노동자가 함께 잘살자는 것입니다.

우리는 조화롭게 함께 잘 살고 있을까요? 광복절 75주년 기념식에서 문재인 전 대통령은 "모두가 함께 잘 살아야 진정한 광복이라 할 수 있다."라고 말했습니다. 궁금합니다. 우리의 진정한 광복은 어디만큼 와 있을까요? 2022년 통계청에서 발표한 「2022년 가계금융복지조사 결과」에 따르면, 한국 국민의 빈부격차가 역대 가장 크다고 합니다. 통계 숫자만 그런 것이 아닙니다. 더 큰 문제는 국민이 그렇게 느끼고 있다는 사실입니다. 연세대학교 사회과학연구소가 발표한 「2022년 불평등·공정성 국민인식조사」에서 국민 81.5%가 경제적 불평등이 심각하다고 느낍니다. 그런데도 현 정부는 부자와 대기업이 납부해야 할 세금을 깎아줍니다. 이것이 빈부격차를 더 심화한다는 사실을 현 정부는 모르는 것 같습니다. 이익균점권에 담긴 정신, 모두가 함께 잘사는 나라를 이룩하기 위해서는 "가난하고 힘없는 사람을 돕지, 부자에게 부를 더 보태주지 않는다."라는 『논어』의 지혜를 빌려야 하지 않을까요?

제11장

찌개 냄비와 앞접시

양원제를 유보하고 단원제를 채택한 사연

유구한 역사와 전통에 빛나는 우리들 대한국민은 **기미 삼일운동**으로 **대한민국**을 건립하여 세계에 선포한 위대한 독립정신을 계승하여 이제 민주독립국가를 재건함에 있어서 정의인도와 동포애로써 **민족의 단결**을 공고히 하며 모든 사회적 폐습을 타파하고 민주주의제도를 수립하여 정치, 경제, 사회, 문화의 모든 영역에 있어서 각인의 **기회를 균등**히 하고 능력을 최고도로 발휘케 하며 각인의 책임과 의무를 완수케하여 안으로는 **국민생활의 균등한 향상**을 기하고 밖으로는 항구적인 국제평화의 유지에 노력하여 우리들과 우리들의 자손의 **안전과 자유**와 행복을 영원히 확보할 것을 결의하고 우리들의 정당 또 자유로히 **선거**된 대표로써 구성된 **국회**에서 단기 4281년 7월 12일 이 **헌법**을 제정한다.

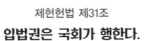

제헌헌법 제31조

입법권은 국회가 행한다.

국회의사당에는 몇 가지 비밀스러운 약속이 숨겨져 있습니다. 국회의사당 정원에 들어서면 해태상 두 개가 나타납니다. 1975년 의사당을 지으면서 해태제과가 기념조형물로 해태상을 기증합니다. 그 해태상 10m쯤 밑에 포도주 75병이 묻혀 있다는 사실을 아시나요? 그 포도주는 100년 뒤인 2075년에 세상 밖으로 나온다는 약속만을 믿고 고이 잠들어 있답니다.

또 다른 약속이 있습니다. 국회의사당 중앙에는 국회의원 300명이 죄다 들어갈 수 있는 반원 모양을 한 넓은 회의장이 있습니다. 제1회의장이라 부르는 본회의장입니다. 국회의원 모두가 모여 법안을 표결하거나 주요사안을 논의하는 장소입니다. 이곳 말고 또 다른 본회의장이 하나 더 있다는 사실을 아시나요? 제2회의장이라 불리는 그곳은 양원제 국회가 되면 상원 본회의장으로 사용한다는 약속을 간직한 채 현재는 예산결산특별위원회 회의장으로 쓰입니다.

1975년에 국회의사당을 새로 지은 이유는 남북통일을 준비하고 양원제 실시에 대비하기 위해서였습니다. 남북통일이 되어 포도주를 꺼내 축하잔치를 하고, 하원과 상원이 따로 있는 양원제를 시행한다는 비밀스러운 꿈이 국회의사당에 잠들어 있는 셈이네요. 비밀스러운 꿈만큼이나 **양원제**라는 이름도 낯섭니다. 그 꿈을 좇기 전에 양원제가 무엇인지부터 알아봐야겠습니다. 지금 한국 국회 구성 방식은 **단원제**입니다. 단원제란 국회 권한을 하나로 집중해서 운영하는 제도입니다. 어떤 나라는 하원과 상원처럼 의회를 두 개로 나누어 입법부 권한을 분산합니다. 그것을 양원제라고 합니다. 우리에게는 낯설지만 적지 않은 나라가 양원제로 의회를 운영합니다. OECD 37개국 중에서는 20개국이 양원제를 하고 있습니다. 그 나라들은 어떤 연유로 양원제를 선택했을까요? 한국은 왜 단원제를 하고 있을까요? 그 질문과 논쟁이 헌법의 순간을 가득 채웁니다. 헌법의 순간으로 찾아가 답을 알아보겠습니다.

헌법기초위원들은 단원제와 양원제 사이에서 실랑이를 벌입니다. 옥신각신 끝에 헌법초안(헌법안)에 단원제를 담습니다. 과정은 순탄치 않습니다. 유진오 전문위원과 행정연구회 공동 헌법안과 권승렬 전문위원 참고안 모두 양원제를 택한 상황입니다. 그들이 제안한 양원제는 국민이 직접 투표해서 뽑는 이들로 구성된 하원과 지역대표와 경제, 교육, 종교 등 직능대표들로 채워지는 상원을 두는 방식입니다.

헌법기초위원들 사이에 오간 실랑이는 격렬합니다. 표결로 결정할 수밖에 없습니다. 12 대 10. 단원제를 지지하는 쪽이 두 표 더 많습니다. 끝까지 양원제를 고집한 이들의 생각이 궁금합니다. 그들은 국회 권한을 하원과 상원으로 나누면 서로 견제할 수 있어 좀 더 신중한 결정이 가능하다는 이점을 내세웁니다. 양원제를 반대한 기초위원들은 어떤 이유를 댔을까요? 양원제를 시행하면 의사결정에 소요될 시간과 돈이 늘어난다는 우려가 큽니다. 그뿐만이 아닙니다. 상원은 귀족제의 유물이라서 특권계급이나 보수세력의 아성이 된다는 주장도 합니다. 조봉암 의원이 양원제에 반대한 이유인데, 다른 기초위원들 호응이 큽니다. 반대하는 다른 이유도 있습니다. 양원제는 의원 자신들이 한 손에 쥘 수 있는 권한을 둘로 나누자는 것이니 썩 내키지 않습니다. 기득권을 내놓고 싶지 않은 것이지요. 이런저런 이유로 다수 헌법기초위원이 단원제를 선택합니다.

헌법의 순간, 서상일 헌법기초위원회 위원장은 헌법안을 보고하면서 단원제 채택 이유를 짧게 설명합니다. 헌법기초위원회에서 격렬한 논쟁을 했다는 언론 보도가 있었던 터라 단원제를 택한 이유를 들으려던 의원들은 의아해하는 표정입니다. 아마도 양원제를 고집했던 유진오 전문위원에게 설명을 맡겨 의원들을 설득할 기회를 주고 싶었는지도 모릅니다. 나머지 자세한 설명을 유진오 전문위원에게 부탁하고 발언대에서 내려갑니다. 유진오 전문위원은 이 기회만을 노렸나 봅니다. 잽싸게 발언대에 오릅니다. 양원제 장점을 아주 상세하게 설명합니다. 핵심은 견제와 균형입니다. 양원제에서는 상원인 참의원이 의사결정 과정에서 하원인 민의원을 견제합니다. 두 의회가 견제와 균형을 이루면 중요한 의사결정을 더 신중하게 처리할 수 있다고 합니다. 이른바 날치기 통과 같은 일은 벌어지지 않는다는 것입니다.

당초에 저희는 이 초안을 작성할 때 양원제를 구상했습니다. 하나는 직접 국민으로부터 구성되는 소위 하원, 우리는 초안에서 하원을 민의원이라고 했었습니다. 그런 민의원과는 선출하는 방식을 달리해서 구성되는 소위 상원, 우리는 상원을 참의원이라고 했었던 것입니다. (…) 우리의 원안에서 구상한 양원제도는 상원에 보수적인 세력을 결집하여 견제하려고 한 것이 아니라 중요한 국가적 의사결정을 좀 더 신중하게 하자는 것이었습니다. 단원으로서 단번에 결정해 버리는 것은 너무 조급하니까, 일단 하원에서 결정된 후일지라도 상원에서 재검토할 기회를 보장하자는 것입니다. 재검토하려면 상원과 하원은 의원을 선출하는 방법이 달라야 하겠습니다.

— 유진오, 「제헌국회 회의록」 제1회 17호

상원과 하원이라는 이름은 언뜻 듣기에 위아래가 있는 것처럼 들립니다. 그래서일까요? 유진오 전문위원은 상원과 하원 대신 참의원과 민의원으로 부릅니다. 우선 그는 애초에 양원제도가 왜 생겨났는지 설명합니다. 그러면서 헌법기초위원회에서 조봉암 의원이 지적했던 비판을 반박합니다. 조봉암 의원은 상원이 특권계급이나 보수세력 소굴이 될 것이라고 우려했지요. 기득권 인사들의 소굴이 될 상원은 보수세력의 입장을 편파적으로 대변할 것이고, 하원이 추진하는 개혁 법안이나 정책을 방해해 발목을 잡는다는 걱정입니다.

괜한 걱정은 아닙니다. 서구사회는 일찍이 입법, 사법, 행정을 나눠서 권력 간 견제와 균형을 이루는 정치시스템을 발전시켜 왔습니다. 의회주의가 발전하자 일반 민중 의사를 대변하는 입법부가 더 큰 권한을 갖게 됩니다. 귀족들은 급진적인 의회를 가만두고 볼 수만은 없습니다. 자신들 이익이 더 많이 대표되기를 바랍니다. 그 수단으로 양원제를 도

헌법의 순간

입하는데, 신분으로 귀족원과 평민원을 나누었습니다. 이런 신분형 양원제의 모국은 영국입니다. 국민이 직접 뽑는 하원과 달리 상원에는 귀족이나 성직자가 참여합니다. 제2차 세계대전이 일어나기 전까지 일본 제국도 이와 비슷한 양원제를 운영했습니다. 황족 등 상류계급으로 구성된 귀족원과 일반 국민을 대표하는 중의원으로 의회를 구성합니다. 제2차 세계대전이 끝난 다음에야 일본은 신분형 귀족원을 참의원으로 바꾸어 국민이 직접 뽑게 합니다. 물론 전 세계 모든 양원제가 이 같은 신분형은 아닙니다.

유진오 전문위원은 자신이 설계한 양원제는 영국식 양원제와 다르다는 점을 강조합니다. 국민이 직접 뽑은 국민대표로 하원을 구성하고, 지역대표나 직능대표를 별도로 뽑아 상원을 구성하자고 합니다. 양원 의원들을 달리 뽑아서 달리 활동하게 하면 같은 문제를 서로 다른 시각으로 볼 수 있다는 장점도 내세웁니다. 다양한 관점으로, 더 신중하고 차분하게 결정할 수 있다는 것입니다. 하원과 상원이라는 두 단계를 거치는 건 마치 뜨겁게 끓는 냄비에서 찌개를 바로 먹지 않고 앞접시에 한 번 덜어 먹는 모습과 같습니다. 뜨거운 상태 그대로 먹지 말고, 알맞게 식혀 먹자는 것입니다.

민주주의 역사를 보면 양원제가 가진 이런 이점은 아주 오래전부터 활용됩니다. 고대 아테네 민주주의의 아버지로 불리는 솔론은, 권력이 민회로 집중되자 민회를 견제하기 위해 또 다른 조직을 만듭니다. 네 개 부족에서 각 100명씩 뽑아 400인회를 둡니다. 400인회가 민회에 앞서 공무를 따져보게 합니다. 어떤 안건도 이 400인회 사전 심의를 거치지 않고는 민회에 낼 수 없습니다. 이렇게 두 개 회의체가 서로 견제와 균형을 이루니 파도에 덜 흔들리게 되고 시민들 동요도 막을 수 있었다고 합니다.

역사적으로 보나 다른 나라 사례로 보나 양원제가 나쁠 게 없어 보입니다. 그런데도 왜 헌법기초위원회는 단원제를 선택했을까요? 단원제를 지지한 헌법기초위원들도 원칙적으로는 양원제를 반대하지는 않은 것 같습니다. 다만 새로운 나라의 기틀을 만들어야 하는 중요한 때인 만큼 지금은 의사결정을 신속하게 해야 할 때라는 주장에 힘이 실립니다. 단원제를 하자는 이야기입니다. 유진오 전문위원도 당시 분위기를 이렇게 전합니다. 단원제와 양원제 둘 다 장단점이 분명한 상황에서 원칙적으로는 양원제에 합의했으나 신속하게 국가의 중요한 일을 정해 나가는 데 유리해서 우선은 단원제를 도입하기로 했다고 설명합니다. 나라가 안정되면 양원제로 변경하자는 암묵적 합의가 있었다는 점을 강조하고 싶은 것 같습니다.

헌법의 순간, 막상 토론에 들어가니 찬반양론이 팽팽합니다. 단원제를 주장한 의원 대부분은 정세론을 조자룡 헌 칼 쓰듯 남용합니다. 양원제의 장점을 부정하지는 않지만 하루라도 빨리 정부를 구성해 나라를 안정시켜야 한다는 논리를 내세웁니다. 의회가 둘로 갈라져 분란이 생길 게 불 보듯 뻔한 양원제를 주장하는 것은 정부수립을 막거나 훼방 놓으려는 불순한 의도가 있는 것 아니냐고 몰아붙이기까지 합니다.

곽상훈 의원이 가장 먼저 포문을 엽니다. 역시나 정세론을 끄집어냅니다. 헌법의 순간이 열린 이래 귀에 못이 박힐 정도로 많이 들은 말입니다. 나라 상황이 내우외환 아니냐고 합니다. 안팎으로 혼란한 지금이야말로 신속한 의사결정이 어느 때보다 필요하니 딴소리 말라고 합니다. 양원제를 한답시고 하원 거치고 상원 거치면서 어느 세월에 중요한 사안들을 결정하냐며, 정신들 차리라는 투로 훈계도 합니다. 더구나 양원제를 하려면 상원 뽑는 선거를 다시 해야 하고 정부수립도 늦춰야 하는데 한시가 급한 마당에 정부수립을 미룰 수는 없다고 딱 잘라 말합니다. 발언의 수위는 점점 더 높아집니다. 양원제를 하자는 여러 이유와 주장을, 정부수립을 방해하려는 불순분자들의 책동이라 쏘아붙입니다.

졸지에 양원제를 주장하는 이들은 불순분자不純分子로 내몰립니다. 좀 섬뜩하지요? 불순분자가 뭡니까? 사상이나 이념이 통일된 한 조직에서 사상과 이념을 달리 하는 사람을 비난하는 말입니다. 다양한 생각과 의견이 난무하는, 토론과 논쟁을 하는 자리에서, 불순분자라는 말이야말로 불순하고 어색합니다. 세상일은 참 알다가도 모를 일입니다. 이렇게 험한 말을 써가며 양원제 찬성파를 비난한 곽상훈 의원은 1960년, 처음이자 마지막으로 실시된 양원제에서 민의원 의장을 지냅니다. 불순분자 덕을 톡톡히 본 셈입니다.

불순분자라는 말에 분위기가 험악해집니다. 분위기가 후끈 달아오르려고 합니다. 진헌식 의원이 발언대에 서자 분위기는 한풀 꺾입니다. 진헌식 의원의 차분한 어조에 장내는 금세 물을 끼얹듯이 조용해집니다. 단원제와 양원제의 장점을 조목조목 설명합니다. 너무 차분해서일까요? 양원제를 하자는 것인지 단원제를 하자는 것인지 좀 헷갈립니다. 끝에 가서야 그는 의중을 내비칩니다. 지금 한국 상황에서는 단원제가 더 적합하다는 결론입니다.

그는 제도를 선택하기에 앞서 염두에 두어야 할 조건 세 가지를 거론합니다. 국민 입법권을 대표하는 기관은 일원적이어야 한다는 점, 한국은 귀족이라는 특권계급을 허용치 않는다는 점, 연방으로 구성된 나라가 아니라는 점입니다. 이 세 가지 조건이 왜 중요한지는 그가 한 말을 듣고 나서 이야기하는 게 좋겠습니다. 그는 양원제가 지닌 장점을 언급합니다. 양원제를 시행하자는 사람을 불순분자로 비난한 곽상훈 의원을 염두에 두었는지, 목소리가 더 높아집니다. 양원제에 씌워진 오해를 풀려고 애를 씁니다. 상원이 견제와 조절을 하면 국가 의사를 더 신중히 결정할 수 있다고 평가합니다. 상원이 특권층의 요새가 되리라는 우려도 기우일 뿐이라고 합니다. 이탈리아나 프랑스를 예시로 들어 모든 상원이 특권계층을 대변하는 것이 아니라고 알려줍니다. 상원이 특권계층이나 보수세력을 모아둔 것이라는 생각은 단견이거나 편견이라고 합니다. 그런데도 진헌식 의원은 끝에 가서는 양원제를 유보하자고 호소합니다. 지금은 단원제를 택할 수밖에 없는 상황이고, 장래 정상적인 상황이 오면 양원제를 택해야 한다고 결론짓습니다. 아무리 좋은 제도도 현실에 맞아야 한다는 논리지요.

국가주권의 원천인 국민의 대표 입법기관은 일원적임을 원칙으로 할 것입니다. 더구나 미국처럼 귀족이라는 특권계급이 없고, 또 미국과 달리 연방국가를 구성하는 주의 대표자가 존재하지 않는 우리나라에서는, 이 원칙이 더욱 타당하다고 할 수 있습니다. 그러나 정치 운영의 실지에 있어서 양원제가 보유하고 발휘하는 기능적 견제, 조절의 작용 결과로서 기대할 수 있는 온건 타당한 국가 의사의 결정 등을 높이 평가하는 바입니다. 특권계급을 부인하는 이태리(이탈리아)나 불란서(프랑스)를 위시해 다수의 국가에서 양원제를 채용하고 있다는 사실을 또한 묵과하기 어려운 바입니다. 다만 결과적으로 말하면 단원제는 입법 작용의 능률적인 추진을 약속할 것이며 양원제는 국가 의사의 합리적인 발현을 초래할 것입니다. 단원제는 당면한 우리의 입장에 맞는 것이고 양원제는 정상적인 사태에 적응할 것이다. 현재의 입장을 고려하면 단원제가 실정에 맞는 것이므로 우리나라에서 반드시 단원제이어야 된다고 역설합니다.

– 진헌식, 「제헌국회 회의록」, 제1회 20호

이해하기가 쉽지 않네요. 찬찬히 한번 살펴볼까요? 먼저 입법권을 대표하는 기관을 나누어서는 안 된다고 합니다. 하나의 단일한 조직이어야 한다는 것입니다. 단원제가 옳다는 소리입니다. 이 주장은 양원제가 민주주의 원리에 맞지 않는다는 정치사상에서 나옵니다. 실상은 좀 다릅니다. 프랑스는 대혁명 직후 1791년 의회를 구성할 때 단원제를 실시합니다. 이때 이론적 바탕은 인민주권사상입니다. 주권이 인민에게서 나온다는 인민주권사상은 주권을 나눌 수 없는, 단일하고 절대적인 것으로 봅니다. 인민의 의지는 단일하며, 의회는 그 단일한 인민주권을 대표합니다. 프랑스혁명의 사상적 아버지였던 루소가 내세웠던 입장이기도 합니다. 그러나 단원제의 배경이 된 이러한 이념은 결국 파국을 맞습니다. 루소의 정신적 제자인 로베스피에르가 펼친 공포정치를 경험한 프랑스는 큰 교훈을 얻습니다. 권력은 어떤 권력이든 나누어서 서로 견제해야 부패하지 않습니다. 입법권도 마찬가지입니다. 주권이 나눌 수 없는 절대적인 것일 때는 그것이 군주든 인민이든, 한 사람이든 100명으로 이루어진 집단이든 독재자가 될 수 있습니다. 이른바 '의회 독재'가 일어날 수 있지요. 결국, 단원제는 로베스피에르 공포정치의 종말과 함께 막을 내리고 1795년부터는 양원제를 실시합니다.

입법권이 일원적일 때 나타나는 중대한 문제점이 또 하나 있습니다. 바로 급격한 권력 교체로 인한 혼란입니다. 국회 구성원은 선거로 바뀝니다. 사람이 바뀌면 정책과 계획도 바뀝니다. 물론 다시 당선되는 의원들도 있지만 구조적으로 지속성을 보장하기 힘들지요. 양원제는 이런 문제점을 조금은 보완할 수 있습니다. 상원 임기 종료를 달리해 선거마다 상원의원을 일부만 교체합니다. 그렇게 하면 변화 속에서도 안정과 지속성을 확보할 수 있습니다. 양원제는 그런 장점이 있습니다. 미국 상원의원은 임기가 6년인데 2년마다 선거를 해 3분의 1씩만 뽑습니다. 일본은 임기 6년 참의원(상원의원)을 3년마다 2분의 1씩만 뽑습니다. 유진오 전문위원과 행정연구회가 제안했던 공동안에도 임기 6년 참의원(상원의원)을 3년마다 2분의 1씩 뽑기로 되어 있습니다.

진헌식 의원 발언 중 연방제와 양원제 관계도 따져볼 만합니다. 그는 한국이 지역대표가 있는 연방국이 아니어서 단원제가 적합하다고 하는 것 같습니다. 이는 반만 맞는 말입니다. 연방제 국가 대부분은 양원제를 합니다. 입법부 권력을 분산하면서 동시에 모든 지역에 동등한 권리와 권한을 보장하려는 것입니다. 그래서 보통 상원을 지역대표로 구성합니다. 독일이나 미국 같은 나라가 대표적입니다. 미국 의회는 2024년 기준 50개 주를 대표하는 상원과 국민을 대표하는 하원이 있습니다. 주 인구나 크기에 상관없이 각 주는 지역대표인 상원의원을 두 명씩 선출하지요. 그렇다고 양원제가 연방국의 전유물은 아닙니다. 프랑스나 이탈리아, 일본, 아일랜드처럼 연방제 국가가 아니라도 양원제를 운영하는 나라는 부지기수입니다. 이들 나라는 지역대표뿐만 아니라 직능대표들로 상원을 구성하기도 합니다.

토론이 진행될수록 분위기가 묘합니다. 다수가 정세론을 말하면서도 양원제에 미련을 떨치지 못합니다. 양원제를 어떻게든 살렸으면 하는 미련이 큽니다. 몇 가지 타협책이 등장합니다. 김철 의원은 단원제를 우선하되 추후 양원제를 한다는 내용을 헌법 조항에 담아 두자고 합니다. 단원제를 그만두고 양원제를 하는 시점은 부칙에 명시하면 된다고 합니다. 이렇게 한다면 지금까지 제기된 두 가지 문제를 해결할 수 있습니다. 첫째, 양원제 조항을 헌법에 두면 상원 선거를 다시 해야 하지만 추후에 상원 선거를 시행하자는 부칙을 달면 정부 수립 절차가 지연된다는 문제가 해소됩니다. 둘째, 정국이 혼란한 상황이니 양원제는 안 된다는 주장도 힘을 잃습니다. 양원제에 호의적이지만 정세론에 밀려 이도 저도 결정하지 못하고 있던 의원들의 귀가 솔깃해집니다.

술렁이는 분위기에 누군가 쐐기를 박습니다. 충북 영동 출신 박우경 의원입니다. 당장 실시할 수 없으면 죽은 조항이라고 합니다. 그런 죽은 조항을 왜 헌법에 넣자는 것이냐며 김철 의원을 타박합니다. 헌법

개정이 어렵지 않으니 필요하다면 그때 가서 헌법을 고치면 될 일이니 호들갑 떨지 말라는 것입니다. 일리가 있습니다. 헌법안대로라면 헌법을 바꾸는 절차는 어렵지 않습니다. 헌법안 제97조 헌법 개정절차를 보면, 대통령이나 국회 재적의원 3분의 1 이상이 뜻을 모으면 헌법 개정안을 낼 수 있습니다. 재적의원 3분의 2가 찬성하면 개정안을 통과시킬 수도 있습니다. 현재와는 달리 당시에는 국민투표가 아니라 국회의원 표결로 개헌을 할 수 있었습니다. 의원들이 마음만 먹으면 개헌을 할 수 있으니 간단해 보이기는 하지만, 국회의원 3분의 2가 찬성해야 한다는 조건이 만만한 것은 아닙니다. 오죽하면 나중에 이승만 대통령이 발췌 개헌이나 사사오입 개헌 따위의 기상천외한 꼼수를 써서 헌법을 바꾸었겠습니까?

단원제를 단호하게 반대하는 이도 있습니다. 판사 출신인 서순영 의원은 단원제의 문제를 정치사상적 차원에서 파고듭니다. 우선 그는 양원제가 생긴 사상적 배경이 의회주의라는 점을 지적합니다. 이에 반해 단원제는 독재주의에 기반을 둔 것이며 반反의회주의의 산물이라고 주장합니다. 그는 발언뿐만 아니라 미발표로 등재된 원고에서도 이점을 강조합니다. 상원을 둔 양원제는 하원을 선출하는 다수결 투표 제도에서 나타나는 부족한 점을 보완할 수 있다고 합니다. 즉 단원제는 다수의 폭정을 초래할 위험이 있으니, 상원과 하원이 서로를 적절하게 견제해야 한다는 것입니다.

김중기 의원도 서순영 의원과 유사한 취지로 발언합니다. 단원제는 대표성의 한계가 크다고 합니다. 하원만으로는 다양한 국민을 대변하기에 부족하고, 게다가 각계 직능대표성이 취약하다는 문제점을 지적합니다. 상원을 두어 다양한 분야의 의사를 반영하자고 합니다. 계속해서 김중기 의원은 양원제가 가진 중요한 이점 하나를 덧붙입니다. 의회가 양원을 거쳐 신중하게 결정하고 조정한 사안은 그만큼 무게가 있을 테고, 그러면 대통령도 함부로 거부권을 행사하지 못한다는 것입니다. 대통령과 의회 갈등을 줄일 수 있는 묘책 아니냐고 합니다.

발언이 계속될수록 양원제 장점이 부각됩니다. 동요하는 의원들 마음을 다잡기라도 하려는 듯 김준연 의원이 발언권을 신청합니다. 그는 정세론을 앞세워 단원제를 해야 한다고 다시 간곡하게 호소합니다. 큰 변동이 있어 새로운 제도를 세울 때는 어느 나라든 단원제로 시작해서 안정되면 양원제로 바꾸는 것이 세계사적 흐름이라고 말합니다. 또한 만약 양원제를 한다면 상원의원을 뽑아야 대통령도 뽑을 수 있는데 그럴 시간이 어디 있냐고 불만을 토로합니다. 곽상훈 의원처럼 불순분자라는 말은 쓰지 않았지만, 상원을 구성하자는 주장은 정부수립을 방해하는 것이라는 비난처럼 들립니다.

단원제를 채용하자는 건 우리의 변동기에 일을 신속 과감하게 처리해 나가자는 취지입니다. 이 국회에서 대통령을 선거하고 정부를 수립하지 않으면 안 된다는 것인데, 양원에서 선거한다고 해두고 하원에서만 선거한다고 할 것 같으면 그것이 또 불완전하다는 말을 들을 염려가 있습니다. 그러므로 이 헌법이 완전히 작정 되어 이 단원에서 대통령을 선거한 것이 필요하다는 그 의미에서 단원제를 채용하는 것입니다.

— 김준연, 「제헌국회 회의록」 제1회 21호

정세론을 앞세운 단원제 주장이 대세를 이루는 분위기입니다. 그런 마당에 기어코 "국회를 양원제로 한다."라는 수정안이 제출됩니다. 수정안 설명과 토론을 할지 말지 논란이 생깁니다. 이미 상당한 토론이 오갔는데, 수정안을 두고 또 토론해야 한다니 답답했던가 봅니다. 잠자코 있던 이승만 의장이 나섭니다. 미국에서 오래 살아서 그런지 나이 때문인지는 몰라도, 우리말 표현이 서툴게 들립니다. 간간이 영어도 섞어 가며 말합니다. 미국에서 박사학위를 취득한 사람답게 미국 양원제를 소상히 설명하더니, 정부수립이 급선무니 단원제가 마땅하다고 일장 연설을 합니다. 이미 총선거를 한 마당에 무슨 상원 타령이냐며, 필요하면 개헌을 해서 다음 선거에서 상원을 뽑자고 합니다. 양원제를 계속 주장하는 사람은 정부 수립에 동의하지 않는 것으로 알겠다고 으름장을 놓으며 긴 발언을 마칩니다.

민중의 대표가 되는 것이 하원이고, 상원이라고 하는 것은 스테이트 (state), 즉 각 도를 대표하는 것입니다. 48개*의 스테이트마다 대표를 뽑아 지방의 자치 권리를 결정합니다. (…) 오늘날 우리 형편으로는 미국처럼은 할 수 없고, 시작도 안 될 것이고, 지금 이 형편을 가지

---

* 알래스카주와 하와이주는 1959년에 미국 연방에 가입하였다. 1948년에는 미국의 주가 총 48개였다.

헌법의 순간

고서는 도무지 할 수가 없습니다. (…) 우리가 양원제로 조직할 처지가 되든 안 되든 상관없이 양원제도를 해야겠다고 하는 사람은, 정부를 조직해서 국가를 세우기를 원하지 않는 사람으로 이해할 테니 그렇게들 잘 아세요. 이다음 선거부터 양원제를 만든다면 좋겠지만, 지금은 되기 어려운 문제를 가지고 10여 일을 보내고 또 토의하실 사람은 정부수립에 동의 안 하시는 분으로 우리가 알 수 있겠어요.

— 이승만, 「제헌국회 회의록」 제1회 25호

이승만은 토론을 그만하자는 요구를 강하게 내비칩니다. 양원제 주장에 정부수립 반대라는 꼬리표를 붙여 말문을 막습니다. 연신 빨리 표결하자고 재촉합니다. 수정안 제안 설명도 없이 표결에 들어갈 분위기입니다. 즉각 수정안을 낸 영등포 출신 윤재욱 의원이 항의합니다. 왜 덮어놓고 표결부터 하려고 하냐며, 토론절차를 지키라고 꾸짖습니다.

윤재욱 의원의 항의를 들었는지 말았는지, 이승만 의장은 막무가내로 수정안을 표결에 부칩니다. 제31조에 양원제를 넣자는 수정안 표결에서 반대가 압도적입니다. 재석의원 176인 중 반대 119인, 찬성 14인. 헌법의 순간, 단원제냐 양원제냐의 논쟁은 이렇게 막을 내립니다. 막은 내렸지만 비극의 씨앗은 뿌려졌습니다.

양원제는 헌정사에서 유례가 없는 비극적 운명을 가진 주인공입니다. 정치 이득에 따라 도입되고 유보되며 폐지되기를 반복합니다. 헌법의 순간에 그 이점이 두드러졌지만 정세론에 밀려 유보됩니다. 상황이 좋아지면 헌법을 고쳐 시행하자는 암묵적 합의만 남깁니다. 제헌헌법

이 공포된 지 반년도 채 지나지 않아 그 암묵적 합의를 즉각 이행하자
는 목소리가 터져 나옵니다. 그 목소리의 주인공은 놀랍게도 대통령 이
승만입니다. 1948년 12월 18일, 1대 국회가 막을 내리는 폐회식이 열
립니다. 그 자리에서 이승만은 2대 국회에서 긴급하게 처리할 사항을
제시하는데, 첫째가 남북통일이고 둘째가 바로 양원제 도입입니다.

> 둘째로는 상의원(上議院) 조직입니다. 헌법이 제정되기 직전에 양제(兩
> 制)를 쓰기로 내정이 되었으나 헌법에는 상원 제도를 만들고 단원만
> 으로 대통령, 부통령을 선거하면 문제가 될 우려가 없지 않아서 양
> 원제는 헌법에서 빼고 한 것이니, 그 의도는 다 충분히 양해되었던
> 것입니다. 그러므로 (다음) 국회에서 작정할 것은 상원법과 규례(規例)
> 를 정하여 어떻게 조직하며 어떻게 선거할 것인가를 결정하고 진행
> 하는 것이에요. 이에 대하여 여러 의원은 다 충분한 계획이 있을 줄
> 아는 바입니다.
>
> — 이승만, 「제헌국회 회의록」 제1회 폐회식(1948.12.18.)

이 언급은 말로만 그칩니다. 양원제를 헌법에 넣으려고 노력한 흔적
은 어디에도 없습니다. 왜 이승만은 불쑥 양원제를 도입하자고 다그쳤
을까요? 아마도 치밀한 계산이 있었던 것 같습니다. 당시 국회는 내각
책임제 개헌을 요구하고 있었습니다. 이승만은 논쟁 방향을 다른 데로
돌려 개헌 자체를 막으려고 선수를 친 것 같습니다. 양원제를 하자는
폐회식 발언을 뜯어보면 이승만은 양원제를 헌법이 아니라 일반 법률

로 정해 실시하자고 합니다. 양원제는 법률을 제정해 실시하고 내각책임제 도입 빌미가 될 개헌은 하지 않겠다는 것입니다.

꼼수는 꼼수를 낳는 법입니다. 결국 이상한 일이 벌어집니다. 나라 상황이 안정되면 도입하자던 암묵적 합의가 무색합니다. 정세가 가장 불안했던 전쟁통에, 그것도 전쟁피난처인 임시수도 부산에서, 개정 헌법에 '양원제'가 담깁니다. 1952년, 이승만 대통령은 재선하려고 대통령 간선제를 직선제로 바꾸는 듣도 보도 못한 발췌 개헌을 합니다. 그 속에 양원제를 덤으로 끼워 넣습니다. 1952년 개정 헌법의 제31조가 바로 양원제 조항입니다.

국회는 민의원과 참의원으로써 구성한다.

당시 법무부 차관 정재환은 개헌 과정에서 양원제 도입 취지를 이렇게 설명합니다.

건국 초기에 특수 사정, 특히 산적된 국무의 신속 처리를 위하여 단원제도를 채택하였던 것인바, 헌정 4년을 경과한 금일에 있어서는 양원제도의 장점을 활용함으로써 국회를 더욱 강화하고 국가 백년대계를 확립하자는 것이 국민 대다수의 여론임에 비추어 이에 양원제도를 채택하려는 것입니다.

― 정재환, 「국회회의록」 제12회 83호(1952.06.21.)

좀 이상하지 않나요? 전쟁 도중에, 그것도 피난지에서, 양원제로 갑자기 개헌합니다. 전쟁 중인데 나라가 안정되어서 양원제를 도입한다는 논리가 참 기상천외합니다. 왜 이런 일이 벌어진 걸까요? 이승만은 국회가 뽑는 간선제로는 재선이 불투명하다고 예측했습니다. 당시 국회에는 이승만 지지세력이 적었기 때문입니다. 국민이 직접 뽑는 직선제라면 재선은 확실히 가능하다고 판단합니다. 대통령 직선제 개헌이 다급합니다. 아무리 다급해도 구색은 갖춰야 합니다. 대통령 직선제를 실시하기 위한 연막으로 양원제를 끼워 넣은 게 분명합니다. 그러느라 억지 논리를 만든 것이지요. 애초에 실시할 마음도 없으면서 억지로 헌법에 끌려온 양원제는 결국 애물단지가 되고 맙니다.

물론 의지가 아주 없었던 것은 아닙니다. 이승만은 양원제를 도입하면 정치적 효과를 상당히 볼 수 있을 것이라고 여깁니다. 양원제를 도입해 얻는 효과는 무엇일까요? 당시 국회와 대통령 간 볼썽사나운 갈등이 점입가경이었습니다. 야당이 국회를 좌지우지합니다. 내각책임제 개헌으로 대통령 자리조차 없애려 합니다. 이승만은 불안하기 짝이 없습니다. 국회를 그대로 두고는 두 다리 뻗고 잘 수가 없습니다. 그때 양원제가 해결책으로 떠오릅니다. 양원제를 국회를 통제할 수 있는 수단으로 삼으려는 것입니다.

양원제로 국회를 통제한다는 것은 무슨 소릴까요? 개헌안에 이승만의 속내가 노골적으로 담깁니다. 상원의 3분의 1은 대통령이 임명하는 관선의원으로 구성한다고 합니다. 대통령이 임명한 상원의원들은 대통령 꼭두각시나 다름없습니다. 사실상 대통령이 입법부를 통제하겠다는 것입니다. 누가 봐도 속이 뻔히 보이는 관선의원 조항을 두고 갈등이 최고조에 이릅니다. 이승만은 국회해산까지 거론하며 이 조항을 밀어붙이려고 합니다. 끝내 뜻을 이루지는 못합니다. 대통령 직선제를 관철하는 대신 상원을 국민이 뽑는 것으로 타협해 발췌 개헌안을 통과시킵니다.

이것이 끝이 아닙니다. 권력을 향한 집착은 참으로 집요합니다. 헌법에 자기가 설계한 양원제 구상을 담지 못한 이승만은 이번에는 '참의원(상원) 선거법'을 자신에게 유리한 방향으로 제정하려고 합니다. 이번에도 뜻을 이루지 못합니다. 논란 끝에 이승만이 담고자 한 내용이 대폭 수정된 참의원 선거법이 1953년 11월 30일 국회를 통과합니다. 이승만은 "하늘 밑에서 처음 보는 국회"라며 맹비난합니다. 한 치 망설임도 없이 법안 거부권을 행사합니다. 국회로 돌아온 '참의원 선거법'은 재의결에 실패해 결국 폐기됩니다. 자기 의도에 맞지 않는 양원제를 시행할 필요가 없었던 것입니다.

번번이 뜻을 이루지 못한 이승만은 이제 양원제 대신 더 손쉽고 확실한 해결책을 찾습니다. 우군인 강력한 여당을 만드는 것입니다. 1954년 제3대 총선에서 여당인 자유당이 총 203석 중 114석을 차지합니다. 선거가 끝나자 거대 여당을 기반으로 사사오입 개헌을 해 장기집권의 가도를 질주합니다. 대통령 근심이 사라지자 양원제는 찬밥 신세가 됩니다. 그렇게 이승만 정권 내내 양원제는 정치세력의 손익계산에 따라 쏘아 올려진 요란하기만 한 공포空砲였습니다. 살아도 산 것이 아니오, 죽어도 죽은 것이 아닌 좀비였습니다.

좀비를 살린 주역은 4·19혁명입니다. 4·19혁명 뒤에 치러진 5대 국회의원 선거에서 처음으로 참의원 58명, 민의원 233명이 선출됩니다. 양원 모두 국민이 직접 투표로 뽑았지요. 민의원(하원) 임기는 4년, 참의원(상원) 임기는 6년입니다. 참의원은 특별시나 도를 단위로 뽑고, 3년마다 의석의 절반을 다시 뽑습니다. 권한은 민의원이 훨씬 우월합니다. 내각 불신임권과 법률안 최종 의결권은 민의원이 갖습니다. 민의원과 참의원 간 의견이 다를 때 최종 결정도 민의원이 합니다.

현실이 된 양원제는 어땠을까요? 기대에 부응했을까요? 아니함만 못했을까요? 헌법의 순간 이후로 그토록 무수한 논쟁이 있었건만 제도는 허술하기 짝이 없습니다. 헌법의 순간부터 우려했던 점들이 그대로 드러납니다. 가장 눈에 띈 문제는 참의원 역할이었습니다. 민의원과 참의원을 나누기만 했지, 각자 고유한 업무가 따로 없어 같은 일을 두 번 하는 격입니다. 또 다른 문제로는 조봉암 의원이 우려했듯이 참의원이 보수세력 소굴이 된 점입니다. 참의원은 나이가 많은 사회적 명망가나 고관대작들로 채워집니다. 그들은 개혁적인 법안에 자꾸 딴죽을 겁니다. 그런 풍경이 무척이나 한심해 보였나 봅니다. 언론은 참의원을 향해 연일 "쓸데없는 장식품이 국고만 낭비한다."라고 한탄합니다.

양원제는 좀 억울합니다. 1년도 채 안 되는 너무도 짧은 순간이었습니다. 혁명과 함께 나타났다가 쿠데타와 함께 사라집니다. 1961년 박정희는 민의원과 참의원을 강제로 해산합니다. 1962년에는 헌법을 고쳐 아예 양원제를 폐지해 버립니다. 국회는 다시 단원제로 돌아갑니다. 아주 희미한 흔적만 남긴 채 양원제는 역사 속에 가라앉고 맙니다. 양원제를 역사 속에 침몰시킨 박정희는 어떤 속셈이었을까요? 양원제를 하자며 본회의장을 두 개 갖춘 국회의사당을 새로 지었으니 말입니다. 양원제를 하자는 것이 그의 진심이었을까요? 이승만처럼 꼭두각시 상원을 두고 싶었던 것은 아니었을까요?

양원제는 아주 짧은 순간 강렬한 빛을 뿜고 사라졌습니다. 헌법의 순간, 제헌의원들이 양원제를 논의하면서 헌법에 담고 싶었던 정신을 기억했으면 합니다. '더 다양한 대표, 더 신중한 결정'이 양원제 정신입니다. 그 정신만은 생각할수록 위대한 것입니다. 그 정신이 지금 정치 현실에 한 줄기 빛을 던질 수 있지 않을까요?

비수도권과 수도권 격차가 커지고 지역소멸이 현실이 된 지금, 양원제가 필요하다는 목소리가 높습니다. 노무현 전 대통령도 그런 목소리에 힘을 보탠 적이 있습니다. 지방을 균형있게 발전시키는 방안으로 지역 대표형 상원을 두자고 제안했습니다. 지역대표로 구성된 상원이 지역 간 불균등이나 사회적 갈등을 줄이는 역할을 할 수 있다는 것이지요. 미국, 독일, 프랑스, 이탈리아, 캐나다 같은 나라도 지역대표로 구성된 상원이 그런 역할을 합니다. 물론 지역대표를 뽑는 방식은 다양합니다.

더 차분하게 토론하고 더 신중하게 결정하는 국회 모습을 바라는 이들도 양원제 도입을 바랍니다. 커다란 냄비 안에서 펄펄 끓는 찌개는 너무 뜨겁습니다. 앞접시에 덜어 찬찬히 식혀 먹어야 제맛입니다. 하원이라는 큰 냄비 속에서 부글부글 끓는 다양한 의견과 요구를 상원이라는 앞접시에서 한 번 더 식힌다면 더 나은 결정을 할 수 있겠지요. 하원과 상원을 거쳐 신중히 통과한 법안이라면 대통령도 쉽게 거부할 수는 없지 않을까요? 상원이 대통령과 국회 사이에서 비일비재하게 일어나는 극단적인 갈등을 조정하는 중재자가 될 수 있을지도 모릅니다.

물론 양원제가 만병통치약은 아닙니다. 의사결정이 지연되고 양원 간 갈등도 얼마든지 일어날 수 있습니다. 모든 제도와 마찬가지로 양원제도 분명 장단점이 있지요. 다만 헌법의 순간부터 무수한 논쟁 끝에 시행한 제도를 쿠데타로 한순간에 폐기 처분해 버렸던 과거가 안타깝습니다. 실패한 제도라는 낙인은 깊고도 짙습니다. 양원제는 억울할 만도 합니다. 그래서인지 양원제는 여전히 우리 주위를 배회합니다. 이 억울함이라도 풀어주어야 하지 않을까요? 희미하게 남아 있는 소중한 흔적을 진지하게 살펴보고, 부족했던 점은 채워 보면 어떨까요? 그렇게 해서 국회 제2회의장에 상원의원들이 내지르는 왁자지껄한 소리가 가득하게 하면 어떨까요?

제12장

단 한 사람만을 위한

내각책임제에서 대통령제로 바뀐 까닭

유구한 역사와 전통에 빛나는 우리들 대한국민은 **기미 삼일운동**으로 **대한민국**을 건립하여 세계에 선포한 위대한 독립정신을 계승하여 이제 민주독립국가를 재건함에 있어서 정의인도와 동포애로써 **민족의 단결**을 공고히 하며 모든 사회적 폐습을 타파하고 민주주의제제도를 수립하여 정치, 경제, 사회, 문화의 모든 영역에 있어서 각인의 **기회를 균등**히 하고 능력을 최고도로 발휘케 하며 각인의 책임과 의무를 완수케하여 안으로는 **국민생활의 균등한 향상**을 기하고 밖으로는 항구적인 국제평화의 유지에 노력하여 우리들과 우리들의 자손의 **안전과 자유**와 행복을 영원히 확보할 것을 결의하고 우리들의 정당 또 자유로이 **선거**된 대표로써 구성된 **국회**에서 단기 4281년 7월 12일 이 **헌법**을 제정한다.

제헌헌법 제51조

대통령은 행정권의 수반이며
외국에 대하여 국가를 대표한다.

총리가 이끄는 정부 인기가 말이 아닙니다. 의회는 인기가 땅에 떨어진 내각에 책임을 물어 불신임합니다. 의회가 사사건건 정부 정책에 반대하자, 내각은 의회를 해산하겠다고 위협합니다. 이런 상황이 벌어지면 총리와 내각은 사퇴하고 의회도 해산됩니다. 임기와 상관없이 시도 때도 없이 조기 총선이 시행되고 내각도 새롭게 구성됩니다. 낯선가요? 영국과 일본 같은 나라에서는 드물지 않은 풍경입니다.

지지율이 10%대에 이를 정도로 대통령 인기가 바닥입니다. 임기가 남은 대통령은 하릴없이 집무실만 지킵니다. 여당과 국회 다수당이 달라 국회와 대통령 사이의 갈등이 끊이지 않습니다. 이런 답답한 상황이 계속되지만 어찌할 도리가 없습니다. 대통령과 국회의원은 서로를 공격하고 다음 선거 날짜만 세면서 남은 임기를 채웁니다. 이런 광경이 한국, 미국, 남미 내 여러 나라에서는 익숙합니다.

이런 차이는 왜 나타나는 걸까요? 정부 형태가 다르기 때문입니다. 각 나라 헌법은 자국의 정부 형태를 정합니다. 대통령이 정부를 이끌면 **대통령제**라고 합니다. 국회 다수당 출신의 수상(총리)이 정부 수장 노릇을 하면 보통 **의원내각제** 또는 **내각책임제**라고 부릅니다. 대통령제와 의원내각제처럼 정부 형태를 나누는 기준은 무엇일까요? 핵심은 입법부와 행정부의 관계입니다. 대통령제는 둘을 엄격히 분리합니다. 행정부와 입법부 책임과 기능이 엄밀히 나누어져 있고 서로 독립적입니다. 의회는 정부를 불신임할 수 없고 정부도 의회를 해산할 수 없지요. 대통령과 의원은 보통은 정해진 임기를 채웁니다. 국민이 뽑은 대통령은 국가수반과 행정수반을 동시에 맡습니다.

의원내각제는 둘을 결합합니다. 입법부와 행정부가 거의 분리되지 않습니다. 국회의원 선거에서 다수를 차지한 당 대표가 총리(수상)를 맡습니다. 의회에서 총리를 선출하기 때문에, 의회 다수당에서 총리가 나옵니다. 총리는 행정부만 이끕니다. 국가수반 역할은 국왕이나 대통령이 맡는데, 국정을 운영하는 실제 권한은 없습니다. 정부와 의회가 심하게 싸울 때 의회는 정부를 불신임할 수 있고 정부도 의회를 해산할 수 있습니다.

대통령제를 선호하는 사람들은 국정 안정을 가장 크게 중시합니다. 대통령 임기가 정해져 있어서, 그 임기 동안 안정적이고 강한 통치력을 발휘할 수 있습니다. 대통령과 국회가 독립적이니 서로 견제할 수 있다는 장점도 있습니다. 물론 의원내각제를 선호하는 이들에게도 이유는 있습니다. 국회와 정부 사이에 발생하는 대립을 줄일 수 있으니, 국정을 더 안정적으로 운영할 수도 있습니다. 행정부와 의회가 결합하여 국정을 추진하는 힘이 대통령제보다 오히려 강력하다는 의견도 있습니다. 행정부와 의회 갈등이 심해지면, 그대로 두지 않고 새롭게 의회와 정부를 구성해 갈등 자체를 없애버리는 방법도 있습니다.

헌법의 순간, 정부 형태를 정하는 일은 제일 중대한 문제로 여겨집니다. 왜 그랬을까요? 미군정을 끝내고 한시라도 빨리 정부를 수립해야 합니다. 정부수립을 앞두고 여러 정치세력은 권력을 차지하려는 극심한 투쟁을 벌입니다. 정치 안정이 무엇보다 시급합니다. 여러 나라 사정을 보면 정치적 안정과 정부 형태는 깊은 관련이 있는 듯합니다. 정부 형태를 어떻게 수립해야 나라를 안정시키는 데 도움이 될까요? 어떤 정부 형태가 헌법의 기본정신인 정치적 민주주의를 이루는 데 도움이 될까요? 제헌의원들의 고민이 무겁습니다. 물론 속으로는 손익계산도 있습니다. 왜 그렇지 않겠습니까? 자기 세력이 권력을 차지하는 데 보다 유리한 정부 형태가 어떤 것일지 계산하느라 속내가 복잡합니다.

헌법기초위원들 고심이 깊었을 텐데, 의외로 만장일치로 통과합니다. 반대 없이 의원내각제를 헌법초안(헌법안)에 담습니다. 의원내각제가 대통령 독재를 막고 안정을 이루는 데 더욱 좋다고 판단했습니다. 헌법기초위원회가 구상한 의원내각제 내용은 무엇일까요? 우선 국가수반과 행정수반을 나눕니다. 의회가 선출하는 대통령을 두되 국가수반 역할만 줍니다. 실제로 국정운영을 하는 행정수반은 국무총리입니다. 국회는 내각을 불신임할 수 있고, 정부는 의회를 해산할 수 있습니다. 국회와 정부가 서로 견제하면서도 대립이 발생해 협력이 불가능할 때의 해소 방법을 둔 것입니다. 헌법안에 담긴 의원내각제를 앞장서 설계한 유진오 전문위원은 회고록에서 자신이 의원내각제를 채택했던 이유를 이렇게 설명합니다.

나는 미국 헌법이 대통령제를 채택한 이유를 두 가지라 확신한다.

첫째, 미국 헌법이 제정된 18세기에는 국제적 고립 정책을 쓸 수 있었다. 둘째, 19세기까지는 미국 내부적으로도 국가의 세입이 풍부하여 정부와 국회가 대립한 채 장시간 국정이 마비 상태에 빠지더라도 별로 지장이 없었기 때문에 가능했다. 따라서 국토 양단, 경제 파탄, 공산주의자들의 극렬한 파괴 활동 등 생사의 문제를 산더미같이 떠안고 있는 대한민국이 대통령제를 채택해서 국회와 정부가 대립하여 저물도록 옥신각신했다면, 나라를 망치기(아니면 독재국가화 되기)에 꼭 알맞은 것이라 생각했었다.

– 유진오, 『헌법기초회고록』 58쪽

대한민국이 대통령제를 하면 나라가 망한다니, 과장은 좀 있어 보입니다. 그만큼 의원내각제를 간절하게 원했나 봅니다. 그는 대통령제에 도사린 치명적 약점을 지적합니다. 대통령제에서는 대통령이나 정부가 아무리 무능하거나 문제가 있어도 불신임할 수 없습니다. 반대로 국회가 무슨 횡포를 부려도 다음 선거 때까지 해산할 수 없습니다. 그래서 정부든 국회든 임기 동안에는 책임을 물을 방법이 없습니다. 미국 대통령제에서도 그 점이 문제입니다. 다만 미국은 갈등 상황을 견딜만한 대외적, 경제적 조건을 갖췄습니다. 그 조건 덕에 문제가 수면 위로 나타나지 않을 뿐입니다. 불행하게도 한국은 미국과는 정반대 상황입니다. 남북이 분단되었고 경제는 파탄지경이며 사회는 혼란스럽습니다. 한국은 미국이 아닙니다. 이 모든 상황을 감당하거나 견뎌낼 힘이 없습니다. 거기에 정치 갈등까지 계속된다면 엎친 데 덮친 꼴이 될 게 분명합니다.

다른 길로 가야 합니다. 그렇지 않으면 서로 으르렁거리다 나라가 망할 것이라는 섬뜩한 경고는 헌법기초위원 다수를 자극했을 법합니다.

물론 그게 전부는 아닙니다. 헌법기초위원들이 내각책임제를 지지한 데는 다른 계산도 있습니다. 헌법기초위원회는 한국민주당과 무소속 의원들이 주도했는데, 그들은 의원내각제에 끌립니다. 그만한 이유가 있습니다. 그들 세력에는 이승만처럼 대통령으로 내세울 만한 명망 있는 인물이 없습니다. 내각책임제가 아니면 집권하기란 하늘의 별 따기에 가깝습니다. 내각책임제에서 이승만은 실권이 없는 대통령으로 앉히고, 자신들의 대표를 총리로 세우는 큰 그림을 그립니다. 그러면 자신들이 실질적으로 정부를 운영하게 된다고 계산한 겁니다.

의원내각제 헌법안이 만들어지는 것은 이제 떼 놓은 당상입니다. 그런데 이게 웬일입니까? 헌법기초위원회가 본회의에 제출한 헌법안에는 내각책임제의 '내'자도 찾을 수 없습니다. 귀신이 곡할 노릇입니다. 헌법안에 담긴 정부 형태는 대통령이 실권을 장악한 대통령제입니다. 헌법안 제50조(훗날 제헌헌법 제51조)에는 "대통령은 행정권의 수반이며 외국에 대하여 국가를 대표한다."라고 되어있습니다. 헌법기초위원회가 만장일치로 선택한 의원내각제가 감쪽같이 사라졌습니다.

헌법기초위원회에서 도대체 무슨 일이 있었던 걸까요? 무엇이 이미 표결까지 끝난 일을 토라지게 했을까요? 하루아침에 판을 뒤집은 인물은 이승만 의장입니다. 그는 논쟁적인 사안에 초지일관 "이렇게 되나 저렇게 되나 그게 그리 중요하지 않다."라며 헌법안 완성을 독려했습니다. 그런 그가, 별 탈 없이 만장일치로 정해진 의원내각제를 트집 잡아,

헌법기초위원회를 일대 혼란에 빠트립니다.

6월 10일, 그는 일분일초를 다투며 헌법안을 작성하고 있던 헌법기초위원회 회의장을 찾습니다. 물론 구경만 하러 온 것은 아닙니다. 대통령제가 현 정세에는 더 적합하다고 단호하게 자기 생각을 밝힙니다. 임기가 보장된 대통령이 실권을 쥐고 강력한 통치력으로 정부를 끌고 가야 나라를 안정시킬 수 있다는 논리를 내세웁니다. 73세 노구에서 나오는 떨리는 목소리로 간절함을 드러내지만, 매정하게도 헌법기초위원들은 요지부동입니다. 신문들도 앞다퉈 헌법기초위원회에 감도는 긴장된 분위기를 전합니다. 만약 대통령제로 바뀌면 헌법을 기초한 전문위원들은 죄다 사임할 기세라고 합니다. 6월 11일, 이승만이 간곡하게 설득했지만 헌법기초위원회는 결국 내각책임제를 채택합니다.

이승만은 포기하지 않습니다. 이미 결론이 난 상황인데도 6월 15일 다시 헌법기초위원회 회의에 참석합니다. 이번에도 그는 대통령제가 현 정세에 적합하다는 의견을 표명합니다. 대단한 열정입니다. 그런데도 헌법기초위원들은 꿈쩍하지 않습니다. 헌법안을 제출하기로 한 6월 18일까지는 이제 시간이 없습니다. 막상 18일이 되자 헌법안이 완성되지 못했다는 이유로 헌법안 제출을 6월 21일로 연기합니다. 21일에도 헌법안은 또 제출되지 않습니다. 21일 오전, 헌법기초위원회는 23일에 헌법안을 제출하기로 합니다. 서상일 헌법기초위원장은 20일이 일요일이어서 인쇄를 못 했다며 23일에야 제출할 수 있다고 난처해합니다. 20일이 일요일이라는 사실을 미처 몰랐던 걸까요? 변명이 참 궁색합니다. 뭔가 다른 꿍꿍이가 있는 게 분명합니다. 그 꿍꿍이가 무엇인지는 금세 드러납니다. 벌어 둔 시간 사이로 분주한 움직임들이 보입니다. 이승만은 느닷없이 헌법 원칙 문제를 논의하자며 절차에도 없는 비공개 전원회의를 요구합니다. 그 요구마저 거부당합니다. 재석의원 175인 중 130인이 비공개 전원회의가 비민주적이라고 반대한 것입니다.

화가 치민 이승만은 이제 노골적으로 행동합니다. 6월 21일 오후 1시 30분, 헌법기초위원회가 대통령제와 내각책임제를 두고 마지막 토론을 벌입니다. 이 회의장을 찾은 이승만 의장은 결국 최후통첩을 날립니다. 더는 물러설 수가 없습니다.

> 만일 이 초안(의원내각제)이 국회에서 그대로 헌법으로 채택된다면 이 헌법 아래서는 어떠한 지위에도 취임하지 않고 민간에 남아서 국민운동을 하겠다.

노회한 정객이 이제는 직을 건 협박에 나섭니다. 대통령이 못 될 바에야 정부수립이고 뭐고 다 때려치우겠다는 낮도깨비 같은 몽니를 부린 것이지요. 협박과 심술이 통했을까요? 그의 이런 심술이 처음도 아닙니다. 이승만은 이미 대한민국 임시정부에서도 심술을 부려 이겨본 경험이 있습니다. 당시 국무총리를 수반으로 하는 내각책임제 형태이던 상해 임시정부는 이승만의 요구에 따라 대통령제로 바꿉니다. 물론 이승만이 대통령으로 선출됩니다. 어쩌면 그 경험을 떠올렸는지도 모릅니다. 그 경험을 떠올리며 어느 정도 승리를 예상했을 것입니다.

승리의 낌새가 보이기 시작합니다. 6월 21일 오후, 헌법기초위원회 분위기가 급변합니다. 신문들은 이날 헌법기초위원들이 대통령제를 채택할 것 같다고 보도합니다. 다음 날인 22일, 헌법안 본회의 제출을 하루 앞두고 헌법기초위원회는 대통령제 찬성 여부를 표결로 다시 정합니다. 신문들은 17 대 0으로 대통령제가 가결되었다는 소식을 다급히 전합니다. 서상일 위원장 말로는 언론 보도와는 달리 기초위원 22명 전원이 대통령제에 찬성했다고 합니다. 어쨌든 만장일치로 결정된 의원내각제가 만장일치로 대통령제로 뒤바뀌는 희한한 일이 벌어지고 맙니다.

무엇이 완강하던 헌법기초위원들을 감쪽같이 홀린 걸까요? 직을 건 이승만의 협박은 왜 통했을까요? 노회한 이승만은 당시 상황을 잘 간파하고, 치밀하게 계산된 협박을 했습니다. 그도, 헌법기초위원들도 여론조사 등에서 드러난 민심을 잘 알고 있습니다. 가령 미군정청이 1947년에 실시한 여론조사에서 차기 대통령으로 적합한 인물을 묻자, 이승만 43.9%, 김규식 18.5%, 여운형 17.5%, 김구 15.2%로 집계되었습니다. 더군다나 임시정부 출신 명망가들이 총선거와 정부 수립에 참여하지 않은 상황에서, 인기 높은 이승만조차 머지않아 수립될 정부에 참여하지 않는다면, 그 정부는 국민의 신망을 얻기 쉽지 않을 것입니다. 이승만은 그런 민심과 정치 상황을 등에 업고 염치도, 체면도 없이 야심을 맘껏 펼칩니다. 헌법기초위원들은 진퇴양난에 처해 두 눈 뻔히 뜨고도 이승만의 야욕을 허락할 수밖에 없었습니다. 그렇게 '이승만에 의해, 이승만을 위해, 이승만의 대통령제'로 헌법초안이 바뀝니다.

헌법의 순간, 지우고 고친 흔적이 선명한 대통령제 헌법안이 제출됩니다. 정부 형태는 이제 헌법의 순간에 달렸습니다. 헌법안 보고에 나선 서상일 헌법기초위원장은 대통령제를 채택한 이유를 간단히 설명합니다. 나라가 어수선한 상황에서 강력한 통치력을 발휘할 수 있는 대통령제가 정부를 안정시키는 데 유리하다는, 판에 박은 말을 합니다.

서상일 위원장은 상세한 설명을 유진오 전문위원에게 떠넘기고 황급히 발언대에서 내려옵니다. 헌법안을 손바닥 뒤집듯 하루아침에 바꾸었으니 헌법기초위원장으로서 부끄럽고 면목이 없을 만도 합니다. 이때 부끄러움이 얼마나 컸는지를 그는 나중에 고백합니다. 헌법을 제정한 지 1년 반이 지난 후였습니다. 1950년 3월, 의원 79명이 내각책임제로 헌법을 바꾸는 개헌안을 냅니다. 이때, 개헌안 토론에서 바로 서상일 의원이 제안자 대표로 발언에 나섭니다. 그는 헌법제정 당시 이승만의 강경한 태도에 밀려 어쩔 수 없이 결정을 내린 것은 잘못이었다고 고백하며 사과합니다. 헌법을 만든 제헌의회가 임기 중에 개헌하는 것은 부끄러운 일이지만, 잘못된 내용이 있으면 이제라도 바로 잡는 것이 더 책임 있는 태도라며 의원내각제 개헌을 주장합니다.

당시 내각책임제와 대통령중심제 문제로 도저히 시일을 지체할 수 없다는 것도 한 가지 이유였고, 또한 우리의 거룩한 지도자 이승만 박사께서 대통령중심제가 아니면 하야를 하여 민간인이 되겠다는 비장한 언명을 하셔서, 국가 백년대계를 위하여서는 유해한 줄 알면서도 결국 대통령중심제로 하였던 것입니다. 여기에 조만간 내각책임제가 될 것은 이미 약속된 사실로 들어 있었던 것입니다. 제헌의원으로서 과오를 범하였기 때문에 국리민복에 해독을 끼쳤다면 국민의 대표로서 당연히 그 책임을 지고 이것을 시정하여 국민 앞에 심심한 사과를 해야 할 것입니다. 헌법은 국리민복을 위한 기본법인만큼, 국리민복을 해롭게 하는 결함이 있는데도 불구하고 제헌의원 운운으로 개정치 못한다는 것은 말이 되지 않습니다. 영국 헌법은 전후 32회의 수정, 미국의 헌법도 1933년까지 무릇 31회의 수정을 거쳐 금일 같은 완비한 대헌장을 이룬 것입니다.

- 서상일, 「제헌국회 회의록」 제6회 48호(1950.03.09.)

다시 헌법의 순간으로 돌아갑시다. 서상일 위원장 대신 설명에 나선 유진오 전문위원 입장도 난처하기는 마찬가집니다. 발언대로 나가는 모습은 도살장에 끌려가는 소가 따로 없습니다. 발걸음은 한없이 무겁고 눈빛은 더없이 슬픕니다. 왜 안 그렇겠습니까? 그는 헌법안 작성에 참여할 때 의원내각제를 약속받았습니다. 약속대로 무난히 헌법안에 의원내각제가 담깁니다. 그런데 하루아침에 대통령제로 뒤집혔으니, 배신감과 실망이 얼마나 컸을까요? 헌법기초위원회에서 대통령제로 바뀌던 순간, 그는 다시는 헌법 만드는 일에 관여하지 않을 것이고 국회에도 출석하지 않겠다며 회의장을 박차고 곧장 집으로 가버립니다. 넌더리가 난 마당에, 다시 국회에 나와 대통령제 조항들을 설명하려니 좀처럼 입이 떨어지지 않습니다. 어렵게 말문을 엽니다. 서상일 위원장이 밝힌 것처럼 정국을 안정시키려고 대통령제를 선택했다며 얼버무림니다. 의원내각제를 해야 한다는 말은 차마 못 하지만, 대통령제가 자신이 지닌 학문적 양심에 어긋난다는 사실은 넌지시 드러냅니다.

대통령제를 택한 이유로 말을 시작하지만 점차 의원내각제를 지지하는 속내를 숨기지 않습니다. 자신의 원래 생각을 밝힙니다. 정부 안정과 강한 추진력을 얻으려면 오히려 의원내각제가 낫다는 것입니다. 그 이유도 분명하게 설명합니다. 대통령 따로 뽑고 의원들 따로 뽑으면 정부와 의회가 서로 갈등할 수 있는 반면, 국회에서 다수 의석을 차지한 세력이 정부까지 구성해 하나로 합치면 훨씬 안정적이고 강력하다는 것이지요. 유진오 전문위원이 대통령제에서 가장 큰 문제로 지적하는 부분은 독재의 위험성이 아닙니다. 그보다는 대통령과 국회 사이 갈등은 쉽게 생기는데, 그 갈등을 해결할 방도가 없다는 점입니다.

물론 의원내각제가 지닌 단점도 그는 잘 압니다. 국회와 정부 사이에 서로 알력이 생기거나 의견 충돌이 생기면 시도 때도 없이 내각이 총사퇴하거나 국회를 해산해 잦은 혼란이 벌어질 수 있습니다. 그 점에서 대통령제는 국회와 정부가 서로를 불신임하거나 해산할 수 없어 안정적이라고 볼 수 있습니다. 하지만 그런 안정성이 오히려 불안정성을 초래할 수도 있다고 거듭 지적합니다.

한 번 대통령이 되면 대통령 임기 동안에는 국회의 신임 여하를 막론하고 정부는 그대로 정책을 수행할 수 있겠습니다. 그러한 의미에서 안정성과 강력성이 있다고 볼 수가 있겠습니다마는 한편으로 그 장점은 동시에 단점이 된다고 하겠습니다. 즉 국회와 정부가 의견을 달리할 때 이것을 적당하게 조절할 수 있는 길이 적어도 법제상으로 없다는 것이 대통령제의 가장 큰 약점이라고 볼 수 있겠습니다.

– 유진오, 「제헌국회 회의록」 제1회 17호

유진오 전문위원 설명처럼 대통령제와 의원내각제는 둘 다 뚜렷한 장단점이 있습니다. 헌법기초위원회는 떠밀리듯 대통령제를 채택하면서도 대통령 독재를 방지하고, 대통령과 국회가 협치를 잘할 수 있는 쪽으로 가닥을 잡습니다. 그 결과 미국식의 순수한 대통령제가 아니라 **한국식 대통령제**가 탄생하게 됩니다.

한국식 대통령제 특징은 뭘까요? 장관 국회 출석과 발언 의무, 중요한 사안을 대통령 혼자 결정하는 것이 아니라 각 장관이 함께 논의해서 결정하는 국무원 제도, 국회의원의 장관 겸직 등이 순수한 대통령제와는 다른 한국형 대통령제 요소들입니다. 그런 요소들을 남겨 둔 이유는 분명합니다. 대통령 독단을 막으려는 것입니다. 더 중요한 것은 정부와 국회 관계를 밀접하게 연결해 국정이 순조로이 운영되게 하려는 의도입니다. 유진오 전문위원은 헌법안에 담겨 있는 내각책임제적 요소들이 그런 의도로 반영되었다는 점을 강조하려고 애씁니다.

이 초안에 나타난 대통령제는 '순 미국식 대통령제'가 아니란 것을 말해둘 필요가 있습니다. 미국식 대통령제에는 행정 각 장관은 국회에 출석할 권한이 없고 동시에 국회에 출석할 의무도 없습니다. 그러나 우리 헌법안에 따르면 국무위원은 국회에 출석해서 발언할 수 있고 또 국회의 요구가 있으면 출석해서 발언을 해야 할 의무를 지게 됩니다. 즉 국회와 정부는 미국식으로 아주 갈려있지 않고, 다만 해산권과 불신임이 없을 뿐으로 항상 밀접한 연락을 할 수 있게 되어 있는 것입니다. 또 한 가지 미국 제도와 다른 것은, 미국에서는 각 장관이 합의체를 형성하지 않습니다. (…) 대통령의 권한에 속하는 사항은 대통령 한 사람이 결정하고 실행하는 것이 아니라 제67조의 국무원에 관한 규정에 의해서 국무원의 의결을 통해서 행해 나가게 되는 것이 미국의 대통령제와 우리 헌법의 대통령제의 다른 점이라고 말할 수 있겠습니다.

— 유진오, 「제헌국회 회의록」 제1회 17호

설명이 좀 장황합니다. 의원내각제가 하루아침에 대통령제로 바뀐 데다, 대통령제가 자기 소신과도 다르니 해명이 쉽지는 않았을 테지요. 이런저런 설명을 해 보지만 의원들은 잘 이해가 안 되는 모양입니다. 여기저기에서 소곤거리는 소리가 들립니다. 한국식 대통령제라고는 하지만 죽도 밥도 아니라는 불만도 터져 나옵니다. 소란스러운 분위기를 뚫고 김약수 의원이 나섭니다.

그는 질의 대신 유진오 전문위원 발언에 조목조목 반박합니다. 우선 대통령제 결함을 대충 얼버무렸다고 나무랍니다. 대통령제를 시행하는데 정국이 늘 불안한 남미 국가들을 거론합니다. 남아메리카 지역에서 혁명이 빈번하게 발생하는 이유가 바로 대통령제의 결함 때문 아니냐고 따집니다. 대통령 임기가 보장된 대통령제에서는 대통령이 독재를 해도 책임을 물을 수 없어서 쿠데타나 혁명 같은 방식으로만 대통령을 물러나게 할 수 있다는 것입니다. 임기가 보장된 대통령이라 탄핵 말고는 책임을 물을 방법이 없다는 이 불만은, 사실 유진오 전문위원이 의원내각제를 원했던 이유이기도 합니다.

> 대통령제 결함을 형식적으로만 간단하게 말하고 그저 넘어가는 이런 인상을 받았어요. 한데 이 사람은 대통령제에 상당한 결함이 있다고 생각해요. (…) 불란서보다 남미 국가에서 혁명이 많이 일어난다는 것을 여러분이 잘 아실 줄 압니다. 그러면 남미 국가에서는 어째서 그와 같이 혁명이 자주 생기느냐? 그것은 대통령제의 결함으로부터 나오는 것이올시다. 대통령중심제에서는 대통령의 권한, 내용, 위치가 그 기한 동안은 불변이에요. 그 때문에 비록 그릇된 일이 있다고 할지라도 꼼짝 못하게 되는 것이에요.
>
> — 김약수, 「제헌국회 회의록」 제1회 17호

본격적인 토론에 들어서자 분위기가 바뀝니다. 대통령제 찬성파가 득달같이 발언대로 나섭니다. 앞다퉈 발언을 신청하는 바람에 발언 시간도 5분으로 제한해야 할 정도입니다. 그 5분을 가장 먼저 사용한 사람은 인천에서 무소속으로 당선된 곽상훈 의원입니다. 이번에도 단골 메뉴인 정세론을 들고나옵니다. 하루라도 빨리 자주독립국가를 세우는 일보다 더 중한 일이 무엇이냐고 목소리를 높입니다. 정부수립을 지연시키려는 불순분자들에게 시간을 빼앗기지 말고 "삼천만의 대표가 되실 대통령에게 정권을 주어서 독립 전취하는 투사의 앞잡이로 내세우자."라고 호소합니다.

역사의 장난일까요? 이렇게 대통령제를 강력히 지지한 곽상훈 의원은 4년 뒤 이 발언을 후회하게 됩니다. 그 사이 '삼천만의 대표가 된 이승만 대통령'에게 크게 실망했던 모양입니다. 그는 1952년 첫 개헌에서 이승만 대통령에게 반대해 되려 의원내각제 개헌의 앞잡이로 변신합니다. 당시 국회에 제출된 내각책임제 개헌안 대표발의자가 바로 곽상훈 의원입니다.

대통령제 찬성 발언이 이어집니다. 이번에는 진헌식 의원이 나섭니다. 그는 대통령 독재의 우려가 크다는 비판에 맞섭니다. 헌법에 따라 국민 기본권을 보장하고 권력분립 원리에 따라 입법부가 대통령을 견제할 수 있는데 무슨 독재 타령이냐고 합니다. 대통령이 군주정의 전제나 독재를 하는 것은 근본적으로 불가능하다고 말합니다.

진헌식 의원은 대통령제를 내각책임제와 대조해 **대통령책임제**라고 부릅니다. 이 대통령책임제라는 명칭이 대통령제를 오해하게끔 유도해 혼란을 야기합니다. 이미 앞선 회의에서 이 명칭 문제는 사실 어느 정도 정리가 되었습니다. 아마도 의원들이 주의 깊게 듣지 않은 모양입니다. 제19차 회의 당시 권태욱 의원은 "헌법안의 근본 취지가 대통령책임제냐, 대통령중심제냐?"라는 질의를 합니다. 그만큼 유사 용어들이 어지럽게 사용되고 있었던 탓입니다. 당시 언론도 대통령제를 흔히 대통령책임제라고 불렀습니다.

유진오 전문위원은 대통령책임제라는 말은 적절하지 않다고 합니다.

대통령은 임기가 보장되어 있어서 불법적 행위가 아니고는 무능하거나 실정을 하더라도 정치적 책임을 물을 수 없습니다. 유진오 전문위원 입장에서는 오히려 '대통령무無책임제'라고 할 만합니다. 이런 특징이야말로 유진오 전문위원이 대통령제를 꺼리는 중요한 이유입니다. 대통령제가 대통령무책임제인 반면, 의원내각제는 내각책임제입니다. 내각이 무능하거나 실정을 하면 의회가 내각에 책임을 물어 불신임하기 때문입니다. 유진오 전문위원이 애써 이렇게 설명을 했는데도, 진헌식 의원처럼 많은 의원이 대통령책임제라는 말을 계속 씁니다. 같이 쓰곤 하는 **대통령중심제**라는 말에도 문제가 있습니다. 권력분립 원리에 어울리는 말이 아니기 때문입니다. 대통령제에서는 권력분립이 중요합니다. 권력분립은 입법, 사법, 행정 권력을 균등하게 분배해 서로 균형을 이루며 독립적인 권한을 갖고 서로를 견제하는 원리입니다. 대통령이 외교적으로 국가를 대표하고, 실제로 가장 큰 권력을 행사하지만, 그렇다고 대통령이 헌법상으로 가장 큰 권력을 행사하는 직책은 아닙니다.

대통령 임기 중에는 불법 행위 이외에는 정치적 책임은 지지 않습니다. 그러므로 대통령책임제라 하는 것은 엄밀한 헌법상의 말로서는 정확하지 않다고 봅니다. 행정권을 대통령에게 수여하고, 국무원을 구성해서 의결하며, 의결한 것을 집행하는 의미에서는 물론 대통령중심제라고 할 수 있습니다. 그러나 대통령은 입법이라거나 사법권에는 상관하지 않습니다. 대통령은 행정권을 수행한다는 점에서 대통령중심제라는 말을 써도 좋겠습니다마는, 대통령중심제라는 말은 법률적으로 정확하다고 할 수 없습니다.

– 유진오, 「제헌국회 회의록」 제1회 19호

　대통령제 찬성파 대부분은 곽상훈 의원처럼 안정과 강력한 통치가 필요하다는 현실론을 내세우거나, 진헌식 의원처럼 독재 우려를 불식시키는 데 주력합니다. 대통령제 찬성 발언에 나선 이원홍 의원도 안정을 내세우면서 독재위험은 얼마든지 막을 수 있다고 주장합니다. 대통령제에서는 정부 불신임이나 국회해산 같은 정치변화(정변)가 없어 정부가 더 안정적이라고 합니다. 국회 견제뿐만 아니라 행정부 의사결정 과정에서도 대통령 독단을 막는 견제 장치들이 있으니, 독재 걱정도 기우일 뿐이라는 것입니다. 미국 대통령제가 안정적이라는 점을 예로 들며 남미에서 자주 일어나는 정변은 대통령제 자체 문제가 아니라는 식으로 반박합니다.

　이원홍 의원이 지적하듯 국정의 중요한 사안을 합의체인 국무원에서 결정하고 대통령도 그 결정에 복종한다는 점, 국무원에 참석하는 장관을 의원들이 겸임할 수 있다는 점, 대통령 결재서류에 국무총리나 관련 장관이 서명한다는 점 같이 내각책임제 요소들이 헌법안 곳곳에 담겼습니다. 왜 그런 요소들을 두었을까요? 이원홍 의원은 대통령 독재를 견제하기 위한 것이라고 주장하지만, 강욱중 의원 생각은 다릅니다. 그가 생각하기엔 내각책임제를 대통령제로 급히 바꾸면서 헌법안이 잡탕이 된 겁니다. 그는 발언 내내 치솟은 감정을 숨기지 않습니다. 헌법기초위원회가 누군가를 염두에 두고 그에 맞춰 대통령제를 채택한 것이라고 맹공을 퍼붓습니다. 물론 그 누군가는 이승만 의장이겠지요. 양심적이지 않다는 비난도 서슴지 않습니다. 하루 전까지 의원내각제를 주장한 기초위원 전원이 다음 날 대통령제를 찬성하는 일이 대명천지에 어떻게 일어날 수 있냐고 울분을 토합니다. 양심을 팔아치운 짓을 했다고 강욱중 의원이 꾸짖자 고개를 떨군 사람이 많이 보입니다. 얼굴을 숙여 보이지는 않지만 아마도 헌법기초위원들 같습니다.

강욱중 의원 발언 중에 유난히 매력적인 대목이 있습니다. 내각책임제에서 일어나는 잦은 정치변화(정변)를 긍정적으로 해석하는 대목입니다. 그는 대통령제에서는 정치변화가 없어서 의원내각제보다 훨씬 안정적이라는 이원홍 의원의 시각이 편협하기 그지없다고 성토합니다. 국회가 정부를 불신임하고 정부가 국회를 해산하여 생기는 정변은 오히려 정치를 더 생생하게 하고, 현실을 개혁할 수 있게 한다는 멋진 반론을 폅니다. 내각책임제에서 일어나는 정변은 오히려 대통령제에서 발생하는 반란이나 쿠데타 같은 극단적인 변화를 막을 수 있어 유익하다는 주장도 합니다.

우리 국가 만년에 기초가 되는 헌법을 제정할 우리 태도는 어디까지나 양심적이어야 할 것입니다. 이 헌법은 대통령으로 어떠한 인물을 가정하고, 그 인물을 기초로 만들지 않았는가 생각합니다. 대통령책임제의 장점은 정변을 피할 수 있다는 점입니다. 정변이라는 것은 해석하기 나름이라고 생각합니다. 국민이 정부를 불신임할 때 현실을 타개하려고 정변을 일으킵니다. 정변은 현실을 개혁하는 것입니다. 그러한 의미에서는 정변을 환영할지언정 비난할 이유가 없습니다. (…) 정부가 부패할 때에 국회에서 불신임 행사하고, 국회가 부패할 때에는 정부에서 해산권을 행사해 언제든지 생생하고 쇄신적인 정국을 만드는 것이 좋을 줄 생각해서 대통령책임제보다도 국무책임제(의원내각제)를 주장합니다.

– 강욱중, 「제헌국회 회의록」 제1회 20호

강욱중 의원 발언 뒤에도 기초위원들의 양심을 질타하는 소리가 계속 쏟아집니다. 최국현 의원도 발언 내내 분을 삭이지 못합니다. 제도를 떠나 양심이 있어야 한다고 지적합니다. 하룻밤 새에 누구 한 사람 말에 따라 의원내각제가 대통령제로 바뀐다는 것이 도저히 믿기지 않는다고 합니다. 학자적 양심도, 정치적 양심도 내팽개쳤다며 전문위원과 기초위원들을 싸잡아 비난합니다. 배헌 의원도 헌법안 등사본을 손에 쥐고 흔들면서 하룻밤 새 졸속으로 바꾸느라 헌법안이 온통 누더기가 되었다며 맹공을 가합니다. 앞뒤가 안 맞는 모순을 들춰냅니다.

내각책임제 요소가 있으니 대통령 독재가 불가능하다는 대통령제 찬성파 주장에도 상당수 의원은 의구심을 갖습니다. 그들이 보기에 내각책임제 요소라고 알려진 것들이 실상은 빈껍데기에 불과합니다. 대통령 권력을 실질적으로 견제할 수 없어 보이기 때문입니다. 그 빈껍데기 중 대표적인 것이 국무원 제도입니다. 국무원이 중요한 국정 사안을 결정하기 때문에 대통령을 견제할 수 있다는 주장은 눈 가리고 아웅 하는 격이라고 몰아붙입니다. 국무원이 대통령 견제는커녕 허수아비로 전락할 것이라는 불길한 전망도 내놓습니다.

국무원이 빈껍데기라고 주장하는 근거는 무엇일까요? 대통령이 국무원 구성원인 국무총리와 국무위원을 제 맘대로 임면할 수 있기 때문이지요. 대통령이 언제라도 해고할 수 있는데 누가 쉽게 대통령 뜻을 거스를 수 있겠습니까? 조봉암 의원도 "국무위원을 대통령이 임명하므로 그 대통령을 반대할 수 있는 국무위원이란 실제 있을 수 없다."라며 대통령 권한 행사에 들러리를 세우려는 것이라고 주장합니다. 서순영 의원은 심지어 "대통령이 국무원에 참가해서 의장이 되고 그 합의체의 일원이 되는 것은 나치독일 시대에 대통령이 수상을 겸하고 총통이라고 이름을 붙인 것과 다를 바 없다."라고 비판합니다.

충남 서산을 출신 무소속 김동준 의원은 문학을 공부한 사람다운 비유로 대통령제가 안정적이라는 주장을 반박합니다. 자신이 꾼 꿈에 기둥이 하나인 원두막과 기둥이 넷인 원두막이 나타났는데 자신은 기둥이 넷인 원두막으로 들어갔다고 합니다. 대통령 1인에 의한 통치보다는 내각책임제가 협치에 더 유리해 안정적이라는 암시로 해석합니다. 무소속 정준 의원은 국민 뜻에 따라 정부나 대통령에게 정치적 책임을 쉽게 물을 수 있어야 한다는 점을 강조합니다. 그런 점에서 의원내각제가 국민 의사를 더 잘 반영할 수 있다며, 의원내각제를 채택해 정부가 잘못할 때 불신임할 수 있게 하자고 주장합니다. 신성균 의원도 대통령에게 책임을 물을 수 있는 쉬운 길을 열어 두지 않으면 국민 의사가 반영되기 어렵다고 호소합니다.

전남 완도 출신 무소속 김장열 의원은 대통령제에서 일어나는 중요한 문제점 하나를 들고나옵니다. 유진오 전문위원도 강조했던 문제지요. 대통령제는 이른바 '교착상태'에 빠지기 쉽습니다. 대통령이 소속된 정당이 의회에서 다수당이 아닐 때, 여소야대與小野大일 때는 대통령과 의회가 부딪힙니다. 국회는 대통령이 추진하려는 법안을 호락호락 통과시켜 주지 않으려 합니다. 대통령도 다수당이 통과시킨 법안에 거부권을 행사합니다. 대통령과 국회가 서로 으르렁거리기만 하지, 실제로는 할 수 있는 게 없습니다. 정치는 싸움이 되고 정국은 불안해집니다. 그런 교착상태를 끝낼 마땅한 제도적 방법도 없습니다. 김장열 의원은 이 최대 단점을 해결할 대안 하나를 내놓습니다. 대통령을 국민이 직접 선거로 뽑지만, 그에게는 국가를 대표하는 지위만 주고 행정은 내각이 책임지는 정부 형태입니다.

> 민주주의 국가군의 과거나 현재에서 의원내각제를 실시하는 국가가 많으니 그것은 의원 내에 다수당원을 내포한 대정당으로 하여금 정부를 담당하게 하는 것입니다. 대정당은 국민의 큰 신임을 받고 국회를 좌우하니, 정부와 국회를 원활하게 하는 정치적 요청에 부합하고자 하는 것입니다. (…) 대통령은 국가의 대표요, 국내 모든 통치권의 총람자입니다. 행정의 직접 책임기관은 내각인 만치 모든 행정에 대한 책임은 행위 기관인 내각에 지워야 타당할 것임으로 이러한 모든 이유 아래서 대통령 직접선거제와 내각책임제는 우리 헌법에 원칙적으로 규정할 것을 주장하는 바입니다.
>
> ― 김장렬, 「제헌국회 회의록」 제1회 20호

조봉암 의원도 김장렬 의원 제안에 동조합니다. 대통령을 국민이 직접 선거로 뽑아 국가원수 역할만 주고, 행정 책임은 총리와 내각이 맡도록 하자는 것이지요. 만약 대통령 직선제가 현실적으로 어렵다면 우선은 국회에서 간선으로 대통령을 뽑더라도 행정 책임은 내각에 주자고 합니다. 이는 프랑스 제4공화국 정부 형태와 닮았습니다. 당시 프랑스 제4공화국은 의회가 선출하는 상징적인 국가원수인 대통령을 두고, 행정부 실권은 총리가 지니는 정부 형태를 운영했습니다. 그 뒤 프랑스 제5공화국은 대통령을 국민 직선으로 뽑아 대통령 권한을 좀 더 강화하면서도 행정권은 내각수반인 총리가 지니는 분권형 대통령제(이원집정부제)를 도입합니다. 국가수장인 대통령은 국방과 외치를 맡고, 총리는 내치를 맡아 행정을 책임지는 형태입니다.

의원내각제를 지지하는 발언이 적지 않지만, 다수는 대통령제로 기운 듯 보입니다. 대통령제를 지지한 이유는 단순합니다. 의원내각제가 정치 불안을 야기할 수 있다는 점과 분단 상황을 극복하려면 강력한 통치력이 필요하다는 것입니다. 이런 현실론 앞에서 의원내각제에 찬성했던 다수 의원이 대통령제로 마음을 바꿉니다. 헌법 제4장 정부 형태 관련한 대체토론에서 아주 많은 수정안이 제출되는데, 막상 토론을 앞두고는 거의 자진 철회됩니다. 사회를 보고 있던 이승만 의장은 관대한 마음으로 수정안을 철회해 준 의원들에게 감사를 표하며 흡족해합니다.

이승만 의장은 마침내 꿈을 이룹니다. 헌법이 제정된 3일 후 국회에서 간선제로 치러진 대통령 선거에서 이승만은 180표를 얻어 초대 대통령으로 선출됩니다. 대통령 자리를 만드는 과정도 가관이지만, 대통령 자리를 지키는 풍경은 경악스럽기까지 합니다. 헌법의 순간에 우려했던 상황은 얼마 지나지 않아 현실이 됩니다. 정부 실정과 무능, 무책임, 의회와 행정부 간 지속적인 갈등으로 인한 정국불안이 멈추질 않습니다. 내각책임제로 개헌해야 한다는 목소리가 거세집니다. 1950년, 78인의 국회의원이 내각책임제 개헌안을 제출하지만 실패합니다. 1952년 1월 두 번째 개헌이 시도됩니다. 이번에는 이승만이 대통령 직선제로 바꾸려 했습니다. 압도적인 반대로 이승만이 낸 직선제 개헌안은 부결됩니다. 1952년 5월, 곧바로 다시 개헌안을 제출합니다. 이번에는 정부와 국회가 따로 개헌안을 냅니다. 국회는 의원 123인이 서명한 내각책임제 개헌안을 발의합니다. 이 개헌안에 서명한 의원 수가 전체 국회의원의 3분의 2가 넘습니다. 국회 개헌안이 통과될 수 있는 상황입니다. 바로 이때, 이승만은 계엄령을 선포하고 개헌안에 서명한 의원들을 탄압합니다. 공산당 사주를 받아 국정을 혼란케 하려고 내각책임제 개헌을 추진한다는 누명까지 씌웁니다. 국회를 해산하겠다는 협박도 합니다. 결국 정부 개헌안에서 대통령 직선제와 양원제를, 국회 개헌안에서 국무위원을 국무총리가 제청할 권리와 국회가 국무원을 불신임할 권리를 뒤섞어 그 유명한 '발췌 개헌'을 합니다. 이 개헌은 이상하게도 한쪽으로는 대통령 권한을 더 강화하고 다른 한쪽으로는 국회 권한도 더 강화합니다. 결과적으로는 이 개헌이 이승만 장기집권에 자락을 깔아줍니다.

12년 장기집권은 불행한 최후를 맞이합니다. 무능하고 부패한 대통령은 4·19혁명으로 물러납니다. 독재자는 그렇게 국민이 흘린 피를 보고야 물러났습니다. 국민이 흘린 피는 대통령제를 의원내각제로 바꿉니다. 헌법의 순간부터 꿈꾸던 의원내각제가 마침내 찾아왔습니다. 이승만 독재를 초래한 책임의 화살이 온통 대통령제로 향한 것이지요. 의원내각제로 헌법을 바꾸는 건 밤이 지나면 아침이 오는 것처럼 틀림없었고, 그것이 당시 국민의 공통된 생각이었습니다. 그래서였을까요? 제2공화국*의 헌법개정을 위한 헌법개정위원회 명칭도 '내각책임제 개헌기초위원회'였지요.

제2공화국 의원내각제 헌법은 대통령이 권력을 독차지하는 것을 막는 데 초점을 둡니다. 의회에서 대통령을 선출하고, 대통령에게는 국가를 대표하는 의례적 권한만 줍니다. 총리가 행정의 수반이고, 행정권은 총리가 구성한 국무원이 갖습니다. 국회는 국무원을 불신임할 수 있고, 국무원도 국회를 해산할 수 있습니다. 제헌의회에서 많은 의원이 바랐던 의원내각제가 마침내 실현됩니다.

독재에 맞서 국민이 피로써 이루어 낸 의원내각제는 허망하게 사라집니다. 헌법의 순간에 헌법기초위원회가 작성한 헌법안이 하룻밤 새 의원내각제에서 대통령제로 바뀌었듯, 1960년 5·16 군사정변 세력은 정치 불안정을 이유로 의원내각제를 대통령제로 갈아치웁니다. 헌법의 순간부터 꿈꾸었던 내각제는 약 9개월, 그 짧은 시간에 나타났다가 한

---

* 4·19혁명으로 이승만 정권이 붕괴한 후 1960년 6월 15일 개헌으로 1961년 5월 16일까지 존속한 대한민국 헌정체제다. 대한민국 역사에서 유일한 내각책임제 정권을 수립했으나 박정희의 5·16 군사정변으로 무너졌다.

여름 밤의 꿈처럼 사라지고 맙니다.

과연 의원내각제가 혼란을 일으킨 주범일까요? 군부 세력은 자신이 일으킨 쿠데타를 나라를 구한 위대한 결단으로 포장하려고 혼란과 무질서의 책임을 모두 의원내각제에 뒤집어씌웁니다. 의원내각제가 비효율적인 파쟁을 유발해 불안과 사회질서의 문란을 야기했다는 소문도 퍼뜨립니다. 그 소문을 기반으로 확고한 지도력을 보장하려면 미국식 대통령제를 도입해야 한다고 선동합니다. 그렇게 의원내각제를 대통령제로 바꾸지만, 권력을 잡은 박정희 대통령도 18년씩이나 독재를 합니다. 이후 전두환이 다시 쿠데타를 일으켜 대통령이 됩니다. 이승만, 박정희, 전두환이 대통령 노릇 하면서 독재, 장기집권, 쿠데타가 반복됩니다. 무수한 혼란과 불안, 독재가 반복되지만, 신기하게도 대통령제를 의원내각제로 다시 바꿔보자는 주장은 들리지 않습니다. 이제는 독재 걱정이 없는 걸까요? 의원내각제가 행해지던 9개월이 다시는 경험하고 싶지 않은 악몽이었던 걸까요? 아니면 헌법의 순간에도 그랬듯이 대통령 자리를 향한 욕심이 커서일까요?

헌법의 순간은 '견제받는 대통령제'를 선택했습니다. 현행 대통령제 골격은 헌법의 순간에 설계된 것과 크게 다르지 않습니다. 오늘날, 견제받는 대통령제는 잘 작동하고 있을까요? 헌법의 순간에도 우려했던 두 가지 문제가 여전히 대통령제 발목을 잡는 듯합니다. 우선은 제도에 문제가 있습니다. 국회 다수당과 여당이 다를 때, 즉 여소야대 국면에서는 국회와 정부가 밤낮없이 싸우는 일이 비일비재합니다. 해결해야 할 문제가 산더미처럼 쌓였는데 국회와 정부가 옥신각신 대립하는 교착상태가 이어집니다. 유진오 전문위원이 걱정했듯이 교착상태를 해소할 제도적 방법도 마땅히 없습니다.

다른 한편으로는 대통령이 제왕적 통치 행태를 되풀이합니다. 권력이 대통령 1인에게 집중되어 있습니다. 여당을 대통령 하수인 취급해 국회를 무용지물로 만듭니다. 당 공천과 정책 결정에 대통령이 개입하고, 당 인사들은 대통령 신임을 받으려고 줄을 섭니다. 검찰이나 경찰 같은 권력기관을 동원해 경쟁자들을 탄압하기도 합니다. 대통령을 견제할 수 있다고 믿었던 국무회의와 국무총리는 헌법의 순간에 우려했듯이 대통령 꼭두각시 노릇만 하고 있지요. 더 중요한 것은 제왕적 통치와 실정에도 임기 5년 동안에는 책임을 물을 방도가 없습니다. 5년 동안은 **불안정의 안정적 지속**이 이루어지는 것입니다.

대통령제를 유지하면서 교착상태와 제왕적 통치를 어떻게 개선할 수 있을까요? 참 어려운 문제입니다. 한 가지 힌트는 있습니다. 대통령제 국가인 미국 헌법 제1조는 연방의회의 권한과 역할로 시작합니다. 의회 역할에 그만큼 특별하고도 중요한 의미를 두고 있는 것입니다. 대통령제 국가에서 의회에 특별한 의미를 부여한 이유는 무엇일까요? 대통령은 의회의 권한을 존중하고 의회와 협력해 국정을 운영하라는 것 아닐까요? 확실히 대통령제의 성공은 입법부와 행정부가 조화로운 관계를 만들 수 있는지에 달려 있습니다.

헌법의 순간, 제헌의원들은 한 번도 경험해 보지 못한 정부 형태를 두고 논쟁했습니다. 격렬한 논쟁이었지만 충분한 논의는 아니었습니다. 시대 상황도 녹록지 않았습니다. 경험과 시간, 모든 것이 부족했지요. 이제 우리에게는 적지 않은 경험이 쌓였습니다. 시간에 쫓길 이유도 없습니다. 시간에 쫓겨 나중으로 미뤄두었던, 치열하고 충분한 논의를 이제라도 해야 하지 않을까요? 짧았던 의원내각제 경험도 차분히 반성해 보는 것은 어떨까요? 두려움이 영혼을 잠식한다는 말이 있습니다. 소문으로 퍼진 의원내각제의 실패와 두려움 때문에 숱한 쿠데타와 독재를 불러들인 대통령제의 문제는 못 본 체하며 변화를 포기하고 있는 것은 아닐까요? 두려움 없이 열린 마음으로 더 나은 정부 형태를 탐구하고 논의했으면 좋겠습니다.

제13장

대독총리와 대쪽총리

국무총리의 역할, 보좌인가 견제인가

유구한 역사와 전통에 빛나는 우리들 대한국민은 **기미 삼일운동**으로 **대한민국**을 건립하여 세계에 선포한 위대한 독립정신을 계승하여 이제 민주독립국가를 재건함에 있어서 정의인도와 동포애로써 **민족의 단결**을 공고히 하며 모든 사회적 폐습을 타파하고 민주주의제제도를 수립하여 정치, 경제, 사회, 문화의 모든 영역에 있어서 각인의 **기회를 균등**히 하고 능력을 최고도로 발휘케 하며 각인의 책임과 의무를 완수케하여 안으로는 **국민생활의 균등한 향상**을 기하고 밖으로는 항구적인 국제평화의 유지에 노력하여 우리들과 우리들의 자손의 **안전과 자유**와 행복을 영원히 확보할 것을 결의하고 우리들의 정당 또 자유로이 **선거**된 대표로써 구성된 **국회**에서 단기 4281년 7월 12일 이 **헌법**을 제정한다

국무총리는 대통령이 임명하고
국회의 승인을 얻어야 한다.

일인지하 만인지상─人之下 萬人之上이라는 말을 들어 본 적이 있나요? 위로 최고 통수권자 한 사람만 있을 뿐, 실질적으로 나라를 이끄는 사람이나 관직을 이르는 말입니다. 조선시대 영의정을 그렇게 부를 수 있겠지요. 영의정은 각 기관에서 올라오는 일을 심의하고 재가를 얻어 시행토록 하는 중요한 직책입니다. 그 직책을 잘 수행해 명재상 소리를 들은 이가 바로 황희 정승이지요. 그는 조선 세종 때 무려 18년 동안이나 영의정으로 일하며 정사를 돌봅니다.

대한민국에서 일인지하 만인지상은 누굴까요? 아마도 국무총리 아닐까요? 국무총리는 권한과 책임, 어느 모로 보나 명실상부한 행정부 2인자입니다. 국무총리가 가진 권한과 책임은 헌법으로 정해져 있어요. 평소에는 대통령 명을 받아 행정부를 지휘하고 조정합니다. 대통령이 갑자기 사망하거나 탄핵을 당하면 대통령 권한을 대신합니다. 장관으로 적당한 인물을 대통령에게 추천 혹은 제청하고, 문제가 있을 때는 해임을 건의할 수도 있습니다. 그뿐 아닙니다. 대통령이 결재하는 서류에는 국무총리도 꼭 서명해야 합니다. 어때요? 이 정도면 대통령도 함부로 못할 2인자가 확실하지 않나요?

현실은 영 딴판입니다. 조롱과 풍자 대상이 되기 일쑤입니다. '의전

총리, 식물총리, 설거지총리, 투명총리, 바지총리'라는 비아냥거림이 넘쳐납니다. 행사에 대통령 대신 참석해 대통령 축사나 읽는다고 '대독총리'라고 면박을 줍니다. 대통령이 받아야 할 비난을 대신 받을 때는 '방탄총리'라는 수모도 당합니다. 국정 2인자는 어쩌다 이런 신세가 되었을까요?

사실 알고 보면 국무총리는 극한 직업입니다. 총리가 되는 과정부터 쉽지 않습니다. 국무총리는 대통령 마음대로 임명할 수 없습니다. 국회 동의를 얻어야 합니다. 그렇게 어려운 관문을 통과해 총리가 되더라도 대통령이 그만두라고 하면 아무 때나 그만두어야 합니다. 일 할만 해지면 국정 분위기를 바꾼답시고 사표를 써야 하는 때도 허다합니다. 역대 국무총리들 평균 임기는 1년 6개월 정도에 지나지 않습니다. 대통령에게는 정치적 책임을 물을 수 없어서 대신 정치적 책임을 도맡아야 합니다. 이럴 거면 도대체 왜 국무총리를 두었나 싶을 정도입니다. 국무총리 제도는 어떤 의도로 만들었을까요? 국무총리에게 어떤 기대가 있었던 걸까요? 국무총리 제도가 생긴 내력을 좀 들여다봐야겠습니다.

헌법기초위원회는 소란 끝에 정부형태로 대통령제를 택합니다. 일반적으로 대통령제 국가에서 제2인자는 부통령입니다. 헌법기초위원회는 헌법초안(헌법안)에 미국처럼 대통령과 부통령을 두었지만 미국과는 달리 국무총리도 함께 둡니다. 부통령은 대통령이 갑자기 사고를 당하거나 탄핵이 될 때 대통령 권한을 대신 행사하는 직책에 불과합니다. 법적, 정치적 권한은 거의 없습니다. 그와 달리 국무총리는 국정을 운영하는 데 필요한 권한을 갖습니다. 국정을 책임지는 대통령이 있는데 왜 국무총리를 두어 그런 권한을 준 걸까요?

이미 보았다시피 헌법기초위원회는 애초에 의원내각제 헌법안을 설계합니다. 의원내각제에서는 국무총리가 명실상부한 행정수반입니다. 헌법안이 하루아침에 대통령제로 바뀌지만 국무총리를 없애지 않습니다. 대신 권한은 줄어듭니다. 권한을 줄이면서도 국무총리직을 그대로 둔 것은 내각책임제파와 대통령제파가 타협한 결과입니다. 대통령 1인 독재를 방지하고자 국무총리를 대통령 견제장치로 삼으려 한 것이지요. 서로 다른 정치세력이 대통령과 국무총리 자리를 나눠 가져서 연합정치를 하려는 의도도 엿보입니다. 그런 의도에서 대통령제이면서도 국무총리를 둔 한국식 대통령제가 탄생합니다.

대통령제로 바뀐 헌법안에서 국무총리는 대통령을 보좌하는 자리로 전락합니다. 그런 와중에도 중요한 국정은 대통령과 국무총리, 국무위원으로 구성된 국무원이 의결케 하고, 국무총리가 각 부처 장관을 통솔하게 합니다. 대통령 1인 독주를 막는 역할이 국무총리에게 주어진 것입니다. 대통령을 보좌하는 이에게 대통령을 견제하는 역할도 준 것은 괴이하기 이를 데 없습니다. 제헌의원들도 고개를 갸웃거립니다. 국무총리가 다중인격체도 아닌데, 어떻게 한 사람이 **보좌**와 **견제**라는 상이한 역할을 동시에 수행할 수 있다는 것인지, 이해할 수 없는 노릇입니다. 암만해도 격론이 벌어질 듯합니다.

헌법의 순간, 국무총리 제도를 두고 가장 첨예했던 쟁점 중 하나는 **국무총리를 어떻게 임명할 것인가**입니다. 헌법기초위원회의 헌법안 제68조는 "국무총리와 국무위원은 대통령이 임면한다."라고 합니다. 대통령이 국무총리를 임명도 하고 해임도 할 수 있습니다. 이 조항을 본 의원들이 수군거리기 시작합니다. 대통령을 견제하려고 국무원을 두는데, 그 국무원 구성원인 국무총리와 국무위원을 대통령이 마음대로 임명하고 해임한다면 대통령을 어떻게 견제할 수 있겠냐는 것이지요. 헌법안 질의응답 순서인데도 질의 대신 질타가 쏟아집니다.

발언대에 선 황호현 의원은 넓은 이마를 잔뜩 찡그립니다. 국무원을 만들어 놨으면 그 취지에 맞게끔 국무총리를 임명할 때 국회 승인을 받도록 하는 것이 온당하다고 따집니다. 서이환 의원과 조한백 의원은 국무총리를 국회에서 인준해야 하고, 더 나아가서 국무위원을 임명할 때 국무총리 추천을 받아야 국무총리를 둔 취지에 맞는다고 주장합니다. 총리가 각 부처 장관을 지휘하고 감독한다지만, 장관 임면에 아무런 권한도 없는 총리 말을 듣겠냐는 것입니다. 그럴듯하게 들렸는지 고개를 끄덕이는 의원이 많습니다.

비판과 질의에 답변하러 나온 유진오 전문위원 표정이 되레 밝습니다. 기다렸다는 듯이 비판에 맞장구까지 칩니다. 대통령이 국무총리를 임명할 때는 국회 승인을 받게 하는 것이 좋겠다며 수정을 부추기기까지 합니다. 문제가 있다고 생각은 했지만, 말은 못 하고 속만 끓였던 모양입니다. 기회를 놓칠세라 말을 이어갑니다. 국회가 총리를 인준하자는 그의 주장에는 깊은 뜻이 있습니다. 그는 총리에게 대통령 보좌나 견제보다 더 중요한 역할을 부여합니다. 바로 정부와 국회의 협치를 끌어내는 역할입니다. 국회 승인으로 임명된 국무총리는 국회와 행정부를 잇는 가교가 될 가능성이 큽니다. 그는 앞서 대통령제는 국회와 행정부 간 갈등이 생겼을 때 문제를 풀 방도가 없다는 점을 가장 우려했지요. 자신의 뜻과 달리 대통령제가 채택되었지만, 아쉬운 대로 국무총리를 잘 활용하면 교착상태를 어느 정도 해소할 수 있을 거라 기대합니다. 국회 승인을 얻어 국무총리를 임명하면 국회와 행정부가 서로를 마냥 적대시할 수 없는 노릇입니다. 유진오 전문위원은 국회에서 승인을 받은 국무총리가 국무위원을 추천해 대통령이 임명하는 것에도 찬성합니다. 그렇게 하면 간접적이기는 하지만 국회가 대통령의 국무위원 임명권도 견제할 수 있습니다.

> 국무총리를 대통령이 임명할 때는 국회의 승인을 받도록 하는 것이 좋으리라고 생각합니다. 그렇게 하면 국회는 국무총리에 대해서 일단 승인을 한 것이므로, 그 국회와 대통령이 임명하는 정부와의 관계는 원만해지고 밀접해질 것으로 생각합니다. (…) 국무위원의 임명은 국무총리의 추천으로 대통령이 임명하는 것이 가장 적당하지 않을까 생각이 됩니다.
>
> — 유진오, 「제헌국회 회의록」 제1회 21호

제2독회가 시작되고 제68조를 토론하는 순서가 되었습니다. 이승만 의장이 떨리는 목소리로 낭독합니다.

> 제68조 국무총리와 국무위원은 대통령이 임면한다. 국무위원의 총수는 국무총리를 합하여 8인 이상 15인 이내로 한다. 군인은 현역을

면한 후가 아니면 국무총리 또는 국무위원에 임명될 수 없다.

조항을 낭독하자마자 수정안 총 10개가 쏟아집니다. 제68조는 내각책임제 세력과 대통령제 세력이 치르는 최후의 전장이 됩니다. 10개 수정안은 크게 두 가지 방향으로 정리됩니다. 하나는 대통령이 국무총리를 임명할 때 국회 승인을 얻어야 하고, 그렇게 임명된 국무총리가 국무위원을 대통령에게 추천하는 노선입니다. 다른 하나는 국무총리를 국회가 승인하는 내용은 추가하되 국무위원 추천권은 뺀 노선입니다. 첫 번째 수정안은 진헌식 의원 등이 제출합니다. 국회가 국무총리를 승인하고 국무총리가 국무위원을 추천하자는 내용입니다. 진헌식 의원 논리는 단순명료합니다. 내각책임제가 아니더라도 국회가 중심이 되어야 대통령 1인 독단을 막을 수 있다는 것입니다. 국무총리가 실질적 권한을 행사하려면 국무위원 추천권이 필요하다는 주장도 합니다. 내각책임제를 주장했던 의원들이 이 안에 전폭적인 지지를 보내는데, 그들은 국무총리 권한과 역할을 강화해 대통령을 견제하는 쪽으로 방향을 잡은 것입니다. 이 주장에는 자기 세력이 국무총리와 내각을 장악할 수 있다는 판단도 깔린 것 같습니다.

정부의 견고성을 유지하고 국민의 의사에 합치되는 정치를 하려면 정부와 국회는 긴밀한 연계성이 있어야 합니다. 국무총리의 임명을 대통령 결정에 일임하지 않고 국회의 승인을 얻게 하여, 비록 내각책임제가 아니라도, 국회에 기초를 둔 공고한 정부를 유지함이 적절

헌법의 순간

하다고 생각합니다. 또 국무총리가 대통령의 명을 받들어 행정 각부 장을 통리·감독하는 권한이 규정되어 있으므로, 국무총리에게 국무 위원 임명에 대한 제청권(추천권)을 주는 것이 사리에 적당하다고 생 각합니다.

- 진헌식, 「제헌국회 회의록」 제1회 26호

국무총리를 임명할 때 국회 동의를 받자는 내용에 많은 사람이 반대 하진 않습니다. 대신 국무위원을 국무총리가 추천하자는 데에서 의견 이 엇갈립니다. 가장 먼저 토론에 나선 송창식 의원도 국무총리를 국회 가 승인하자는 데는 찬성하지만, 국무총리의 국무위원 제청권(추천권)에 는 반대합니다. 대통령 권한을 많이 줄인 마당에 대통령 인사권까지 통 제하면 허울만 대통령제라는 것입니다. 총리가 실질적인 인사권까지 가지면 그게 내각책임제지 무슨 대통령제냐며 불만을 토로합니다. 내 각책임제파 속셈을 훤히 알고 있다는 듯 허수아비 대통령을 만들 셈이 냐고 나무랍니다.

국무총리 임명 시 대통령이 국회의 승인을 얻는다는 것은 찬성합니 다마는 국무위원을 국무총리의 추천을 받아 대통령이 임명하는 것 은 반대합니다. (…) 대통령중심제의 한 가지 남은, 가장 중요한 생명 은, 국무위원을 자기의 맘대로 임명하는 것이라고 봅니다. 대통령이 국무총리의 제청에 의해 임명해야 한다면 국무총리가 제청하지 않 은 것을 임명할 권리가 없게 됩니다. 그러면 국무총리가 자기 맘대로 임명하는 제도가 됩니다. 그러할 것 같으면 이것이 순 내각책임제가 되지 않을까 이런 생각을 합니다.

— 송창식, 「제헌국회 회의록」 제1회 26호

이윤영 의원도 비슷한 의견입니다. 국회가 총리를 승인하는 것은 찬성하지만, 총리가 국무위원을 추천하는 것에는 반대합니다. 반대하는 이유로, 대통령과 총리 간 갈등이 발생할 가능성이 크기 때문이라고 밝힙니다. 자신이 헌법기초위원회에서 이 문제를 이미 지적하면서 들었던 비유까지 다시 꺼냅니다. 대통령이 자신이 필요한 사람을 데리고 일하게 하는 게 대통령제를 추진하는 취지에 합당하다고 합니다. 총리가 국무위원을 추천할 권한을 가지면 대통령과 싸움이 난다며 절대 안 된다고 손사래를 칩니다.

나는 헌법기초위원회에서 이런 이야기를 하였습니다. 우리가 가령 큰 집을 짓는데, 도급을 맡길 때 목수·석수·미장이를 택하는 건 대통령에게 맡겨야 적당한 일이라 생각합니다. (…) 대통령이 임명한다고 해서 국무총리에게 아무 의논도 없이 결정하지는 않으리라고 생각하기 때문에, 법을 제정하기보다는 그분들이 협조하고 회의해서 하게 맡기는 것이 당연한 일입니다.

— 이윤영, 「제헌국회 회의록」 제1회 26호

대통령이 목수도 택하고 미장이도 택하게 해야 한다는 이 주장은 나

헌법의 순간

중에 부메랑이 되어 돌아옵니다. 이 비유를 기억하고 있던 조헌영 의원은 훗날 국무총리 추천과 내각 구성 과정에서 이승만 대통령이 국회를 무시하고 자기 뜻대로 밀어붙이자, 이렇게 맛깔난 비판을 날립니다. "정부를 세우는 일은 대통령의 사랑방을 만드는 것이 아니다." 정부를 구성하고 운영하는 일은 자기가 아는 목수, 미장이 데려다 자기 취향대로 집을 짓는 일과는 다르다는 일갈입니다.

이윤영 의원에 이어 경남 의령 출신 안준상 의원이 발언대에 오릅니다. 앞서 발언한 두 사람과는 입장이 다릅니다. 국무총리를 국회가 승인하는 것은 견제와 균형이라는 삼권분립 원리에 합당하다고 합니다. 또한 국무총리에게 국무위원 추천권을 주어야 국무총리를 국회가 승인하는 취지에도 맞는다고 주장합니다. 장관도 추천하지 못하는 허수아비 국무총리라면 국회가 동의까지 해야 할 이유가 뭐냐는 것이죠. 국무총리에게 국무위원 추천권을 주면 대통령과 갈등이 생길 거라는 이윤영 의원에게 "최종 임명권이 대통령에게 있는 한 국무총리는 틀림없이 대통령과 협의할 수밖에 없으니 괜한 걱정은 붙들어 매라."라고 합니다.

박해정 의원은 국무원을 둔 취지를 살려야 한다고 합니다. 국무위원과 국무총리를 대통령이 임면한다면 국무원을 빈껍데기로 만드는 셈이라고 지적합니다. 대통령이 자기 마음에 드는 사람들 뽑아 구성한 조직이 대통령을 견제하기는 쉽지 않겠지요. 적어도 국무총리는 국회 동의 절차를 거쳐 임명해야 국무원이 이름값을 할 것 아니냐고 합니다.

김재학 의원은 국무총리를 국회가 승인하는 것에는 찬성하지만 국무총리가 국무위원을 추천하는 것은 대통령을 허수아비로 만들어 오히려 '국무총리 독재'를 초래하는 격이라며 반대합니다. 여우 피하려다 호랑이 만날 수 있다는 말이지만, 대통령이 여전히 해임 권한을 가지고 있는 터에 너무 나간 걱정 같습니다.

여태까지 토론 분위기를 보면 국무총리를 국회가 승인하는 것에는 찬성 의견이 많은데, 국무위원 추천권을 국무총리에게 주는 것까지는 무리라는 의견이 우세합니다. 황두연 의원은 "국무총리의 국무위원 추천"이라는 내용은 빼고, "국무총리를 국회가 승인한다."라는 내용만 담아 수정안을 제출합니다. 대통령제 찬성파가 양보할 수 있는 마지노선을 제시한 것이지요. 그는 국무총리 국회 승인이 필요한 이유로 색다른 주장을 내놓습니다. 국무총리는 대통령과 부통령 유고 시 권한대행을 하는 사람이기 때문에 국회 승인을 얻어 임명하는 것이 타당하다고 주장합니다. 국회가 승인하면 그만큼 민주적 정당성이 커지기 때문입니다. 대통령 권한 대행까지 하려면 그만한 정당성은 갖춰야 한다는 것이죠.

> 만일 대통령, 부통령이 사고로 인해서 사무를 집행하지 못하게 되는 때에는 모든 책임을 지고서 국무총리가 수행할 수밖에 없는 것입니다. 그런고로 의회의 승인을 얻어야 훗날 국회가 국무총리를 지켜줄 수 있겠고, 또 국무총리가 자기 행정을 실패하게 되는 우려가 있을 때에는 국회에 연락을 해 가지고 그것을 견인해 줄 수가 있는 것입니다.
>
> — 황두연, 「제헌국회 회의록」 제1회 26호

헌법의 순간

이남규 의원은 국무총리가 국무위원의 추천권을 갖게 되면 대통령제를 무력화하기 때문에 반대한다고 합니다. 국무총리가 국무위원을 추천할 때 대통령과 갈등이 생길 것은 불 보듯 뻔하다며 걱정이 이만저만이 아닙니다. 한발 물러서서 국무총리를 국회가 승인하는 것은 추가하더라도 국무위원 추천권은 절대 안 된다고 호소합니다. 그러면서 차라리 대통령이 국무위원을 임명할 때 국무총리 제청이 아니라 사후적으로 국무총리 동의를 얻게 하자는 새로운 대안을 내놓습니다. 글쎄요. 대안이라지만 좀 어색합니다. 대통령이 임명한 사람을 거부할 만큼 간이 큰 국무총리가 있을까요? 사후 동의는 있으나 마나 한 절차 같습니다.

이석주 의원도 국무총리가 국무위원을 추천하는 권한에 반대하는 목소리를 보탭니다. 그는 국무총리 권한을 강화하면 오히려 '책임 없는 책임내각'을 만들게 될 것이라는 멋진 말을 합니다. 대통령제의 허울을 쓴 실질적인 내각제라는 것입니다. 그러면서 국무총리에게 국무위원 추천권을 주더라도 대통령과 국무총리가 협의하면 된다는 안준상 의원의 주장은 너무 순진한 소리라며, 현실을 너무 모른다고 타박합니다. 대통령과 국무총리 의견이 갈리는 상황이 분명히 있을 테고, 그런 상황에서 국무총리가 자기 뜻을 굽히지 않으면 어떻게 할 거냐고 묻습니다. '대독총리'도 골칫거리지만 '대쪽총리'도 문제라는 것입니다.

저는 국무총리의 제청으로 대통령이 국무위원을 임명한다는 건 너무나 과도하지 않은가 합니다. 대통령의 권한을 제한하려다가 국무총리의 독재를 만드는 결과가 납니다. 그러면 국무총리는 책임 없는 책임내각이 된다는 그 말씀이에요. 그러므로 해서 대통령의 권한을 견제하려고 국무총리의 권리가 지나치게 강한, 그러한 폐단을 우려합니다.

– 이석주, 「제헌국회 회의록」 제1회 26호

토론은 마쳤지만 표결은 오후로 미룹니다. 오후 2시에 이승만 의장은 다시 개의를 선언합니다. 수정안 표결이 시작되려는 순간 박해정 의원이 표결방식을 거수표결 대신 무기명투표로 하자고 합니다. 노동자 이익균점권 표결에서 국민 눈치를 보느라 처음으로 무기명투표를 한 적이 있지요. 이번에는 누구 눈치를 보느라 그런 걸까요? 아마도 강력한 대통령제를 원하는 이승만 의장 눈초리를 피해 자유롭게 표결할 수 있게 하려는 것 아닐까요? 장내에서도 무기명투표로 하자는 재청 요구가 나옵니다. 이상하게도 이승만 의장은 들은 체 만 체 합니다. 아무런 대꾸도 하지 않고 그대로 거수표결을 진행하려고 합니다. 어물쩍 넘어가려는 데 신익희 부의장이 급히 나서 상황을 수습하려 합니다.

의장이 건강 관계로 말을 잘 못하니 보좌하는 부의장으로서 말씀드립니다. 무기명투표를 하자는 제안이 있었지만 의장은 그대로 거수로 표결하겠다는 것입니다.

이승만 의장은 부의장이 불쑥 끼어들어 자신을 이상한 사람 취급하며 진행에 참견하는 게 기분이 나빴나 봅니다.

내가 얘기하는데, (회의 중에) 딴 얘기 마세요. 자꾸 얘기하고 참견하면, 어떻게 되어 나가는 것인지 잘 모르겠습니다. 그러니 가만히 계세요.

이승만 의장 심기가 많이 불편한 것 같습니다. 아무리 불편하다고 회의절차를 설명하려는 부의장 면전에 대놓고 주제넘는 소리 하지 말라고 일갈하다니, 좀 섬뜩하네요. 신익희 부의장은 어쩔 줄 몰라 합니다. 부의장 체면이 말이 아닙니다. 이 상황을 이해할 수 없어서 여기저기서 웅성거리는 소리가 들립니다. 어쨌든 거수로 표결이 진행됩니다. 먼저 국회가 국무총리 임명을 승인하자는 수정안은 압도적인 찬성으로 통과됩니다. 재석 인원 165인 중에 찬성이 117인, 반대가 19인입니다. 국무총리가 국무위원을 추천하자는 수정안은 반대가 많아 결국 부결됩니다. 90인이 반대하고, 고작 39인이 찬성합니다.

이렇게 해서 헌법안 제68조의 "국무총리와 국무위원은 대통령이 임면한다."라는 원안은 "국무총리는 대통령이 임명하고 국회의 승인을 받아야 한다."로 바뀝니다. 헌법의 순간, 제헌의원들은 대통령 1인 독재를 막고, 국회와 대통령 간 협치를 실현하려고 국무총리 임명 시 국회가 승인하는 절차를 두기로 결정한 것이죠. 물론 의회 다수세력을 차지하고 있던 한민당은 국무총리와 장관직 다수를 자신들이 차지할 수 있다는 계산도 했을 겁니다. 대통령제를 지지하는 쪽에서는 국회가 국무총리를 승인하는 절차를 두는 것이 그리 탐탁지는 않았을 것입니다. 대통령제를 비판하고 우려하는 사람들을 고려해 타협책으로 받아들인 셈입니다.

그 타협책이 몰고 온 후폭풍은 만만치 않습니다. 국무총리 국회 승인권이 그 효력을 드러내는 데는 오랜 시간이 걸리지 않습니다. 이승만이 대통령에 취임한 뒤 이제 사람들 시선은 누가 국무총리가 될 것인지에 쏠립니다. 그만큼 국무총리 자리가 큰 상징성을 갖게 되었습니다. 국무총리를 둔 이유가 의회와의 협치였던 만큼 사람들은 국회와 협력을 끌어낼 실세 국무총리 후보자를 추천할 것으로 예상합니다. 이승만 대통령은 과연 누구를 첫 국무총리 후보로 내세울까요?

이승만이 대통령으로 선출된 지 일주일 후, 1948년 7월 27일에 대한민국 첫 국무총리 임명 동의 표결이 진행됩니다. 삼복더위로 바깥은 30도를 웃돕니다. 국회의사당 안은 더 후덥지근합니다. 부채질하는 소리, 더우니 빨리하자는 소리로 회의장은 어수선합니다. 좀체 회의를 시작할 분위기가 아닙니다. 장내가 조용해지기를 기다리던 이승만 대통령이 특유의 떨리는 목소리로 발언을 시작합니다. 총리 물망에 올랐던 김성수, 신익희, 조소앙은 더 긴요한 일에 쓰겠다며 밑자락을 깝니다. 순간 장내가 술렁입니다. 그렇다면 누구를 국무총리로 삼겠다는 것인지 모두가 의아한 표정을 짓습니다. 모든 시선이 이승만 대통령 입으로 쏠립니다. 이승만 대통령 입에서 "이윤영 의원"이라는 말이 나옵니다. 자기 측근을 초대 국무총리 후보로 지명한 것입니다. 모두의 예상이 빗나갔나 봅니다. 실망과 분노가 뒤엉켜 의원들 얼굴은 발갛게 달아오릅니다. 회의장은 그야말로 벌집을 쑤셔놓은 것 같습니다. 국회와 협치를 하지 않겠다는 선언이라며, 이승만 대통령을 향한 비난이 쇄도합니다. 더욱이 이윤영 의원은 국회 개원식에서 이승만이 하라고 했다며, 절차에도 없는 기도를 해서 뒷말이 끊이지 않던 터라 제헌의원들은 화가 더 난 것 같습니다.

이윤영 의원을 지명한 이승만 대통령의 속내는 무엇이었을까요? 아마도 거물급 국무총리와 권력을 나누고 싶지 않았던 모양입니다. 그가 국무총리직을 '별 의미가 없는 자리'로 간주했다는 방증이기도 합니다. 게다가 일주일 전 의원들이 자신에게 압도적인 지지를 보내며 대통령으로 뽑아 주었으니 자기 러닝메이트 격인 이윤영 의원을 무난히 인준해 줄 거라는, 터무니없는 자만심도 한몫했는지 모릅니다.

기대는 보기 좋게 빗나갑니다. 반대가 압도적입니다. 무기명으로 진행된 투표에서 132인이 반대표를 던집니다. 고작 59인만 찬성표를 줍니다. 이승만 대통령은 부결이 민심을 저버린 파벌주의의 잘못이라며 국회를 신랄하게 비판합니다. 국회도 이승만 대통령이 입법부를 무시했다며 맞섭니다. "국회가 대통령으로 자신을 뽑은 것은 민의고, 국무총리 후보를 부결한 것은 민의가 아니냐?"라며 이승만의 독선을 성토합니다. 이렇게 국무총리는 대통령과 국회를 잇는 협치의 씨앗이 아니라 불화의 씨앗이 되어버립니다.

불화의 씨앗으로 낙인이 찍혀서일까요? 이윤영 의원은 그 뒤로도 세 번 더 총리 후보로 지명되지만 국회는 그때마다 매정하게 부결합니다. 1952년 장택상이 총리에서 물러나 이윤영 의원이 네 번째 총리 후보로 지명되지만 국회가 다시 부결했습니다. 이에 이승만은 "영국의 유명한 수상은 7번 부결 받았으나 이후 명수상이 되었다."라며 이윤영 의원을 위로합니다. 다시 총리에 지명하겠다는 소리로 들립니다. 그러나 이승만 대통령은 다른 길을 택합니다. 자신에게 패배와 치욕을 안긴 국회에 복수합니다.

1954년에 실시된 국회의원 선거에서 압승한 자유당과 이승만 대통령은 사사오입 개헌으로 국무총리 제도를 아예 없애버립니다. 그렇게 국무총리 제도를 없앤 후 이승만 대통령은 장기집권을 이어갑니다. 1952년 개헌에서 헌법에 추가된 국무총리의 국무위원 제청권도 국무총리 제도 자체를 폐지하면서 제대로 시행도 못 하고 사라집니다. 대통령제 아래서 국무총리 국회 동의권과 국무총리의 국무위원 제청권은 1972년 개헌에서야 다시 헌법에 담겨 지금까지 이어집니다.

헌법의 순간, 제헌의원들이 국무총리에게 건 기대는 분명합니다. 대통령 1인이 독단적으로 국정을 운영하거나 인사를 전횡하지 못하게 하려고 했습니다. 정부가 대통령 사랑방으로 전락하는 것을 막고자 했습니다. 행정부와 국회가 협치하는 데 큰 역할을 다하기를 기대했습니다. 지금은 어떤가요? 대통령은 결코 총리와 권력을 나누지 않습니다. 총리를 국회와의 협치를 주도하는 매개로 삼지도 않습니다. 국회에 나가 자기 대신 국회의원들과 싸울 만한 사람을 국무총리로 세웁니다. 국무총리도 자기 권한을 헌법대로 행사하려고 하지 않습니다. 어렵게 헌법에 담긴 국무총리의 국무위원 제청권도 종이 위에만 있는 권한에 지나지 않습니다. 그저 '대독총리, 식물총리'라는 조롱을 견디며 삽니다.

국무총리 문제는 지금도 뜨거운 감자입니다. 국무총리 무용론까지 나오는 판입니다. 애물단지인 국무총리를 없애 순수한 대통령제를 하자고 합니다. 구색 갖추기 이상도 이하도 아닌 국무총리를 둘 필요가 뭐냐고 묻는 사람들이 많습니다. 대통령이 책임지고 정부를 운영하게 하면 지금보다 훨씬 나을 거라고 합니다. 다시 헌법의 순간이 온다면 국무총리 문제를 어떻게 해야 할까요?

책임총리제라는 말이 유행한 적이 있습니다. 대통령은 국가수반과 행정수반 역할을 동시에 수행하느라 업무 부담이 지나치게 과중합니다. 요즘처럼 외교와 안보 문제의 규모가 커지고 중요해진 상황에서, 대통령이 외치와 내치 모든 분야를 감당한다는 것은 더더욱 불가능합니다. 국정운영을 대통령과 총리가 분담해 총리에게도 국정운영 책임을 맡기자는 것입니다. 대통령의 독단적인 국정운영을 막을 수 있고, 대통령이 하는 과중한 업무를 분담해 국정을 더 효율적으로 운영할 수도 있습니다. 문제도 있습니다. 헌법을 바꾸지 않는 이상 대통령이 마음먹기에 따라 그렇게 할 수도, 그렇게 하지 않을 수도 있습니다. 불안한 지위는 여전합니다.

더 나아가서 국무총리를 애초에 국회에서 선출하자거나, 최소한 국회가 복수로 추천하고 대통령이 임명하자는 주장도 있습니다. 국무총리 임명 권한을 사실상 국회가 갖게 하자는 것입니다. 그렇게 하면 국무총리가 국회와 정부 사이에서 가교역할을 더 잘 할 수 있다고 보는 것입니다. 헌법의 순간, 제헌의원들이 국무총리에게 기대했던 역할입니다. 법으로 국무총리 임기를 보장하자는 의견도 있습니다. 대통령이 마음대로 국무총리를 자르지 못하도록, 국무총리가 잘릴 걱정 없이 대통령을 충실히 견제하라는 것입니다.

이런저런 말은 많지만, 안타깝게도 헌법의 순간보다 진척된 것이 없어 보입니다. 여전히 국무총리를 그때그때 필요에 따라 이렇게 저렇게 사용합니다. 왕의 시대에도 훌륭한 업적으로 이름을 남긴 재상이 적지 않건만, 민주정치의 시대에 국무총리는 대통령 그늘에 가려 투명인간 취급을 받다 사라집니다. 헌법 정신과 지금까지의 경험을 잘 되살려 국무총리 제도의 제자리를 찾아야 하지 않을까요?

제14장

낯선 이름, 심계원

회계검사기관의 역할이란

유구한 역사와 전통에 빛나는 우리들 대한국민은 **기미 삼일운동**으로 **대한민국**을 건립하여 세계에 선포한 위대한 독립정신을 계승하여 이제 민주독립국가를 재건함에 있어서 정의인도와 동포애로써 **민족의 단결**을 공고히 하며 모든 사회적 폐습을 타파하고 민주주의제도를 수립하여 정치, 경제, 사회, 문화의 모든 영역에 있어서 각인의 **기회를 균등**히 하고 능력을 최고도로 발휘케 하며 각인의 책임과 의무를 완수케하여 안으로는 **국민생활의 균등한 향상**을 기하고 밖으로는 항구적인 국제평화의 유지에 노력하여 우리들과 우리들의 자손의 **안전과 자유**와 행복을 영원히 확보할 것을 결의하고 우리들의 정당 또 자유로히 **선거**된 대표로써 구성된 **국회**에서 단기 4281년 7월 12일 이 **헌법**을 제정한다.

제헌헌법 제95조

**국가의 수입지출의 결산은 매년 심계원에서 검사한다.
정부는 심계원의 검사보고와 함께 결산을
차년도의 국회에 제출하여야 한다.
심계원의 조직과 권한은 법률로써 정한다.**

영화 〈설국열차〉를 보았나요? 영화 속 설국열차는 연료 없이도 17년째 단 한 번도 멈추지 않고 달립니다. 무한동력 엔진 덕분입니다. 아쉽게도 무한동력은 상상 속 설국에만 있습니다. 현실에서 연료 없이 무한으로 달리는 기차란 없습니다. 에너지가 필요합니다. 국가라는 거대한 기관차도 마찬가집니다. 움직이려면 연료가 필요합니다. 빼놓을 수 없는 연료가 바로 돈입니다. 국가에 몸을 실은 사람들이 그 돈을 냅니다. 그 돈을 세금이라고 합니다. 무임승차란 없습니다. 납세는 국가라는 기차에 몸을 실은 승객의 임무입니다.

세금은 국민이 피땀 흘려 번 소중한 혈세血稅입니다. 물론 다른 의미도 있습니다. 국민 피를 짜내듯 가혹하게 거둘 때 세금은 혈세가 됩니다. 역사 속에서 가혹하게 혈세를 걷거나 그 혈세를 흥청망청 낭비할 때 시민들은 폭동을 일으키고, 나라는 위기에 처합니다. 세금에 나라 존망이 달려 있습니다.

민주주의가 정착하는 과정은 조세의 민주화입니다. 나라가 함부로 세금을 걷지 못합니다. 세금을 함부로 쓰지도 못합니다. 걷어야 할 세금도 국민이 정하고, 세금을 어떻게 쓰는지 감시도 받습니다. 그 역할은 국민이 뽑은 대표들이 대신합니다. 대표들로 구성된 국회가 정한 법에 따라서만 세금을 걷을 수 있습니다. 세금을 어디에 써야 할지도 국회가 최종적으로 정합니다. 대표 없이는 세금도 없습니다.

무엇보다 세금을 잘 썼는지 살펴보는 것이 아주 중요합니다. 국회는 나라 살림을 맡은 정부가 얼마를 거둬 얼마를 썼는지, 또 계획대로 썼는지도 검사합니다. 낭비하거나 잘못 쓴 것은 없는지를 따져 고치게 합니다. 그 과정을 **결산검사**와 **회계검사**라고 합니다. 적어도 이런 과정들이 정상적으로 이루어져야 민주국가라고 할 수 있습니다.

결산검사나 회계검사를 제대로 하지 않으면 어떻게 될까요? 세금을 도둑질하는 일이 비일비재하겠지요. 국민 혈세가 밑 빠진 독에 물 붓는 것처럼 허투루 샐 겁니다. 그러면 아무리 세금을 많이 거둬도 국가는 제대로 굴러가지 못합니다. 결산검사와 회계검사가 그만큼 중요해서 헌법에 그 일을 전문으로 하는 기관을 정해 둡니다. 바로 오늘날의 감사원입니다.

현행헌법 제97조 국가의 세입·세출의 결산, 국가 및 법률이 정한 단체의 회계검사와 행정기관 및 공무원의 직무에 관한 감찰을 하기 위하여 대통령 소속하에 감사원을 둔다.

대한민국 임시정부 시절부터 회계검사기관 조항을 임시헌법에 명시하였습니다. 임시정부도 정부 운영 경비와 독립운동 자금이 필요해서 다양한 재정 활동을 합니다. '인구세'라는 세금도 걷고 공채도 발행했지요. 동포들이 독립운동에 힘을 보태려고 자발적으로 보낸 애국성금이 큰 비중을 차지합니다. 동포들이 보낸 피 같은 돈을 더 귀하고 알뜰하게 쓰려고 합니다. 그래서 「대한민국 임시헌장」을 제정할 때 '회계검사원' 설치 조항을 빼놓지 않습니다.

헌법의 순간에도 회계검사는 중요한 주제로 부상했습니다. 이제 막 해방된 나라여서 국가 재정 상황이 녹록지 않습니다. 1948년 10월쯤 나라의 적자가 약 85억 원이나 됩니다. 같은 해 1년 예산이 194억 정도였으니 예산 대비 적자 폭이 엄청납니다. 벌어들이는 돈보다 나가는 돈이 훨씬 많습니다. 나랏빚은 늘어만 갑니다. 나라 살림을 더 꼼꼼하고 알뜰하게 처리하는 수밖에 없습니다. 나랏돈을 부정하게 쓰거나 허투루 새는 것을 막아야 합니다. 이를 위해 회계검사기관 설치 조항을 헌법에 마련합니다. 헌법초안(헌법안) 제94조는 "국가의 수입 지출의 결산은 매년 심계원에서 검사한다."라고 해 심계원審計院이라는 회계검사기관을 둡니다. 헌법의 순간에는 이 조항을 두고 큰 논란이 없었습니다.

흥미로운 점은 기관 이름입니다. 심계원이라는 낯선 이름이 등장합니다. 임시정부가 사용하던 회계검사원이라는 명칭 대신 왜 느닷없이 생경한 심계원이라는 이름을 썼을까요? 심계원이라는 명칭은 어디서 유래했을까요? 심계원이 하는 일은 지금 감사원과 어떻게 다를까요? 심계원은 제헌헌법에 있다가 1962년 개헌 때 사라집니다. 그 후 심계원이라는 이름은 잊히고 기록에만 남습니다. 심계원은 말 그대로 세금을 얼마나 거둬 얼마를 썼는지 검사하고, 그 씀씀이에 잘못은 없는지를 꼼꼼히 따지고 계산하는 기관입니다. 지금 감사원과 가장 큰 차이점은 행정기관이나 공무원들이 일을 제대로 했는지 살펴보는 직무감찰은 하지 않는다는 것입니다. 직무감찰은 별도 정부 조직인 감찰위원회가 수행합니다. 심계원은 헌법에 정해진 기관이지만 감찰위원회는 헌법기관이 아닙니다. 현재 감사원은 심계원 기능과 감찰위원회 기능을 통합한 헌법기관입니다.

낯설기 짝이 없는 '심계'라는 말은 어디서 온 걸까요? 유래는 아주 오래되었습니다. 992년 중국 송宋나라 때부터 있었던 이름입니다. 송나라는 감찰 기관으로 심계원을 두었다고 합니다. 1911년 신해혁명 이후 중화민국 헌법초안 등에 회계검사 기구로 심계원이 다시 등장합니다. 1946년에 공포된 중화민국 헌법에도 '심계'라는 말이 사용됩니다. 유진오 전문위원 등은 헌법초안을 만들 때 중화민국 헌법도 참조했으니, 심계원이라는 명칭도 거기에서 가져온 듯합니다. 왜 임시정부에서도 사용했던 회계검사원 대신 심계원이라는 이름을 사용했는지 그 이유를 알 길은 없습니다.

헌법의 순간, 심계원과 회계검사 문제에서 논란이 된 것은 심계원이 검사보고와 결산을 국회에 제출한다고만 명시됐다는 점입니다. 헌법안 제94조를 보면 "정부는 심계원의 검사보고와 함께 결산을 차년도(다음 해)의 국회에 제출하여야 한다."라고 합니다. 왜 문제일까요? 심계원은 보고만 하고 의회는 그 보고를 받는 것에 그치면 무슨 의미가 있냐는 것입니다. 정부가 돈을 어떻게 썼는지를 보고 받고, 잘못 쓴 것이 드러나면 국회가 어떤 식으로든 책임을 물어야 실제로 통제를 할 수 있습니다. 국회가 정부를 제대로 감시하고 견제하려면 헌법 조항에 국회가 정부 재정을 통제할 수 있는 근거를 두어야 한다는 주장은 의원들에게 꽤 호응을 얻습니다. 전남 진도에서 당선된 무소속 김병회 의원이 질의응답에서 맨 처음 이렇게 묻습니다.

결산을 국회에 제출하기만 하면 정부 책임은 없어지는가?

검사보고와 결산을 국회에 제출하는 것으로 끝나면 무슨 소용이냐는 물음입니다. 제출한 결산을 국회가 승인해야 한다는 주장처럼 들립니다. 이에 유진오 전문위원은 국회 승인을 받아야 한다는 취지가 조항안에 이미 담겨 있다고 설명합니다. 즉 결산보고는 보고로 그치지 않고 국회 승인까지 포함한다는 설명입니다.

유진오 전문위원 설명은 약간 억지스럽게 들립니다. 어떻게 "제출하여야 한다."라는 문장에 "국회 승인을 얻어야 한다."라는 의미가 포함되어 있다고 해석할 수 있을까요? 확실히 무리한 해석 같습니다. 그렇다면 왜 그는 이런 무리한 해석을 내놓았을까요? 헌법기초위원회에 제출한 공동안에는 그가 말하듯 국회 승인을 받아야 한다는 내용이 명확히 담겼습니다.

내각은 심계원의 검사보고와 함께 결산을 차년도 국회에 제출하여 책임 해제를 얻어야 한다.

아마도 그는, 내각책임제에서 대통령제로 헌법안이 바뀐 이후, 심계원 조항이 어떻게 수정되었는지를 미처 몰랐던 것 같습니다. 그러자 조항이 바뀌었다는 사실과 바뀐 이유를 알려 준 이가 있습니다. 헌법기초위원이었고 헌법안을 마지막으로 수정한 김준연 의원입니다.

김준연 의원은 유진오 전문위원이 답변하는 내내 미간을 찌푸립니다. 답변이 자칫 오해를 낳을 수 있는 내용이기 때문입니다. 곧바로 이의를 제기합니다. 그는 결산을 국회에서 승인하는 것은 대통령제에 맞지 않는다며, 유진오 위원이 무언가 잘못 알고 있다고 말합니다. 내각책임제는 불신임으로 내각 책임을 물을 수 있지만, 대통령제는 탄핵이 아니고는 책임을 물을 수 없어서 심계원이 국회에 보고 이상은 할 수 없다는 것입니다. 그의 말을 들어보니 법안이 내각책임제에서 대통령제로 바뀌면서 결산보고도 단순 제출만 하도록 바뀐 것이네요.

나는 유진오 전문위원과 의견을 달리 합니다. 이 결산은 정부가 제출하는 것인데, 의회에서는 단순히 심계원의 보고에서 숫자에 착오가 있는지 없는지만 심사하는 정도로 그치는 것이 당연하다고 생각합니다. 돈을 쓰는 것을 두고 정부의 책임을 묻게 된다면, 그것은 정부에 대한 불신임안 결의가 될 염려가 있습니다. 내각책임제를 하지 않기로 했고 내각에 대한 불신임안 결의를 할 수 없게 된 까닭으로 제출만 한다고 바꾼 것입니다.

– 김준연, 「제헌국회 회의록」 제1회 19호

헌법의 순간

김준연 의원 지적에 유진오 전문위원은 당황합니다. 왜 두 사람 말이 서로 달랐을까요? 아마도 내막은 이런 것 같습니다. 헌법안을 국회에 제출하기 직전에 급히 대통령제로 바꾸는데, 최종 수정을 할 때 유진오 전문위원은 손을 뗍니다. 대신 김준연 의원이 주도했지요. 그는 내각책임제를 전제로 구성된 조문들을 지우고 대통령제에 맞게 고칩니다. 그때 헌법안 제94조도 "결산을 국회에 제출하여 책임해제를 얻어야 한다."에서 "국회에 제출하여야 한다."로 바꿉니다. 그렇게 바뀐 조항들을 충분히 검토하지 못했던 유진오 전문위원은 김준연 의원이 설명하자 그제야 알아차린 듯합니다. 결산해서 부당한 점이 있으면 정부 책임을 물어야 하지만, 대통령제 특성상 탄핵 말고는 현실적으로 책임을 물을 방법이 없기 때문입니다. 국회가 결산을 승인한다 해도 하나 마나한 일이 되는 셈입니다. 국회가 결산을 승인하더라도 실질적인 효력이 없다는 김준연 의원 말에 담긴 의미를 알 것 같습니다. 그 의미를 알아차린 유진오 전문위원도 김준연 의원 말에 동조합니다.

> 결산 내용이 부당하다는 것으로는 정부에 책임을 따지기 어렵습니다. 그 지출의 내용이 위법인 때에 탄핵이 성립되는 것 이외에는 책임을 물을 법률상의 수단은 없을 것입니다.
>
> — 유진오, 「제헌국회 회의록」 제1회 19호

　이런 내막을 모르는 의원들은 유진오 전문위원 말에 어리둥절합니다. 앞말과 뒷말이 다르니 그럴 만도 합니다. 그는 탄핵으로만 책임을 물을 수 있다고 하지만, 그가 한 말을 꼼꼼히 따져보면 책임을 묻는 유일한 방법인 탄핵조차도 불가능하다는 말로 들립니다. 탄핵은 헌법과 법률을 위반했을 때만 가능합니다. 유진오 전문위원도 "결산해서 지출의 내용이 위법"할 때 탄핵할 수 있다고 합니다. 그러나 이 말이 맞으려면 예산안을 법률로 규정해야 합니다. 그래야 사전에 정한 예산을 넘어 더 쓰거나 다르게 쓰면 법률 위반이라 할 수 있습니다. 그런데 헌법안에서 예산은 법률 조항으로 명시되지 않았습니다. 돈을 예산에 맞춰 쓰지 않았다 하더라도, 이를 법률 위반으로 볼 근거가 없는 것입니다. 당장의 헌법안으로는 결산해서 법률 위반 여부를 따지기가 거의 불가능한 만큼 결산결과를 가지고 부처 장관을 탄핵하기는 쉽지 않습니다.

불씨를 남겨 둔 채 질의응답은 지나갑니다. 제2독회에서 불씨는 다시 살아납니다. 정균식 의원 외 10인, 황윤호 의원 외 10인이 수정안을 냅니다. 정부는 심계원의 검사보고와 함께 결산을 차년도의 국회에 제출하여 시인(승인)을 얻어야 한다는 내용이 들어가 있습니다. 수정안 설명은 서용길 의원이 맡습니다.

> 국회가 예산안을 승인했지만, 그 예산을 보고만 받고 여기에 대해 처리하지 않는다는 것은 결함을 내포하고 있는 바이올시다. 그런 까닭에 반드시 국회의 승인을 받아야 한다는 조문을 삽입해야 될 줄 압니다.
>
> — 서용길, 「제헌국회 회의록」 제1회 26호

헌법의 순간

수정안 설명을 끝낸 서용길 의원이 단상에서 내려오자 이번에는 김봉조 의원이 나섭니다. 막 자리에 앉은 서용길 의원을 쳐다보며 수정안 반대 의사를 피력합니다. 이미 국회가 전년도에 예산안을 승인했고, 승인된 예산 안에서 지출하는 것인데, 그 지출 내역을 다시 승인할 필요가 없다는 것입니다. 이미 정한 예산대로 지출한 것이니 결산보고서 제출로 충분하다고 합니다. 아주 일리가 없는 말은 아니지만 개운하지는 않습니다. "승인해 준 예산안대로 잘 쓰지 못했다면 어떻게 할 것인가?" 김봉조 의원은 다른 의원들이 묻고 싶은 이 물음에 답을 주지 않습니다.

> 이것은 예비비 지출이 아니고, 이미 전년도 예산 항목에 의지해서 정부가 그 예산된 대로 지출한 것입니다. 차년도 국회에서 다시 승인을 얻을 필요가 없을 줄 압니다. 예산대로 국회에 썼다는 것을, 심계원에서 검사한 그 결산을, 국회에 제출하면 그만입니다.
>
> – 김봉조, 「제헌국회 회의록」 제1회 26호

토론은 좀 싱겁게 끝납니다. 더는 토론이 없습니다. 곧바로 수정안 표결이 진행됩니다. 찬성은 29표, 반대가 95표로 결국 "결산은 국회 승인을 받도록 한다."라는 수정안은 부결되고 결산보고서를 국회에 제출만 한다는 원안이 그대로 통과됩니다.

사실 이 논쟁은 아주 중요합니다. "결산을 국회에 보고한다."라는 조항에는 국민의 대표인 국회가 정부의 국정운영을 평가하고 만일 정부가 잘못을 했다면 사후 통제까지 하겠다는 취지가 담겨 있습니다. 관건은 사후 통제를 어떻게 효과적으로 할 수 있냐는 것입니다. 김준연 의원과 유진오 전문위원 말대로 국회는 결산심사를 하지만 정부에 책임을 물을 방법이 없습니다. 유진오 전문위원이 착각했는지 모르지만 예산안은 법률이 아니어서 '위법'을 판단하는 것이 어려우니 사실상 탄핵도 불가능합니다. 이런 상황은 분명히 문제가 있습니다. 정부가 혈세를 허투루 썼다면 어떤 식으로든 책임을 물어야 하지 않을까요? 심계원이 결산보고서를 국회에 내는 것으로 그친다면 무슨 의미가 있을까요? 헌법의 순간, 타당한 우려와 적절한 문제 제기가 있었지만 아쉽게도 뾰족한 결말을 짓지 못합니다. 우려는 현실로 나타나고 조금씩 해결책들이 마련되어 왔지요. 최근 개헌 논의에서도 헌법의 순간에 제기된 해결책이 대안으로 등장합니다. 가령 2003년에는 국회법 제84조에 국회가 결산을 심의한다는 내용을 새로 추가합니다.

제84조 2항 결산의 심사 결과 위법하거나 부당한 사항이 있는 경우에 국회는 본회의 의결 후 정부 또는 해당 기관에 변상 및 징계조치 등 그 시정을 요구하고, 정부 또는 해당 기관은 시정 요구를 받은 사항을 지체 없이 처리하여 그 결과를 국회에 보고하여야 한다.

— 개정 국회법(2024.03.12. 일부 개정)에서

2017년 국회 헌법자문위원회도 국회가 정부 결산을 승인하는 절차를 헌법에 명시해야 한다는 의견을 제출합니다. 자문위원회가 낸 개헌

헌법의 순간

안에도 다음과 같은 내용이 담겨 있습니다.

> 국회는 결산을 심사하여 본회의의 의결로써 결산을 승인한다. 결산의 심사결과 위법 또는 부당한 사항이 있는 때에 국회는 본회의 의결 후 정부 또는 해당기관에 변상, 징계조치, 제도개선 등 그 시정을 요구하고, 정부 또는 해당기관은 시정요구를 받은 사항을 지체 없이 처리하여 그 결과를 국회에 보고하여야 한다.

국민이 낸 세금을 정부가 어떻게 썼는지 지금보다는 더 잘 살펴야 하지 않을까요? 문제가 있다면 책임도 충분히 물어야 하지 않을까요? 정부는 국회에 결산을 제출하고 국회가 승인하는 절차를 두거나 각 상임위별로 각 부처 결산을 꼼꼼히 검사해서 문제가 있으면 국회가 고치도록 요구할 수 있는 권한을 주는 건 어떨까요? 더 나아가서 예산을 법률로 정하고 그 법률에 맞춰서 쓰지 않았을 때는 해당 부처 장관을 탄핵까지 하면 또 어떨까요?

헌법의 순간에 등장한 심계원 논쟁에서 눈여겨볼 대목은 또 있습니다. 심계원은 공무원 직무를 감찰하는 곳이 아닙니다. 행정기관과 공무원 직무를 감찰하는 기관으로 감찰위원회를 따로 둡니다. 감찰위원회는 헌법이 아니라 법률상의 조직입니다. 현재 감사원은 1962년 개헌에서 심계원과 감찰위원회를 통합해 설치한 헌법 조직이지요. 즉 감사원은 심계원과 달리 회계검사와 직무감찰을 모두 하는 곳입니다. 왜 두 기능을 통합하려고 했을까요? 당시 심계원과 감찰위원회를 통합한 가장 큰 이유는, 추측건대 두 기관 업무가 중복돼 소모적인 감사가 이루어지는 폐단이 있었기 때문입니다.

심계원과 감사원, 어떤 형태가 더 나을까요? 쉽지 않은 문제지만 어쨌든 개헌 논의가 있을 때마다 심계원은 변화를 상징하는 모델로 등장합니다. 헌법의 순간처럼 회계검사와 직무감찰을 분리해 회계검사기관은 헌법에 두고 감찰 기능을 하는 기관은 법률기관으로 바꾸자고 합니다. 분리하는 것을 넘어 소속을 바꾸자는 의견도 적지 않습니다. 심계원은 감사원처럼 대통령 소속이었지요. 감사원이 대통령 소속이기 때문일까요? 감사원은 정치적 중립 문제에 자주 휘말립니다. 대통령 눈치를 보느라 살아 있는 권력은 철저히 외면했다가 정부가 바뀌면 죽은 권력 감사에 열을 올리는 뒷북 감사를 합니다. 밉보인 사람이나 기관을 상대로 표적 감사도 일삼습니다. 그러니 감사원을 어디에도 소속되지 않은 독립기관으로 두자는 주장이 대두됩니다. 많은 나라가 회계검사기관을 국회 소속이나 독립기관으로 둡니다. 미국이나 영국에서는 의회 소속이고, 프랑스나 독일에서는 독립기관입니다. 한국처럼 대통령 직속인 나라는 드뭅니다.

헌법의 순간에 나타났던 심계원처럼 회계검사 기능만 따로 떼어서 운영하되 심계원과 달리 소속은 국회로 하자는 의견도 적지 않습니다. 정부가 쓴 돈을 검사하고 감독하는 회계검사기관은 국민을 대표하는 국회에 두는 것이 삼권분립 원칙에 부합하는 듯합니다. 그렇게 하면 국회가 정부를 견제하는 기능이 더 강화되지 않을까요?

물론 격정도 큽니다. 대통령과 국회가 싸우기 일쑤인데, 국회가 결산검사와 회계검사를 이용해 상대를 공격하느라 갈등이 더 심해지거나 혼란해지지 않을까요? 대통령의 영향력을 피하려다 국회를 난장판으로 만드는 건 아닐까요? 슬프지만, 좋은 제도인지를 따지기에 앞서 제도를 잘 운영할 수 있는지를 걱정해야 하는 것이 우리의 현실입니다.

맺음말

다시,
헌법의 순간을 기다리며

헌법의 순간이 마지막에 이르렀습니다. 1948년 7월 12일 10시, 제헌 의회 제28차 회의가 열립니다. 6월 23일, 헌법기초위원회가 제17차 국회 본회의에 헌법초안(헌법안)을 제출한 지 딱 20일이 지났습니다. 제 2독회까지 마친 헌법안을 두고 마지막 제3독회를 시작합니다. 조항 문구나 체계 등을 수정하는 시간입니다. 서상일 헌법기초위원회 위원장이 헌법 전문부터 조항 하나하나를 낭독합니다. 제헌의원들은 제2독회에서 수정된 헌법 조항들을 살피면서 마지막까지 긴장을 늦추지 않습니다.

설왕설래가 이어집니다. 문구와 체계를 최종 검토하는 제3독회이지만, 좀 더 고치고 싶은 욕심에 조항마다 이런저런 의견들이 계속 나옵니다. 그만큼 아쉬운 점이 많았던 것이지요. 그때마다 제3독회는 문구 수정에 그쳐야 한다는 타박도 이어집니다.

끝까지 헌법을 손질합니다. 제3독회에서 기억에 남는 문구수정 몇 가지만 볼까요? 제6조의 "대한민국은 모든 침략적인 전쟁을 부인한다.

국방군은 국토방위의 신성한 의무를 수행함을 사명으로 한다."에서 '국방군'을 '국군'으로 교체합니다. 국군에 국방군이 포함된다는 주장에 다수가 찬성합니다. 인민이냐 국민이냐는 논쟁의 결과로 새로 생긴 "제7조 외국인의 법적지위는 국제법, 국제관습의 범위 내에서 보장된다."에서도 '국제관습'이라는 단어를 빼기로 합니다. 계속 가타부타하며 문구를 수정하자는 요구가 이어지자 이승만 의장은 애가 탑니다. "한 자, 두 자 고치는 것, 큰일이 아닌 것은 그냥 두면 좋겠다."라며 빠르게 진행하자고 재촉합니다. 애타서 하는 말을 귓등으로 들은 건지 수정 요구는 계속 이어집니다. 그러자 달뜬 이승만 의장은 "일일이 말대꾸하지 말고 그냥 계속 낭독하라."라며 서상일 위원장을 채근합니다. 서상일 위원장은 난처한 듯하더니 일사천리로 조항을 낭독합니다.

바삐 진행된 독회에서도 이심전심으로 바꾼 문구들이 있습니다. 일본식 표현은 몹시 거슬렸나 봅니다. 신성한 헌법에는 무조건 우리 국민의 고유한 표현을 사용하자는 홍희종 의원 말에 공감하는 의원이 많습니다. 제15조의 "공공 필요에 의하여 국민의 재산권을 수용, 사용 또는 제한함은 법률의 정하는 바에 의하여 상당한 보상을 지불함으로써 행한다."라는 부분에서, '지불'은 왜인들(일본인)이 쓰는 문구라고 지목됩니다. '지급'으로 바꾸자고 하니 다수가 찬성합니다. 나용균 의원은 제43조의 "국회는 국정을 감사하기 위하여 필요한 서류를 제출케 하며 증인의 출두와 증언 또는 의견의 진술을 요구할 수 있다."에서, '출두'라는 단어도 일본식 표현이라며, '출석'으로 고치자고 합니다. 압도적인 찬성으로 '출석'으로 바뀝니다.

헌법 전문과 103개 조항을 모두 낭독했습니다. 제3독회를 끝으로 헌법안 심사를 모두 마쳤습니다. 이승만 의장과 비슷한 연배인 서정희 의원이 감격에 겨워 곧바로 대한민국 헌법안 통과를 동의합니다. 이승만 의장은 모두가 일어서는 것으로 헌법안 통과 의사를 밝혀달라고 요청합니다. 내남없이 자리에서 일어납니다. 의자가 밀리는 요란한 소리와 웅성거리는 소리로 떠들썩합니다. 모두가 자리에서 일어서자 누구보다 이 순간을 기다렸던 이승만 의장이 선언합니다.

한 분도 빠짐이 없으니까 전체가 통과된 것입니다.

환호성과 박수가 터져 나옵니다. 감격이 무척 컸나 봅니다. 몇 명이 표결에 참여했는지도 헤아리지 않은 채 헌법안은 통과됩니다. 박수와 환호성 속에서 그렁해진 눈빛들이 비칩니다. 땅이 꺼지게 쉬는 한숨 소리도 들립니다. 아쉬워서인지 감격해서인지 망연히 천장만 쳐다보는 이도 보입니다. 일어난 의원들에 가려 보이지 않지만 홀로 우두커니 앉아 있는 의원도 있습니다. 속기사는 경황이 없어 그를 못 본 모양인지 모두가 일어났다고 기록합니다. 용케도 눈 좋은 기자가 그를 본 모양입니다. 쓸쓸하게 앉아 있는 그가 이문원 의원이었다고 보도합니다. 헌법의 순간 내내 분투하던 모습이 눈에 밟힙니다. 정세만을 내세우지 말고 국민 갈망이 담긴 헌법을 만들자고, 그래야 참다운 자주독립국가를 만들 수 있을 것 아니냐며 감연히 나서던 그의 모습이 떠오릅니다. 그런 모습이 눈 밖에라도 났던 걸까요? 헌법 독회가 한창일 때 징계 위기에

344

몰려 곤혹스럽던 장면도 떠오릅니다. 특정인을 중심으로 뭉친 세력이 헌법을 떡 주무르듯 주무르려 한다는 폭탄 발언 때문입니다.

> 이 국회는 너무 정세론적으로 흐르고 있습니다. 나는 오히려 그러한 정세론에 치우치지 않고, 기본적 태도에 치중해서, 그야말로 인민이 갈망하는 헌법을 반드시 통과시켜야 한다고 생각합니다. 그럼에도 불구하고 어떤 간부 진영에서 의식적으로 모순된 헌법을 만들어서 자꾸만 이것을 통과시켜서, 자기의 의도를 달성해 보려고 하는 것은 인민이 우리를 보낸 본의가 아닙니다.
>
> — 이문원, 「제헌국회 회의록」, 제1회 21호

다행히 사람 좋은 조헌영 의원이 말리고 나섭니다. 광부지언 성인택지狂夫之言聖人擇言라는 말로 이문원 의원을 다독입니다. 성인은 미친 사람 말도 듣는다는 뜻입니다. 헌법기초위원들은 좋은 헌법을 만들려고 이런저런 말을 귀담아들었을 뿐, 누구 말에 휘둘리지 않았다고 이문원 의원을 진정시킵니다. 이문원 의원도 성의에서 한 말일 테니 사과하고 넘어가자며 눈에 쌍심지를 켜고 달려드는 이들을 눙치려고 애도 씁니다. 그 노력이 고마웠는지, 이문원 의원도 마음 내키지 않은 서먹서먹한 사과를 하고 상황은 그냥저냥 넘어갑니다. 그렇게 마음과 몸이 녹초가 되도록 논쟁하고 토론하며 지나왔으니, 이 순간이 왜 기쁘지 않겠습니까?

지나간 순간이 선연하게 떠오릅니다. 트럭 짐칸을 개조해 만든 출퇴근용 차를 타고 이른 아침 의사당에 내립니다. 바삐 침침한 회의장으로 들어갑니다. 개미 콧구멍만큼 작은 걸상에 다섯 명씩 앉습니다. 오죽 불편했으면 자리 배정을 두고 국회가 열린 첫 회의부터 긴 토론이 이어 졌겠습니까? '좋은 의사당'이 생기면 나아질 거라 서로를 다독입니다. 불편한 자리 마다치 않고 앉아 헌법안을 펼쳐 침침한 눈으로 조항 하나 하나를 읽어 내립니다. 발언을 준비하느라 열심히 메모도 합니다. 준비 한 수정안도 내고, 서면질의서도 작성합니다.

토론 순간마다 타오르던 열기는 지금 생각해도 후끈합니다. 음향시 설이 변변치 않아 뒤에 앉은 의원들은 너무 답답합니다. 발언에 나선 이들도 소리를 질러 보지만 귀를 쫑긋거리는 것 말고는 달리 방도가 없 습니다. 추첨에서 운 좋게 앞자리를 뽑은 이들이 부러울 따름입니다. 잘 들리지도 않는 데다 팔도에서 모인 의원들의 사투리가 심해 속기사 들도, 듣는 의원들도 애를 먹습니다. 시간 가는 줄 모르고 열변을 토한 의원들은 사회자에게 핀잔도 먹습니다. 야유에 얼굴이 벌게지고, 박수 에 의기양양합니다. 부아가 치밀어 책상을 내리치기도 합니다. 그 정도 는 양반입니다. 급기야 명패와 재떨이까지 날아다닙니다. 미숙한 경험 때문에 회의가 일순간 혼란에 빠지기도 합니다. 찬성도 반대도 하지 못 한 채 맹문이 마냥 어정쩡하게 자리만 지킨 이들도 있습니다. 바라던 조항이 부결되어 안타까워하는 소리, 통과된 조항에 넘쳐나는 박수 소 리, 감정을 상하게 하는 고약한 말투, 사과하라는 요구, 그 위로 흐르는 자욱한 담배 연기까지, 모든 것이 뒤섞인 어수선한 회의장을 빠져나와 중앙청 계단을 터벅터벅 내려올 때쯤에는 벌써 해가 뉘엿뉘엿합니다.

이 모든 순간을 지켜본 여러분의 심정은 어떤가요? 조마조마한 마음

헌법의 순간

으로 이 순간을 지켜본 이들이라면 헌법이 태어난 이 순간이 왜 기쁘지 않겠습니까? 제헌의원들이야 오죽하겠어요? 새로운 나라의 기틀을 세우는 데 일조했다는 자부심과 뿌듯함은 이루 다 형언할 수 없습니다. 그 감격을 이정래 의원은 이렇게 짧게 드러냅니다.

우리는 역사적으로 이 대한민국 헌법을 우리의 손으로, 우리가 제정해서, 우리 자손만대에 전해주는 영광을 가졌습니다.

— 이정래, 「제헌국회 회의록」 제1회 28호

이승만 의장도 감격한 모양입니다. 나이는 못 속이는지라 숨 가쁘게 이어진 헌법의 순간이 칠순을 넘긴 그에게는 참 고단한 시간이었습니다. 고단한 시간을 지나 헌법이 통과되는 순간, 그의 목소리는 평소보다 더 떨립니다. 떨리는 목소리로 제헌의원들에게 감사 인사를 전합니다.

우리 헌법의 제정은 실로 해방의 기쁨입니다. 여러분들이 그동안 많이 노력하시고 의견이 서로 같지 않은 것도 다 희생들 하셔서 오늘이 있게 한 것은, 의장으로서 대단히 감사히 생각합니다. 특히 의도가 같지 않은 것도 다 희생들 하시고, 큰 목적을 이루려고 이만치 한 것을, 대단히 여러분에게 감사하고 치하를 올리는 바입니다.

— 이승만, 「제헌국회 회의록」 제1회 28호

헌법의 순간이 막을 내립니다. 감격에 휩싸인 회의장은 어수선합니다. 그 어수선함을 뚫고 이구수 의원이 한마디 합니다. 분위기에 어울리지 않게 침울한 표정입니다. 남북이 갈라진 상태에서 헌법이 만들어진 사실이 못내 안타깝고 아쉽습니다. 북한 동포들의 대표 없이 만들어진 반쪽짜리 헌법이라는 사실을 환기합니다. 속히 북한도 100명의 대표를 뽑아 함께 제헌의회에서 일하자고 촉구합니다. 벌써 자정이 훌쩍 넘었습니다. 0시 35분, 이승만 의장은 산회를 선언합니다.

헌법의 순간이 막을 내린 지 닷새 뒤 7월 17일, 이승만 국회의장은 '대한민국 헌법(1948)'을 공포합니다. 이 헌법을 토대로 많은 제도와 법률이 숨 가쁘게 만들어지고 다듬어집니다. 헌법 공포식이 끝나고 제헌의원들은 회의장을 나오며 서로의 손을 맞잡고 기쁨을 나눕니다. 한여름 햇볕이 내리쬐는 중앙청 앞 계단에 모입니다. 경황이 없어 국회 개원식에서 미처 찍지 못한 단체 사진을 찍습니다. 흑백 사진 속 198인 모두의 표정이 머리 위로 내리쬐는 7월 햇빛보다 더 찬란합니다. 그때 찍은 역사적 사진을 국회는 2014년에 국회의사당 본회의장 앞에 동판으로 새겨 두었습니다. 안타깝게도 동판 좌측의 안내문에는 사진 찍은 날짜가 국회 개원식이 열린 5월 31일이라고 잘못 적혀 있습니다.

바로 잡아야 합니다. 헌법의 순간, 회의록만 보아도 사진 찍은 날짜가 7월 17일 헌법공포식이 끝난 후라는 사실을 쉽게 알 수 있습니다. 6월 30일 정해준 의원은 국회 개원식에서 단체 기념사진을 찍지 못해 아쉽다는 발언을 합니다. 7월 16일에는 이유선 의원이 헌법 공포식에 사진 찍는 순서를 넣자고 했고, 김동원 부의장이 그렇게 하자며 사무국

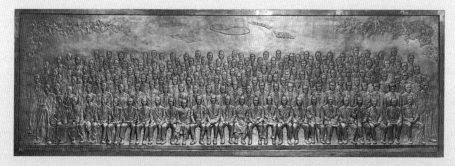

국회의사당 본회의장 앞에 걸린 제헌국회 동판

동판 좌측에는 단체 사진에 관련된 안내판을 부착했다. 안내판에는 1948년 5월 31일에 단체 사진을
촬영했다고 적혀 있으나 이는 사실이 아니다.

에 지시하겠다고 합니다. 사진에 담긴 것은 헌법의 순간을 지나 대한민
국 헌법을 만들어 낸 기쁨과 뿌듯함이 가득한 얼굴들입니다.

왜 아쉬움이 없겠습니까? 이제 막 해방된 나라를 감싸는 어수선한
상황, 부족한 경험, 이념 대결, 남북 분단, 권력 경쟁 같은 정세와 현실
이 제헌의원들의 발목을 잡습니다. 한시라도 빨리 만들어야 한다는 분
위기에 밀려 양보도 많았고, 타협도 해야 했습니다. 시대적 가치에 이
끌려 만들기는 했지만, 실현의 의지가 없었던 조항도 있었고, 조항은
만들었으나 의도치 않은 방향으로 나아간 것도 있었습니다. 국민 의사
가 헌법의 순간에 충분히 반영되지도 못했습니다. 그 무수한 아쉬움
과 부족함에도 헌법의 순간은 빛납니다. 제헌의원들은 어느 조항도 허
투루 지나치지 않습니다. 대안을 제시하며 조정도 합니다. 어쩔 수 없
을 때는 후세가 기억하기를 바라며 회의록에 남깁니다. 현실론에 부딪
히지만, 조항 하나하나를 두고 벌인 열띤 토론과 논쟁으로 조항이 지닌

정신을 새겨둡니다. 서로 양보하면서도 조항에 담긴 약속을 기록으로 남깁니다.

시간이 많이 흘렀습니다. 헌법의 순간 이후 헌법은 몇 차례 바뀝니다. 그 변화가 이어지면서 헌법의 순간이 얼마나 깊고 단단한 뿌리인지 드러납니다. 이런저런 흔들림에도 헌법의 순간에 새겨진 헌법 정신은 면면히 이어집니다. 우리가 보았듯이 정치적 민주주의와 경제적 민주주의를 실현하는 것, 자유롭고 평등하며 풍요로운 나라를 만드는 것, 그것이 제헌의원들이 만세토록 이어지기를 바랐던 정신입니다. 이 헌법 정신이 뿌리가 되어 대한민국이 세계 모범국가로 성장해 온 것입니다.

지금, 헌법의 순간을 가득 채웠던 열정을 우리는 기억하고 있나요? 헌법의 순간, 궁핍하고 혼란한 상황이라서 유보하거나 남겨 둔 많은 약속이 지금 헌법에는 잘 담겨 있나요? 혹시 우리에게 새로운 헌법의 순간이 필요한 건 아닐까요? 새로운 헌법의 순간이 찾아온다면, 여러분은 어떤 헌법 조항을 바꾸고 싶나요? 어떤 조항을 새로 넣고 싶은가요?

새로운 헌법의 순간은 찾아올 것입니다. 헌법은 지금껏 새롭게 해석되면서 새로운 꽃을 피워 왔습니다. 그때마다 우리가 경험한 헌법의 순간이 상상력과 영감을 주었지요. 어떤 시인이 노래하듯 어떤 순간은 특별한 꽃봉오리입니다. 새로운 헌법의 순간을 기다리며 우리는 그 찬란했던 꽃봉오리를 잊지 않아야 하겠습니다.

헌법의 순간이라는 꽃봉오리를 기리고 기억하기를 바랍니다. 기리고 기억해야 과거의 순간이 미래의 빛과 향기가 될 수 있습니다. 그런 점에서 제헌절이 국경일 중에 유일하게 공휴일이 아닌 현실이 안타깝습니다. 헌법의 순간과 헌법의 정신을 만세에 길이 기억하기 위해서라도 제헌절을 공휴일로 다시 지정해 기리면 어떨까요? 하루 쉬면서 거창한 헌법 정신까지는 아니더라도 헌법이 국민 삶을 평안하게 한다는 것을 온몸으로 느낄 수 있지 않을까요? 이름도 헌법 기념일로 쉽게 하면 어떨까요?

• 참고 문헌 •

단행본

권기돈. 『오늘이 온다 – 제헌국회 회의록 속의 건국』 소명출판, 2022.

김삼웅. 『죽산 조봉암 평전』 시대의창, 2019.

김수용. 『건국과 헌법』 경인문화사, 2008.

김진배. 『두 얼굴의 헌법』 폴리티쿠스, 2013.

박명규. 『국민·인민·시민』 소화, 2014.

박은식. 『한국독립운동지혈사』 소명출판, 2008.

성낙인. 『헌법학(13판)』 법문사, 2013.

안도경 외 4인. 『1948년 헌법을 만들다』 포럼, 2023.

유진오. 『헌법기초회고록』 일조각, 1989.

이강수. 『반민특위 연구』 나남, 2003.

이선민. 『대한민국 국호의 탄생』 나남, 2013.

이영록. 『우리 헌법의 탄생』 서해문집, 2007.

이영록. 『유진오: 헌법사상의 형성과 전개』 한국학술정보, 2006.

이윤영. 『이윤영 회고록』 여명출판사, 1984.

최남선. 『조선상식문답』 경인문화사, 2013.

허정. 『내일을 위한 증언』 샘터사, 1979.

황태연. 『대한민국 국호의 유래와 민국의 의미』 청계, 2016.

헤르만 헬러, 김효전 옮김. 『바이마르헌법과 정치사상』 산지니, 2016.

논문

강경원. 「한반도의 개념과 내재적 문제」 『문화역사지리』 27(3), 2015.

강정민. 「제헌헌법의 자유주의 이념적 성격」『정치사상연구』 11⑵, 2005.

김건오. 「국회의 결산 심의 및 감사권에 관한 연구」『예산정책연구』 10⑴, 2021.

김대홍. 「제헌헌법 예산 규정의 형성 과정과 의미」『법사학연구』 60, 2019.

김동하, 최병헌. 「신심계법을 통해서 본 중국 심계제도의 특징과 정책적 함의」『POSRI경
　　영경제연구』 7⑵, 2007.

김성보. 「남북국가 수립기 인민과 국민 개념의 분화」『한국사연구』 144, 2009.

김은주. 「성평등 헌법과 여성대표성」『이화젠더법학』 9⑴, 2017.

도회근. 「비교법연구: 헌법의 영토조항에 관한 비교헌법적 연구」『법조』 58⑾, 2009.

마정윤. 「해방 후 1950년대까지의 여성관련 법제화와 축첩제 폐지운동」『이화젠더법학』
　　8⑶, 2016.

박수희, 2005. 「양원제도의 헌법이론과 실제」 중앙대학교대학원 석사학위논문.

박혁. 「의지의 정치에서 의견의 정치로: 루소의 사회계약론에 나타난 의지의 정치에 대
　　한 아렌트의 비판」『정치사상연구』 18, 2012.

방성주, 2018. 「대한민국 헌법 영토조항의 역사정치학」 연세대학교대학원 석사학위논문.

서희경. 「대한민국 건국기의 정부형태와 운영에 관한 연구」『한국정치학회보』 35⑴,
　　2001.

신용옥. 「대한민국 제헌헌법과 건국절 논란」『한국사학보』 ⑹5, 2016.

신용옥. 「제헌헌법의 사회 경제질서의 구성 이념」『한국사연구』 144, 2009.

신우철. 「양원제 개헌론 재고」『법과 사회』 ⑻3, 2010.

오동석. 「한국에서 외국인 참정권 문제의 헌법적 검토」『공익과 인권』 2⑴, 2005.

유숙란. 「광복 후 국가건설과정에서의 성불평등구조 형성」『한국정치학회보』 39⑵,
　　2005.

이강수. 「남조선과도입법의원의 친일파숙청법 연구」『한국독립운동사연구』 ⑵2, 2004.

이병규. 「제2공화국 헌법상의 의원내각제」『공법학연구』 11⑵, 2010.

이석민, 2014. 「국가와 종교의 관계에 관한 연구」 서울대학교대학원 박사학위논문.

이영록. 「기독인 제헌의원들과 헌법제정」『영남법학』 ⑶0, 2010.

이영록. 「제헌국회의 헌법 및 정부조직법 기초위원회에 관한 사실적 연구」『법사학연구』
　　25, 2002.

이재석. 「해방 직후 각 정치세력의 고문 인권인식과 활용」『국학연구』 ⑷9, 2022.

이종혁. 「외국인의 법적 지위에 관한 헌법조항의 연원과 의의」『서울대학교 법학』 55⑴,

2014

이진철. 「제헌헌법의 영장주의」 『저스티스』 (166), 2018.

이흥재. 「노동기본권에 관한 제헌의회 심의의 쟁점」 『노동법연구』 (27), 2009.

이흥재. 「이익균점권의 보장과 우촌 전진한의 사상 및 역할: 우촌의 사회법사상 궤적의 탐색을 위한 초심곡」 『서울대학교 법학』 46(1), 2005.

임대식. 「일제시기·해방 후 나라이름에 반영된 좌우갈등」 『역사비평』 (23), 1993.

장동진. 「대한민국 제헌과정에 나타난 자유주의」 『정치사상연구』 11(2), 2005.

전진국. 2017. 「삼한의 실체와 인식에 대한 연구」 한국학중앙연구원 박사논문.

정병준. 「1945–1951년 미소·한일의 대마도 인식과 정책」 『한국 근현대사 연구』 59, 2011.

정상우. 「1948년헌법 영토조항의 도입과 헌정사적 의미」 『공법학연구』 19(4), 2018.

정상호. 「제2공화국의 양원제 연구」 『한국정당학회보』 11(3), 2012.

정인섭. 「제헌헌법 제4조 영토조항의 성립과 의미」 『서울대학교 법학』 61(4), 2020.

정종섭. 「한국헌법사에 등장한 국무총리제도의 연원」 『서울대학교 법학』 45(4), 2004.

차진아. 「감사원의 독립성 강화를 위한 개헌의 방향과 대안」 『공법학연구』 18(2) 2017.

한정호, 2020. 「개헌시 대통령제의 개선방안에 관한 연구」 서강대학교대학원 박사학위논문.

홍종현, 2012. 「재정민주주의에 대한 헌법적 연구」 고려대학교대학원 박사학위논문.

황승흠. 「제헌헌법 제16조 교육조항의 성립과정에 관한 연구」 『법학논총』 23(2), 2011.

황승흠. 「제헌헌법상의 근로자의 이익균점권의 헌법화과정에 관한 연구」 『공법연구』 31(2), 2002.

기타 문서 자료

『국회보 제20호』 「헌법기초 당시의 회고담, 최하영씨와의 대담」 (1958.07.) pp. 39–44.

김영상. 「헌법을 싸고 도는 국회풍경」 『신천지』 7월호, 1948. pp. 21–30.

이준식. 「'운동'인가 '혁명'인가: '3.1혁명'의 재인식」 『3.1혁명 95주년 기념 학술회의 – '제국'에서 '민국'으로 자료집』, 2014. pp 36–58.

통계청. 「통계로 본 광복전후의 경제·사회상」 1993.

온라인 자료

국가법령정보센터, 대법원 96도3376 판결 [https://www.law.go.kr/LSW/precInfoP.
　　do?mode=0&precSeq=209155]

국가법령정보센터, 전원재판부 2004헌마670 [https://law.go.kr/detcInfoP.
　　do?mode=0&detcSeq=137486]

국사편찬위원회 간행 자료, 대한민국임시정부자료집⑵ [https://db.history.go.kr/id/
　　pbct_004_0170_0060] (2005.12.20.)

대한민국 헌정포털, 국회헌법개정특별위원회 자문위원회 보고서(2017) [https://
　　constitution.assembly.go.kr/nacon/bbs/B0000112/view.do?nttId=2091793&
　　menuNo=1200022&searchDtGbnMb=c0&sdate=&edate=&pageUnit=10&sea
　　rchDtGbn=c0&searchCnd=1&searchWrd=%EA%B5%AD%ED%9A%8C%ED%
　　97%8C%EB%B2%95%EA%B0%9C%EC%A0%95%ED%8A%B9%EB%B3%84%
　　EC%9C%84%EC%9B%90%ED%9A%8C&pageIndex=1] (2023.02.08.)

민주화운동기념사업회, 반세기에 걸친 비극: 인혁당 사건의 현장들 [https://www.
　　kdemo.or.kr/d-letter/all/page/21/post/1221] (2016.04.11.)

세계법제정보센터, 중화민국헌법(1946년제정) [https://world.moleg.go.kr/web/main/
　　index.do] (2023)

『월간조선』,「제헌헌법과 최하영」[https://monthly.chosun.com/client/news/viw.
　　asp?nNewsNumb=201008100017]

『한국농정신문』「[그 시절 우리는] 국회 속기사①-⑥」[https://www.ikpnews.net/
　　news/articleView.html?idxno=34494] (2018.06.17.~2018.07.22.)

한국근대사료DB. [https://db.history.go.kr/modern/]

행정안전부 대통령기록관, 이승만 취임선서(녹음기록) [https://pa.go.kr/research
　　/contents/speech/index.jsp?spMode=view&catid=c_pa02064&
　　artid=1311382]

『KBS WORLD』「전 세계를 경악케 한 사이비 종교의 만행, 백백교 사건」[http://world.
　　kbs.co.kr/service/contents_view.htm?lang=k&menu_cate=history&id=
　　&board_seq=64328&page=4&board_code=gogohistory] (2010.07.10.)

헌법의 순간
대한민국을 설계한 20일의 역사

초판 1쇄 발행 2024년 7월 31일
초판 2쇄 발행 2024년 10월 11일

지은이	박혁
펴낸이	최용범
편집기획	박승리
디자인	김규림
관리	이영희
인쇄	㈜다온피앤피

펴낸곳	**페이퍼로드**
출판등록	제2024-000031호(2002년 8월 7일)
주소	서울시 관악구 보라매로5가길 7 1309호
이메일	book@paperroad.net
페이스북	www.facebook.com/paperroadbook
전화	(02)326-0328
팩스	(02)335-0334
ISBN	979-11-92376-42-4 (03910)